# Das Schlachtfeld der Gedanken

# Das Schlachtfeld der Gedanken

Gewinne die Schlacht in deinem Verstand!

JOYCE MEYER

Copyright © 1995 by Joyce Meyer. All rights reserved.
This edition published and arranged with
Warner Books, Inc., New York, New York, USA.
Originally published in English under the title
**Battlefield of the Mind** by Joyce Meyer

© Alle Rechte der deutschen Ausgabe bei

Joyce Meyer Ministries
P.O. Box 761001
22060 Hamburg
www.joyce-meyer.de
Tel: 040 / 88 88 4 11 11

ISBN 3-939627-00-3
978-3-939627-00-5

Bestellungen bitte an oben stehende Adresse richten

2. Auflage, November 2006

Alle Bibelzitate wurden, wenn nicht anderweitig gekennzeichnet, der *Einheitsübersetzung* entnommen. Katholische Bibel Gesellschaft, Altes Testament Ausgabe Leipzig 1980, Neues Testament Ausgabe Stuttgart 1980.

Mit ELB gekennzeichnete Bibelstellen wurden der *Revidierten Elberfelder Bibel*, R. Brockhaus Verlag Wuppertal, Ausgabe 1992, entnommen.

Mit Albr gekennzeichnete Bibelstellen sind dem Neuen Testament von *Albrecht* von 1920 entnommen.

Mit Luther 84 gekennzeichnete Bibelstellen sind der *Luther-Übersetzung 1984* entnommen.

Mit Schlachter 2000 gekennzeichnete Bibelstellen sind der *Schlachter Bibel 2000* der Genfer Bibelgesellschaft entnommen.

Übersetzung: Reimer Dietze
Umschlag: Andreas Zehnder und Johannes Schubert
Satz: Satz & Medien Wieser, Stolberg
Druck: Printed in Germany
Alle Rechte vorbehalten!
Vervielfältigung oder Abschrift, auch auszugsweise,
nur mit schriftlicher Genehmigung des Verlags.

# Widmung

Das *Schlachtfeld der Gedanken* möchte ich meinem ältesten Sohn David widmen. Ich weiß, dass deine Persönlichkeit meiner eigenen sehr ähnlich ist, und dass auch du deine Kämpfe im Bereich des Denkens auszufechten hattest. Ich sehe, wie du kontinuierlich wächst, und ich weiß, dass du die Siege erlebst, die der Erneuerung des Denkens entspringen.

David, ich liebe dich und bin stolz auf dich. Mach weiter so!

# Inhalt

**Teil 1: Die Wichtigkeit des Denkens**
Einführung .................................................. 11
1. Die Gedanken sind das Schlachtfeld ................. 13
2. Eine lebensnotwendige Sache ........................ 25
3. Geben Sie nicht auf! ................................. 29
4. Schritt für Schritt .................................... 35
5. Seien Sie positiv ..................................... 41
6. Geister, die das Denken binden ..................... 53
7. Denken Sie über Ihre Gedanken nach ................ 57

**Teil 2: Befindlichkeiten des Denkens**
Einführung .................................................. 67
8. Wann ist mein Denken normal? ...................... 71
9. Ein Verstand voller Unruhe und Fragen .............. 79
10. Verwirrtes Denken ................................... 85
11. Zweifelndes und ungläubiges Denken ................ 95
12. Ängstliches, sorgenvolles Denken ................... 109
13. Richtendes, kritisches, argwöhnisches Denken ...... 123
14. Passives Denken ..................................... 139
15. Die Gesinnung Jesu .................................. 149

**Teil 3: Wüstenmentalitäten**
Einführung .................................................. 177
16. »Meine Zukunft ist durch meine Vergangenheit und meine Gegenwart festgelegt« ..................... 181
17. »Ich will die Verantwortung nicht übernehmen« ...... 189
18. »Ich komm' nicht klar, wenn die Dinge zu schwer sind!« 199
19. »Ich kann einfach nichts dafür, ich muss ständig nörgeln, meckern und jammern.« .................... 207
20. »Lass mich nicht auf irgendetwas warten, mir steht sofort alles zu!« ...................................... 217

21. »Es ist nicht meine Schuld!« .......................... 227
22. »Mein Leben ist so mies.« ............................ 237
23. »Ich verdiene Gottes Segnungen nicht« .............. 243
24. »Wieso soll ich nicht eifersüchtig und neidisch sein?« . 251
25. »Ich mach's auf meine Art.« .......................... 259

Anmerkungen ............................................... 267

TEIL

# 1

# DIE WICHTIGKEIT
# DES DENKENS

# Einführung

»*Die Waffen, die wir bei unserem Feldzug einsetzen, sind nicht irdisch [haben nichts mit Fleisch und Blut zu tun], aber sie haben durch Gott die Macht, Festungen zu schleifen; mit ihnen reißen wir alle hohen Gedankengebäude nieder, die sich gegen die [wahre] Erkenntnis Gottes auftürmen. Wir nehmen alles Denken gefangen, so dass es Christus [dem Messias, dem Gesalbten] gehorcht.*«
2. Korinther 10,4-5

Wie können wir die Wichtigkeit unseres Denkens so zum Ausdruck bringen, dass sich uns die wahre Bedeutung von Sprüche 23,7 erschließt: »*Denn wie er* [ein Mensch] *in seiner Seele ...denkt, so ist er*« (Schlachter 2000)?

Je länger ich Gott diene und sein Wort studiere, umso deutlicher erkenne ich, wie wichtig Gedanken und Worte sind. Ich entdecke, dass der Heilige Geist mich fast regelmäßig dahin führt, dieses Gebiet zu studieren.

Ich halte für wahr, was ich schon an anderer Stelle gesagt habe: Solange wir auf dieser Erde sind, haben wir es nötig, uns mit dem Bereich der Gedanken und Worte zu befassen. Egal, wie viel wir über den einen oder anderen Bereich schon wissen – es gibt hier immer Neues zu lernen und schon Gelerntes aufzufrischen.

Was bedeutet Sprüche 23,7 wirklich? Der Text der englischen King-James-Bibel lautet: »*Wie er* [ein Mensch] *in seinem Herzen denkt, so ist er.*«

Unser Denken ist der Führer oder Vorläufer all dessen, was wir tun. Das verdeutlicht Römer 8,5: »*Denn alle, die vom Fleisch bestimmt sind, trachten nach dem, was dem Fleisch entspricht, alle, die vom Geist bestimmt sind, nach dem, was dem* [Heiligen] *Geist entspricht.*«

Unser Handeln ist direktes Resultat unserer Gedanken. Denken wir negativ, so werden wir auch negativ leben. Wenn wir dagegen unser Denken erneuern, wie es Gottes Wort entspricht, wird sich in unserer Lebenserfahrung erweisen, was Römer 12,2 zusagt, nämlich »was der Wille Gottes« für unser Leben ist: »was ihm gefällt, was gut und vollkommen ist«.

Ich habe dieses Buch in drei Hauptteile gegliedert. Im ersten Teil geht es um die Wichtigkeit des Denkens. Fest und für immer möchte ich in Ihrem Herzen verankern: Es ist nötig, dass Sie anfangen, über das nachzudenken, woran Sie denken.

Bei allzu vielen Menschen ist es so, dass die Wurzeln ihrer Probleme in Denkmustern liegen, aus denen die Probleme erst entspringen, die sie in ihrem Leben erfahren. Satan legt jedem falsches Denken nahe, aber das ist ein Angebot, das wir nicht annehmen müssen. Lernen Sie, welche Arten zu denken für den Heiligen Geist annehmbar sind und welche nicht.

2. Korinther 10,4-5 macht deutlich, dass wir das Wort Gottes gut genug kennen sollten, um unsere Gedanken mit Gottes Gedanken vergleichen zu können. Jeden Gedanken, der den Versuch macht, sich über Gottes Wort zu erheben, müssen wir niederreißen und unter die Herrschaft Jesu Christi gefangennehmen.

Ich bete, dass dieses Buch Ihnen hilft, das zu tun.

Die Gedanken sind das Schlachtfeld. Es ist lebensnotwendig, dass wir unsere Gedanken in Einklang mit den Gedanken Gottes bringen. Das ist ein Prozess, der Zeit und Studium erfordert.

Geben Sie niemals auf, denn Schritt für Schritt erleben Sie Veränderung. Je mehr Sie Ihr Denken zum besseren verändern, umso mehr wird sich auch Ihr Leben zum besseren wandeln. Sobald Sie in Ihrem Denken anfangen, den guten Plan zu sehen, den Gott für Sie hat, werden Sie auch anfangen, sich darin zu bewegen.

Kapitel

# 1

# Die Gedanken sind das Schlachtfeld

»Denn wir haben nicht gegen Menschen aus Fleisch und Blut zu kämpfen, sondern gegen die Fürsten und Gewalten, gegen die Beherrscher dieser finsteren Welt, gegen die bösen Geister des himmlischen [übernatürlichen] Bereichs.«

Epheser 6,12

Diese Bibelstelle zeigt, dass wir uns in einem Krieg befinden. Eine sorgfältige Untersuchung dieses Verses lässt uns erkennen, dass wir diesen Krieg nicht gegen andere Menschen, sondern gegen den Teufel und seine Dämonen zu führen haben. Satan, unser Feind, versucht uns mit ausgeklügelten Strategien und mit List sowie durch wohldurchdachte Pläne und willkürliche Täuschungsmanöver zu besiegen.

Der Teufel ist ein Lügner. Jesus sagte, er sei *»ein Lügner und ... der Vater der Lüge«* (Johannes 8,44). Er belügt Sie und mich. Er sagt uns Dinge über uns selbst, über andere Menschen und über Umstände, die einfach nicht stimmen. Allerdings teilt er uns die gesamte Lüge nicht auf einmal mit.

Er setzt an, indem er unseren Verstand mit einem schlau ausgedachten Muster aus scheinbar nebensächlichen, aber unaufhörlich nagenden Gedanken, wie Misstrauen, Zweifel, Ängsten, Fragen, Überlegungen und Theorien bombardiert. Er geht langsam und umsichtig vor. (Schließlich brauchen wohldurchdachte Pläne ihre Zeit.) Vergessen Sie nicht: Seine Kriegführung folgt einer Strategie. Er hat sich viel Zeit genommen, uns zu erforschen. Er weiß, was wir mögen und was nicht. Er kennt unsere Unsicherheiten, Schwächen und Ängste. Er weiß, was uns am meisten auf den Wecker geht. Er ist bereit, so viel Zeit wie irgend nötig aufzubringen, um uns zu besiegen. Eine der großen Stärken des Teufels ist Geduld.

## Festungen niederreißen

*»Die Waffen, die wir bei unserem Feldzug einsetzen, sind nicht irdisch [haben nichts mit Fleisch und Blut zu tun], aber sie haben durch Gott die Macht, Festungen zu schleifen; mit ihnen reißen wir alle hohen Gedankengebäude nieder, die sich gegen die Erkenntnis Gottes auftürmen. Wir nehmen alles Denken gefangen, so dass es Christus [dem Messias, dem Gesalbten] gehorcht.«*
2. Korinther 10,4-5

Durch sorgsames strategisches Vorgehen und schlaue Täuschungsmanöver versucht Satan »Festungen« in unserem Verstand zu errichten. Eine Festung ist ein Bereich, in dem wir aufgrund einer bestimmten Denkart in Gebundenheit (Gefangenschaft) gehalten werden.

In dem zitierten Text sagt uns der Apostel Paulus, dass wir die notwendigen Waffen besitzen, um Satans Festungen zu überwinden. Wir werden uns diese Waffen später noch näher anschauen. Für den Augenblick beachten Sie bitte nur, dass auch dieser Text uns sagt, wir befinden uns im Krieg, und zwar in einem geistlichen Kampf. Der fünfte Vers zeigt uns deutlich den Schauplatz dieses Krieges.

In einer modernen englischen Bibelübersetzung dieses Verses heißt es, wir sollen diese Waffen nehmen und Argumente zurückweisen. Der Teufel diskutiert mit uns, er kommt uns mit Theorien und scheinbar vernünftigen Überlegungen. Und alle diese Aktivitäten spielen sich in unserem Verstand ab.

*Die Gedanken sind das Schlachtfeld.*

## Zusammenfassung der Lage

Bis hierher haben wir gesehen:
1. Wir befinden uns im Krieg.
2. Unser Feind ist Satan.
3. Unsere Gedanken sind das Schlachtfeld.
4. Der Teufel setzt alles daran, in unserem Verstand Festungen zu errichten.
5. Das tut er durch strategisches Herangehen und Täuschungsmanöver (mittels wohldurchdachter Pläne und willkürlicher Irreführung).
6. Er hat keine Eile, sondern nimmt sich alle Zeit, um seinen Plan auszuführen.

Ich möchte ein Gleichnis verwenden, um Satans Plan deutlicher sichtbar zu machen.

## Marys Seite

Die Ehe von Mary und ihrem Mann John ist nicht glücklich. Sie liegen sich ständig in den Haaren. Sie beide sind wütend, verbittert und nachtragend. Sie haben zwei Kinder, die sehr unter diesen familiären Problemen leiden. In ihren Zensuren und ihrem Verhalten in der Schule spiegelt sich der häusliche Unfriede wider. Eines der Kinder leidet an nervlich verursachten Magenbeschwerden.

Marys Problem ist, dass sie nicht weiß, wie sie es fertigbringen soll, John die Rolle des Haushaltsvorstands spielen zu lassen. Sie ist dominant – liebt es, sämtliche Entscheidungen zu fällen, das Geld zu verwalten und den Kindern zu sagen, wo's langgeht. Sie will arbeiten gehen, um ihr »eigenes« Geld zu haben. Sie zelebriert ihre Unabhängigkeit, sagt lautstark, was sie will, tritt fordernd auf und ist einfach eine Nervensäge.

Vielleicht denken Sie jetzt: »Ist doch klar, was sie braucht: Sie muss Jesus kennenlernen.«

Aber sie kennt ihn! Vor fünf Jahren hat Mary Jesus als ihren Erlöser angenommen, drei Jahre nachdem sie John geheiratet hatte.

»Heißt das, bei Mary hat sich überhaupt nichts verändert, seit sie Jesus als ihren Retter angenommen hat?«

Und ob sich etwas verändert hat. Sie glaubt, dass sie in den Himmel kommt, obwohl ihr schlechtes Benehmen dazu führt, dass sie sich ständig verdammungswürdig fühlt. Sie hat jetzt Hoffnung. Ehe sie Jesus begegnete, war sie unausstehlich und hoffnungslos – jetzt ist sie nur noch unausstehlich.

Mary weiß, dass sie sich falsch verhält, und sie möchte sich ändern. Sie hat schon zwei Seelsorger aufgesucht, und wo immer Gebet um Sieg über Zorn, Rebellion, Unversöhnlichkeit, Überempfindlichkeit und Bitterkeit angeboten wird, stellt sie sich in die Reihe. Wie kommt es dann aber, dass sie in ihrer geistlichen Entwicklung noch keine weiteren Fortschritte gemacht hat.

Die Antwort steht in Römer 12,2: »*Gleicht euch nicht dieser Welt* [diesem Zeitalter] *an* [ihren Moden und ihren äußerlichen, oberflächlichen Gebräuchen], *sondern wandelt euch und erneuert euer Denken* [ganz und gar, durch neue Ideale und eine neue Haltung], *damit ihr* [für euch selbst] *prüfen und erkennen könnt, was der Wille Gottes ist: was ihm gefällt, was* [aus seiner Sicht für euch] *gut und vollkommen ist.*«

In Marys Verstand gibt es Festungen, seit Jahren schon. Sie weiß noch nicht einmal, wie sie da hingekommen sind. Sie weiß, dass sie nicht rebellisch, herrschsüchtig, nervtötend usw. sein sollte, aber sie weiß nicht, was sie tun soll, um ihren Charakter zu ändern. Es scheint, dass sie in bestimmten Situationen einfach deshalb ungehörig reagiert, weil sie ihr Verhalten nicht im Griff hat.

Mary hat ihr Verhalten nicht im Griff, weil sie ihre Gedanken nicht im Griff hat. Und ihre Gedanken hat sie nicht im Griff, weil es in ihrem Verstand Festungen gibt, die der Teufel schon früh in ihrem Leben da hingebaut hat.

## Teil 1: Die Wichtigkeit des Denkens

Wenn der Mensch noch sehr jung ist, fängt Satan bereits damit an, seine wohldurchdachten Pläne in die Tat umzusetzen und seine willkürlichen Täuschungsmanöver anzulegen. In Marys Fall begannen ihre Probleme vor langer Zeit in der Kindheit.

Als Kind hatte Mary einen extrem dominanten Vater, der ihr häufig den Hintern versohlte, nur weil er schlechte Laune hatte. Eine falsche Bewegung von ihr genügte, um sich den väterlichen Zorn zuzuziehen. Jahrelang musste sie es hilflos erleiden, zusammen mit ihrer Mutter vom Vater misshandelt zu werden. In jeder Hinsicht ging der Vater mit Frau und Tochter mies um. Marys Bruder dagegen konnte machen, was er wollte. Es war, als werde er bevorzugt, bloß weil er ein Junge war.

Im Alter von 16 hatte Mary eine satanische Gehirnwäsche hinter sich, die sie für Jahre konditionierte. Satans Lügen klangen etwa so: »Männer bilden sich wirklich was ein. Sie sind alle gleich, du kannst keinem von ihnen trauen. Sie werden dir nur wehtun und dich ausnutzen. Bist du ein Mann, hast du das Leben in der Tasche. Du kannst machen, was du willst. Kannst Leute herumkommandieren, den Chef spielen, die anderen behandeln, wie's dir gerade passt, und keiner – schon gar nicht deine Frau oder deine Töchter – kann was dagegen tun.«

Im Ergebnis hatte Marys Verstand beschlossen: »Wenn ich hier mal raus bin, wird mich im Leben nie wieder jemand rumschubsen!«

Satan hatte den Krieg auf dem Schlachtfeld ihres Denkens längst entfesselt. Spielen Sie über zehn Jahre lang diese Gedanken unzählige Male in ihrem Kopf durch und versuchen Sie dann schließlich zu heiraten und eine zuckersüße, unterwürfige, zu ihrem Mann aufschauende Ehefrau zu sein. Selbst wenn Sie diese Rolle dank irgendeiner wundersamen Fügung spielen *wollten*, wüssten Sie nicht, wie Sie's anstellen sollten. Und genau in diesem Schlamassel steckt Mary heute. Was kann sie machen? Was kann irgendjemand von uns in einer solchen Lage tun?

## Die Waffen des Wortes

*»Wenn ihr in meinem Wort bleibt [an meinen Lehren festhaltet und dementsprechend lebt], seid ihr wirklich meine Jünger. Dann werdet ihr die Wahrheit erkennen, und die Wahrheit wird euch befreien.«*
Johannes 8,31-32

Hier sagt uns Jesus, wie wir den Sieg über Satans Lügen erringen sollen. Wir sollen die Wahrheit Gottes in uns aufnehmen, unser Denken mit seinem Wort erneuern und dann die Waffen aus 2. Korinther 10,4-5 anwenden, um Festungen und alles Hochgestochene und Anmaßende niederzureißen, das sich gegen die Erkenntnis Gottes erhebt.

Dieses »Waffenarsenal« besteht aus dem biblischen Wort, wie wir es durch Predigten, Lehre, Bücher, Kassetten, Seminare und persönliches Bibellesen aufnehmen. Aber wir sollen so lange im Wort »bleiben«, daran festhalten, bis es uns durch Inspiration des Heiligen Geistes zur Offenbarung wird. Dranbleiben ist wichtig. In Markus 4,24 sagt Jesus: »*Nach dem Maß [des Nachdenkens und Studierens], mit dem ihr [die Wahrheit, die ihr hört] messt..., wird euch [Tugend und Erkenntnis] zugeteilt werden...*« Ich wiederhole: Wir dürfen nicht aufhören, die Waffe des Wortes zu benutzen.

Zwei weitere geistliche Waffen, die uns zur Verfügung stehen, sind Lobpreis und Gebet. Lobpreis schlägt den Teufel rascher in die Flucht als jede andere Taktik, aber es sollte echter Herzenslobpreis sein und kein bloßes Lippenbekenntnis oder irgendeine Methode, die man ausprobiert, um zu sehen, ob sie wirkt. Im Übrigen sind sowohl Lobpreis als auch Gebet auf das biblische Wort gegründet. Wir preisen Gott gemäß seinem Wort und seiner Güte.

Gebet ist Beziehung zur Gottheit. Beten heißt, zu Gott zu kommen und um seine Hilfe zu bitten oder mit ihm über etwas zu sprechen, das uns zu schaffen macht.

Möchten Sie ein wirkungsvolles Gebetsleben haben, so sollten Sie eine gute persönliche Beziehung zum Vater im Himmel aufbauen. Sie sollten wissen, dass er Sie liebt, dass er voller Barmherzigkeit ist, dass er Ihnen helfen möchte. Lernen Sie Jesus kennen. er ist Ihr Freund. Er ist für Sie gestorben. Lernen Sie den Heiligen Geist kennen. er ist als Ihr Helfer immer bei Ihnen. Lassen Sie sich von ihm helfen.

Lernen Sie es, Ihre Gebete mit Gottes Wort zu füllen. Gottes Wort und unsere Bedürfnisse sind die Grundlage, auf der wir zu ihm kommen.

Unser Waffenarsenal besteht also aus Gottes Wort, das wir verschieden anwenden können. Wie Paulus uns im 2. Korintherbrief sagt, sind unsere Waffen nicht fleischlich, sondern geistlich. Geistliche Waffen brauchen wir, weil wir gegen herrschende Geister, ja sogar gegen den Teufel selbst kämpfen. Selbst Jesus wandte in der Wüste die Waffe des Wortes an, um den Teufel zu besiegen (Lukas 4,1-13). Auf jede Lüge, mit welcher der Teufel ihm kam, antwortete Jesus mit »*es steht geschrieben*« und zitierte die Bibel.

Insoweit wie Mary es lernt, ihr Waffenarsenal zu gebrauchen, wird sie anfangen, die Festungen niederzureißen, die in ihrem Verstand errichtet worden sind. Sie wird die Wahrheit erkennen, die sie freimachen wird. Sie wird erkennen, dass nicht alle Männer ihrem irdischen Vater gleichen – einige schon, aber sehr viele eben nicht. Und auch ihr Mann, John, ist anders. Er hat Mary sehr lieb.

## Johns Seite

Die andere Seite der Geschichte hat mit John zu tun. Auch er hat Probleme, die zu der Gesamtsituation beitragen, der er und Mary in ihrer Ehe und Familie gegenüberstehen.

John sollte seine Stellung als Haupt der Familie einnehmen. Gott will, dass er der Priester seines Hauses ist. Auch John ist wiedergeboren und weiß um die rechte Ordnung des Familienlebens. Er weiß, er sollte seiner Frau nicht gestatten, dass sie über den Haushalt, das Geld, die Kinder und ihn regiert. All das weiß er, aber er unternimmt nichts, außer dass er sich machtlos fühlt und sich ins Fernsehgucken und Sporttreiben flüchtet.

John flieht vor seiner Verantwortung, weil er Auseinandersetzungen hasst. Lieber nimmt er eine passive Haltung ein und denkt: »Hm, ich lass' lieber alles laufen, wie es ist, irgendwie wird es sich schon regeln.« Oder er entschuldigt seine Tatenlosigkeit, indem er sagt: »Ich bete eben dafür.« Gewiss ist Gebet gut, aber es ist nicht in erster Linie dazu da, dass man seiner Verantwortung aus dem Weg geht.

Ich möchte deutlich machen, was ich meine, wenn ich sage, John sollte seine gottgegebene Stellung in seinem Haus einnehmen. Ich meine nicht, dass er den Macho spielen und großes Getue um seine Autorität machen sollte. Epheser 5,25 sagt uns, ein Mann sollte seine Frau so lieben wie Christus die Gemeinde. John sollte Verantwortung übernehmen und dadurch seine Autorität stärken. Er sollte seiner Frau mit fester Hand begegnen – liebevoll, aber fest entschlossen – und sie in der Überzeugung bestärken, dass nicht alle Männer so sind, wie ihr Vater war, selbst wenn sie als Kind verletzt wurde, und dass sie das erfahren kann, wenn sie sich Gott rückhaltlos anvertraut.

Es gibt eine Menge Dinge, die John tun sollte, aber genau wie bei Mary gibt es auch bei ihm »Denkmuster«, die es dem Teufel ermöglichen, ihn gefangen zu halten. Auch in Johns Verstand tobt eine Schlacht. Genau wie Mary wurde er als Kind verbal missbraucht. Seine dominante Mutter hatte eine scharfe Zunge und verletzte ihn häufig mit Worten wie z.B.: »John, mit dir hat man's wirklich schwer, du wirst es nie zu was bringen.«

John setzte alles daran, seine Mutter zufrieden zu stellen, weil er – wie alle Kinder – sich nach ihrer Anerkennung sehnte, doch je mehr er sich anstrengte, um so mehr Fehler machte er. Er hatte zwei linke Hände, weshalb seine Mutter ihm fortwährend zu verstehen gab, was für ein Trottel er doch sei. Gerade weil er sich so sehr anstrengte, alles recht zu machen, wurde er nervös und es unterliefen ihm erst recht Ungeschicklichkeiten.

Obendrein erfuhr er unglückliche Zurückweisung durch Kinder, mit denen er gern befreundet gewesen wäre. So etwas passiert den meisten von uns irgendwann im Leben; für John aber war es verheerend, weil er sich ja schon von seiner Mutter abgewiesen fühlte.

Und dann gab es da noch ein Mädchen, das er in den ersten Jahren auf der *High School* wirklich gern hatte und das einen anderen Jungen ihm vorzog. Im Laufe der Zeit hatten sich all diese Dinge in Johns Leben angesammelt, und der Teufel hatte sein Teil an ihm getan, indem er Jahr um Jahr die Festungen in seinem Denkvermögen errichtet hatte. So kam es, dass John einfach der Mut fehlte, sich irgendwie anders zu geben als still, schüchtern und zurückgezogen.

John ist ein zurückhaltender Typ, der einfach nicht viel Wind machen will. Jahrelang hat er sich Gedanken einflößen lassen, die etwa so klingen: »Es hat gar keinen Zweck, irgend jemandem zu erzählen, wie es dir geht; es wird dir sowieso keiner zuhören. Wenn du von den Leuten angenommen sein willst, dann tu einfach alles, was sie von dir verlangen.«

Die wenigen Male, die er es wagte, für eine Sache einzustehen, schienen immer so zu enden, dass er den Kürzeren zog, also gelangte er irgendwann zu dem Schluss, dass man Konfrontationen besser aus dem Weg geht.

»Am Ende bin ich doch bloß immer der Dumme«, sagte er sich, »wieso soll ich mich da überhaupt erst in was reinhängen?«

## Und die Antwort?

*»Der Geist des Herrn ruht auf mir; denn der Herr hat mich gesalbt [mich, den Gesalbten, den Messias]. Er hat mich gesandt, damit ich den Armen eine gute Nachricht [das Evangelium] bringe; damit ich den Gefangenen die Entlassung verkünde und den Blinden das Augenlicht; damit ich die Zerschlagenen [die Unterdrückten, Versehrten, Herumgestoßenen, im Elend Zerbrochenen] in Freiheit setze und ein Gnadenjahr des Herrn [den Tag, an dem das Heil und die Gunst Gottes überfließen] ausrufe.«*

Lukas 4,18-19

Halten wir uns Johns und Marys Konfliktpotentiale vor Augen, so dürfte es nicht allzu schwer fallen, sich ihr häusliches Leben auszumalen. Sie erinnern sich, dass ich sagte, es gab jede Menge Streit bei ihnen. Streit muss nicht immer gleich offener Krieg sein. Oft ist er ein böser Unterton im Familienleben, der jedem vertraut ist, aber keiner etwas dagegen tut. In ihrem Heim herrscht eine fürchterliche Atmosphäre, und der Teufel reibt sich die Hände.

Was wird mit John, Mary und ihren Kindern geschehen? Werden sie es schaffen? Da sie doch Christen sind, wäre es eine Schande, ihre Ehe in die Brüche und ihre Familie vor die Hunde gehen zu sehen. Doch sie haben es selbst in der Hand. Johannes 8,31-32 ist eine Schlüssel-Bibelstelle für die Entscheidung, die sie zu treffen haben. Wenn sie fortfahren, Gottes Wort zu studieren, werden sie die Wahrheit erkennen und frei werden, indem sie diese anwenden. *Aber* jeder von ihnen muss der Wahrheit über sich selbst und seiner Vergangenheit, so wie Gott sie ihm klar macht, ins Gesicht sehen.

Die Wahrheit wird immer durch das Wort der Bibel offenbar, aber es ist bedauerlich, dass die Menschen sie oftmals nicht annehmen. Es ist ein schmerzhafter Prozess, unseren Fehlern ins Gesicht zu sehen und sich mit ihnen auseinanderzusetzen. Ganz allgemein gesagt rechtfertigen die Menschen ihr falsches Verhalten. Sie lassen es zu, dass ihre Vergangenheit und die Erfahrungen ihrer Kindheit und Jugend ihr übriges Leben negativ beeinflussen.

Unsere Vergangenheit kann erklären, wieso wir leiden, aber wir dürfen sie nicht als Ausrede missbrauchen, um in Gebundenheit zu verharren.

Niemand hat eine Entschuldigung, denn Jesus steht allezeit bereit, um sein Versprechen einzulösen, die Gefangenen freizusetzen. In jedem Bereich unseres Lebens wird er uns als Sieger über die Ziellinie bringen, wenn wir nur willens sind, den ganzen Weg mit ihm zu gehen.

## Der Ausweg

»Noch ist keine Versuchung [keine Prüfung, die euch zur Sünde verlockt, woher sie auch immer kommen und wohin sie auch immer führen mag] über euch gekommen, die den Menschen überfordert. [Soll heißen: Es ist euch keine Versuchung oder Prüfung widerfahren, die über das Maß menschlicher Widerstandsfähigkeit hinausginge, die also nicht an euer Vermögen angepasst gewesen wäre und zur Normalität menschlicher Erfahrungen gehörte, wie sie jeder Mensch ertragen kann.] Gott ist treu [seinem Wort und seinem barmherzigen Wesen]; er wird nicht zulassen, dass ihr über eure Kraft hinaus versucht werdet. Er wird euch in der Versuchung [immer] einen Ausweg [eine Fluchtmöglichkeit zu einen Zufluchtsort] schaffen, so dass ihr sie bestehen könnt.«
2. Korinther 10,13

Ich hoffe, Sie sehen an diesem gleichnishaften Beispiel, wie Satan sich unsere Umstände zunutze macht und Festungen in unserem Leben errichtet – wie er auf dem Schlachtfeld der Gedanken seinen Krieg entfesselt. Doch Gott sei Dank, wir besitzen Waffen, mit denen wir die Festungen niederreißen können. Gott lässt uns nicht im Stich. 1. Korinther 10,13 gibt uns das Versprechen, Gott werde nicht zulassen, dass wir über das für uns erträgliche Maß auf die Probe gestellt werden; vielmehr werde er zu jeder Versuchung auch den Ausweg, die Chance zur Flucht, eröffnen.

Mary oder John – das kann jede und jeder von uns sein. Ich bin sicher, die allermeisten von uns finden sich in dem geschilderten Szenario irgendwo wieder. Aber unsere Probleme stecken inwendig in unseren Gedanken und Haltungen. Unser äußeres Verhalten ist nur das Ergebnis unseres Innenlebens. Satan weiß nur zu gut, wenn er unsere Gedanken beherrscht, dann kontrolliert er auch unser Handeln.

Vielleicht gibt es in Ihrem Leben ein paar mächtige Festungen, die geschleift werden müssen. Ich möchte Sie ermutigen, indem ich Ihnen sage: »Gott ist auf Ihrer Seite.« Es herrscht Krieg, und das Schlachtfeld ist Ihr Verstand. Aber die gute Nachricht ist, dass Gott auf Ihrer Seite kämpft.

# Kapitel 2

# Eine lebensnotwendige Sache

»Denn wie er in seiner Seele ... denkt, so ist er.«
Sprüche 23,7 (Schlachter 2000)

Allein diese eine Bibelstelle gibt uns zu erkennen, wie ungemein wichtig es ist, dass wir korrekt denken. Gedanken sind mächtig und haben dem Schreiber des Buches der Sprüche zufolge kreatives Potential. Wenn es so ist, dass unsere Gedanken mitbeeinflussen, was für Menschen wir werden, dann sollten wir ohne Frage allergrößten Wert darauf legen, richtige Gedanken zu denken.

Ich möchte Ihnen einschärfen, wie dringend notwendig es ist, Ihre Gedanken mit dem Wort Gottes in Einklang zu bringen.

*Es ist unmöglich, positiv zu leben, wenn man negativ denkt.*

## Die Gesinnung des Fleisches gegen die Gesinnung des Geistes

»Denn alle, die vom Fleisch bestimmt sind, trachten nach dem, was dem Fleisch entspricht, alle, die vom Geist bestimmt sind, nach dem, was dem [Heiligen] Geist entspricht.«
Römer 8,5

In der Lutherbibel ist hier sinngemäß von fleischlicher »Gesinnung« die Rede, in der man fleischlich lebt, und von geistlicher »Gesinnung«, die sich in einem geistlichen Leben ausdrückt.

Ich möchte es in anderen Worten sagen: Denken wir fleischliche - verkehrte, negative - Gedanken, so können wir nicht geistlich leben. Es hat den Anschein, dass erneuertes, gottgemäßes Denken für ein gelingendes Leben als Christ unabdingbar notwendig ist.

Manchmal sind wir Menschen zu faul, uns um etwas zu kümmern, wenn uns nicht klar ist, wie wichtig es wäre, darauf zu achten. Aber wenn uns aufgeht, dass es sich um eine Sache handelt, die uns große Schwierigkeiten einbrocken wird, wenn wir sie schleifen lassen, kommen wir in die Gänge und kümmern uns darum - eben weil wir erkennen, wie wichtig die Angelegenheit ist.

Angenommen, Ihre Bank ruft bei Ihnen an und sagt Ihnen, Ihr Konto sei um 800 Euro überzogen. Dieser Sache würden Sie sofort auf den Grund gehen. Vielleicht entdecken Sie bei Ihren Nachforschungen, dass Sie eine Einzahlung vergessen haben, von der Sie dachten, sie sei längst erledigt. Dann werden Sie sich das Geld schnappen, auf schnellstem Wege zur Bank fahren und die Sache begradigen, um das Problem aus der Welt zu schaffen.

Ich würde Ihnen vorschlagen, die Frage nach dem erneuerten Denken mit genau derselben Dringlichkeit zu behandeln.

Vielleicht ist in Ihrem Leben nach Jahren falschen Denkens alles durcheinander. Wenn das der Fall ist, sollten Sie begreifen, dass *Ihr Leben nicht auf geraden Kurs kommen wird, ehe nicht Ihr Denken auf geraden Kurs gekommen ist.* Bitte betrachten Sie diesen Bereich als eine *lebensnotwendige Sache.* Machen Sie Ernst damit, die Festungen niederzureißen, die Satan in Ihrem Verstand errichtet hat. Nehmen Sie Ihre Waffen in die Hand - die Waffen des Wortes Gottes, des Lobpreises und des Gebets.

## Durch den Geist

»Nicht durch Macht, nicht durch Kraft, allein durch meinen Geist!
– spricht der Herr der Heere.«

Sacharja 4,6

Einer der besten Wege zur Freiheit besteht darin, Gott um jede erdenkliche Hilfe zu bitten – und das oft. Eine unsere Waffen ist das Gebet (das Bitten). Entschlossenheit allein reicht nicht aus, um Ihre Situation zu überwinden. Gewiss müssen Sie entschlossen sein, aber entschlossen im Heiligen Geist und nicht in Ihren eigenen, fleischlichen Anstrengungen. Der Heilige Geist ist Ihr Helfer – suchen Sie seine Hilfe. Stützen Sie sich auf ihn. Alleine schaffen Sie es nicht.

## Eine lebensnotwendige Sache

Für den gläubigen Menschen ist richtiges Denken eine lebensnotwendige Sache. Es ist etwas so Wichtiges, auf das man genauso wenig verzichten kann, wenn man leben will, wie auf das Schlagen unseres Herzens und das Pulsieren unseres Blutes. Ohne diese Dinge gibt es kein Leben.

Diese Wahrheit schärfte mir der Herr vor Jahren im Blick auf meine persönliche Gemeinschaft mit ihm in Gebet und Bibelstudium ein. Es fiel mir fürchterlich schwer, mich zu diesen Dingen zu zwingen – bis er mir zeigte, dass sie lebensnotwendig sind. Genau wie meine physische Existenz vom Funktionieren meiner lebenswichtigen Organe abhängt, ist mein geistliches Leben davon abhängig, dass ich regelmäßig Zeit mit Gott verbringe, und zwar wertvolle, reichgefüllte Zeit. Sobald ich begriffen hatte, dass Gemeinschaft mit ihm lebensnotwendig ist, setzte ich sie auf meiner Prioritätenliste ganz nach oben.

Und genauso war es, nachdem ich verstanden hatte, dass richtiges Denken lebenswichtig für ein siegreiches Leben ist. Ich fing an, mich mit meiner Gedankenwelt ernsthafter auseinander zu setzen und meine Gedanken sorgfältig zu wählen.

## Der Mensch ist, wie er denkt

*»Entweder: der Baum ist gut [solide und gesund] – dann sind auch seine Früchte gut. Oder: der Baum ist schlecht [krank und verfault] – dann sind auch seine Früchte schlecht. An den Früchten also erkennt man den Baum.«*

Matthäus 12,33

Die Bibel sagt, einen Baum erkennt man an seiner Frucht. Dasselbe gilt für unser Leben. Gedanken tragen Früchte. Denken Sie gute Gedanken, wird in Ihrem Leben gute Frucht sein. Denken Sie schlechte Gedanken, wird in Ihrem Leben schlechte Frucht sein.

Es ist tatsächlich so, dass Sie an der Haltung eines Menschen ablesen können, welche Art von Denken in seinem Leben vorherrscht. Eine liebenswürdige, freundliche Persönlichkeit hegt keine gemeinen, rachsüchtigen oder nachtragenden Gedanken. Und ein wirklich böser Mensch denkt nicht gütig und liebevoll.

Erinnern Sie sich an Sprüche 23,7 und lassen Sie sich von diesem Wort beeinflussen: Denn so, wie Sie in Ihrem Herzen denken, so sind Sie.

Kapitel 3

## *Geben Sie nicht auf!*

»*Lasst uns nicht müde werden, das Gute zu tun; denn wenn wir darin nicht nachlassen, werden wir ernten, sobald die Zeit dafür gekommen ist.*«

Galater 6,9

Wie schlimm Ihre Lebensumstände auch sein mögen, geben Sie nicht auf! Nehmen Sie das Land wieder ein, das der Teufel Ihnen geraubt hat. Falls nötig, nehmen Sie es Zentimeter um Zentimeter wieder ein und stützen Sie sich dabei stets auf Gottes Gnade und nicht auf Ihre eigenen Fähigkeiten, um zu den erwünschten Ergebnissen zu gelangen.

In Galater 6,9 ermutigt uns der Apostel Paulus schlicht und einfach, dranzubleiben und noch mal dranzubleiben. Machen Sie nicht schlapp! Weisen Sie den alten Geist des Aufgebens in die Schranken. Gott hält Ausschau nach Menschen, die den ganzen Weg mit ihm gehen.

### Hindurchgehen

»*Wenn du durchs Wasser schreitest, bin ich bei dir, wenn durch Ströme, dann reißen sie dich nicht fort. Wenn du durchs Feuer gehst, wirst du nicht versengt, keine Flamme wird dich verbrennen.*«

Jesaja 43,2

Was immer Sie zurzeit in Ihrem Leben vor sich haben oder erfahren, ich möchte Ihnen Mut machen, hindurchzugehen und nicht aufzugeben.

In Habakuk 3,19 heißt es, wir bekommen Füße »*wie die Füße der Hirsche*« (ein Hirsch ist sehr behände im Klettern), wenn wir »*schreiten* [nicht erschrocken stehen bleiben, sondern vorangehen] *auf den Höhen* [der Probleme, des Leidens oder der Verantwortlichkeit]«.

Gottes Art, uns zu geistlichem Fortschritt zu verhelfen, besteht darin, dass er mit uns ist, um uns zu stärken und zu ermutigen, damit wir in rauen Zeiten dranbleiben und noch mal dranbleiben.

Aufgeben ist leicht; wer hindurchgehen will, braucht Glauben.

## Sie haben die Wahl!

*»Den Himmel und die Erde rufe ich heute als Zeugen gegen euch an. Leben und Tod lege ich dir vor, Segen und Fluch. Wähle also das Leben, damit du lebst, du und deine Nachkommen.«*
5. Mose 30,19

Jeden Tag bestürmen uns Tausende und Abertausende von Gedanken. Unser Denken muss erneuert werden, damit es dem Geist und nicht dem Fleisch folgt. Im freien Fluss unserer fleischlichen, weltlichen Denkarten sind wir so geübt, dass es uns mit Sicherheit keinerlei Mühe bereitet, verkehrte Gedanken zu denken.

Andererseits müssen wir uns willentlich entscheiden, richtig zu denken. Haben wir uns irgendwann entschlossen, uns gedanklich mit Gott gleichschalten zu lassen, so werden wir die richtigen Gedanken *wählen* und *immer wieder wählen* müssen.

Kommt es uns so vor, als wäre die Schlacht um unser Denken einfach zu schwer und wir könnten sie niemals gewinnen, so müssen wir in der Lage sein, diese Denkart niederzureißen und uns für den Gedanken zu entscheiden, dass wir es schaffen werden! Und wir müssen uns nicht nur für den Gedanken entscheiden, dass wir es schaffen werden, sondern auch entschlossen sein, nicht aufzugeben. Unter dem Bombardement von Zweifeln und Ängsten sollen wir unseren Mann oder unsere Frau stehen und sagen: »Nie im Leben gebe ich auf! Gott ist auf meiner Seite, er liebt mich und er hilft mir!«

Sie und ich werden im Leben jede Menge Entscheidungen zu treffen haben. In 5. Mose 30,19 sagte der Herr seinem Volk, er habe ihm Leben und Tod vorgesetzt, und drängte die Israeliten, sich für das Leben zu entscheiden. Und Sprüche 18,21 sagt uns: *»Tod und Leben stehen in der Macht der Zunge; wer sie liebevoll gebraucht, genießt ihre Frucht.«*

Aus unseren Gedanken werden unsere Worte. Deshalb ist es lebenswichtig, dass wir lebensspendende Gedanken *wählen.* Wo wir das tun, werden die richtigen Worte folgen.

## Geben Sie nicht auf!

Wenn die Schlacht Ihnen endlos vorkommt und Sie glauben, es niemals schaffen zu können, vergessen Sie nicht, dass Sie dabei sind, ein durch und durch fleischliches, weltliches Denksystem auf Gottes Denkart umzuprogrammieren.

Unmöglich? *Nein!*
Schwierig? *Ja!*

Aber denken Sie einfach daran, dass Sie Gott mit im Team haben. Ich glaube, er ist der allerbeste »Computerprogrammierer« weit und breit. (Ihr Denken gleicht einem Computer, dem ein Leben lang Schund einprogrammiert worden ist.) Und Gott arbeitet ja an Ihnen, jedenfalls dann, wenn Sie Ihn eingeladen haben, Ihre Gedanken zu beherrschen. Er programmiert Ihr Denken um. Arbeiten Sie einfach mit ihm zusammen – *und geben Sie nicht auf!*

Auf jeden Fall wird es Zeit brauchen, und es wird nicht immer leicht sein, aber wenn Sie sich für Gottes Denkart entscheiden, marschieren Sie in die richtige Richtung. So oder so verbringen

Sie Ihre Zeit damit, irgendetwas zu tun, also können Sie sie auch damit füllen, indem Sie vorangehen, statt den Rest Ihres Lebens im Dreck steckenzubleiben.

## Wendet euch um und nehmt in Besitz!

*»Der Herr, unser Gott, hat am Horeb zu uns gesagt: Ihr habt euch lange genug an diesem Berg aufgehalten. Nun wendet euch dem Bergland der Amoriter zu ...! Hiermit liefere ich euch das Land aus. Zieht hinein, und nehmt es in Besitz, das Land, von dem ihr wisst: Der Herr hat euren Vätern Abraham, Isaak und Jakob geschworen, es ihnen und später ihren Nachkommen zu geben.«*
5. Mose 1,6-8

In 5. Mose 1,2 erklärte Mose den Israeliten, es seien nur elf Tagesreisen bis an die Grenze Kanaans (des Verheißenen Landes) gewesen, aber sie hätten vierzig Jahre gebraucht, um dorthin zu kommen. In Vers 6 sagt er ihnen dann: »Gott der Herr sagt uns: Ihr habt euch lange genug an diesem Berg aufgehalten.«

Haben Sie lange genug auf demselben Berg verweilt? Haben Sie auch vierzig Jahre für eine Reise von elf Tagen gebraucht?

Mir selbst ging es so, dass ich irgendwann aufwachen und einsehen musste, dass mein Weg nirgendwo hinführte. *Ich war eine Christin ohne Sieg.* Genau wie Mary und John hatte ich jede Menge falscher Denkmuster und mentaler Festungen, die sich über viele Jahre hinweg aufgebaut hatten. Der Teufel hatte mich angelogen, und ich hatte ihm geglaubt. Deswegen lebte ich in Selbsttäuschung.

Ich hatte mich lang genug auf ein und demselben Berg aufgehalten. Ich hatte vierzig Jahre gebraucht, um zu schaffen, was sehr viel schneller gegangen wäre, wenn ich bloß die Wahrheit des Wortes Gottes gekannt hätte.

Gott zeigte mir, dass die Israeliten in der Wüste bleiben mussten, weil sie eine »Wüstenmentalität« hatten – verschiedene falsche Denkarten, die sie in Gebundenheit hielten. In einem späteren Kapitel werden wir auf dieses Thema zurückkommen. Fürs Erste möchte ich Sie dringend auffordern, sich unumstößlich dafür zu entscheiden, Ihr Denken erneuern zu lassen und zu lernen, wie Sie Ihre Gedanken sorgfältig wählen können. Nehmen Sie sich fest vor, nicht nachzulassen und aufzugeben, bevor Sie voll und ganz gesiegt und Ihr rechtmäßiges Erbe in Besitz genommen haben.

Kapitel

## Schritt *für* Schritt

*»Doch der Herr, dein Gott, wird diese Völker dir nur nach und nach aus dem Weg räumen. Du kannst sie nicht rasch ausmerzen, weil sonst die wilden Tiere überhand nehmen und dir schaden.«*
5. Mose 7,22

Die Erneuerung unseres Denkens wird sich Schritt für Schritt vollziehen – seien Sie also bitte nicht entmutigt, falls es nur langsam voranzugehen scheint.

Unmittelbar bevor die Israeliten das Verheißene Land betreten sollten, sagte der Herr ihnen, er werde ihre Feinde »nach und nach« vor ihnen vertreiben,»weil sonst die wilden Tiere überhand nehmen und dir schaden«.

Ich glaube, wenn wir zuviel Freiheit in zu kurzer Zeit gewinnen würden, würden wir von dem »wilden Tier« namens Stolz gefressen werden. Es ist tatsächlich besser, in jeweils einem Bereich Zug um Zug freigesetzt zu werden. Auf diese Weise wissen wir unsere Freiheit mehr zu schätzen; wir erkennen dann, dass sie wirklich ein Geschenk Gottes ist und nicht etwas, das wir auch in unserer eigenen Kraft zustande bringen könnten.

### Der Befreiung geht Leiden voraus

*»Der Gott aller Gnade aber [der freizügig Segen und Gunst vergibt], der euch in Christus zu seiner [eigenen] ewigen Herrlichkeit*

berufen hat, wird euch, die ihr kurze Zeit leiden müsst, wieder aufrichten, stärken, kräftigen und auf festen Grund stellen.«

1. Petrus 5,10

Warum ist es nötig, dass wir eine »kurze Zeit leiden«? Ich glaube, von dem Zeitpunkt an, zu dem uns wirklich klar wird, dass wir ein Problem haben, bis zu dem Moment, an dem Jesus uns freisetzt, erdulden wir eine Art Leid, aber umso mehr freuen wir uns dann, wenn die Freiheit kommt. Versuchen wir etwas auf eigene Faust zu tun, erleiden Schiffbruch und erkennen dann, dass wir auf ihn warten müssen, so fließen unsere Herzen vor Dankbarkeit und Gotteslob über, sobald er sich erhebt und das tut, was wir selbst nicht tun können.

## Keine Verdammnis

*»So gibt es jetzt keine Verdammnis mehr für die, welche in Christus Jesus sind, die nicht gemäß dem Fleisch wandeln, sondern gemäß dem Geist*

Römer 8,1 (Schlachter 2000)

Fühlen Sie sich nicht verdammt oder verurteilt, wenn Sie Rückschläge erleben oder mal einen schlechten Tag haben. Stehen Sie einfach wieder auf, klopfen Sie sich den Staub ab und machen Sie weiter. Wenn ein Baby laufen lernt, fällt es viele, viele Male hin, ehe es sich der Standfestigkeit seiner eigenen Füße wirklich erfreuen kann. Aber eines hat ein Baby uns Erwachsenen voraus: Vielleicht schreit es ein wenig, wenn es mal wieder gefallen ist, aber jedes Mal steht es sofort wieder auf und versucht es erneut.

Der Teufel wird alles daransetzen, Sie in diesem Abschnitt der Erneuerung Ihres Denkens zu blockieren. Er weiß, dass er keine Chance mehr hat, Sie zu kontrollieren, sobald Sie gelernt haben, sich für die richtigen Gedanken zu entscheiden und die falschen zurückzuweisen. Entmutigung und Verdammungsgefühle sind

die Mittel, die er benutzen wird, um Sie zum Stillstand zu bringen.
Machen Sie Gebrauch von Ihrer »Wortwaffe«, wenn die Verdammungsgefühle kommen. Zitieren Sie Römer 8,1 und erinnern Sie sowohl den Satan als auch sich selbst daran, dass Sie nicht fleischlich, sondern geistlich leben. Fleischlich leben (»gemäß dem Fleisch wandeln«) heißt, sich auf sich selbst zu verlassen; geistlich leben bedeutet, sich auf Gott zu verlassen.
Wenn Sie versagen – und das werden Sie –, heißt das nicht, dass Sie ein Versager oder eine Versagerin sind. Es heißt nicht mehr und nicht weniger, als dass Sie nicht alles richtig machen. Wir alle müssen die Tatsache akzeptieren, dass wir nicht bloß Stärken, sondern auch Schwächen haben. Lassen Sie einfach Christus in Ihren Schwächen stark sein; lassen Sie ihn Ihre Stärke sein, wenn Sie mal einen schwachen Tag haben.
Ich sage es noch einmal: *Fühlen Sie sich nicht verdammt* – lassen Sie die Verdammungsgefühle nicht an sich heran. Ihr totaler Sieg wird kommen, aber das braucht Zeit, denn er kommt »Schritt für Schritt«.

## Lassen Sie sich nicht entmutigen

*»Meine Seele, warum bist du betrübt und bist so unruhig in mir? Harre auf Gott; denn ich werde ihm noch danken, meinem Gott und Retter, auf den ich schaue.«*

Psalm 42,6

Entmutigung zerstört Hoffnung. Deshalb ist es ganz natürlich, dass der Teufel stets und ständig versucht, uns zu entmutigen. Ohne Hoffnung geben wir auf, und genau das will der Teufel. Zu wiederholten Malen sagt uns die Bibel, dass wir nicht entmutigt oder bestürzt sein sollen. Weil Gott weiß, dass wir nicht zum Sieg durchdringen werden, solange wir entmutigt sind, wird er uns immer unterstützen, wenn wir die Sache in die Hand nehmen, indem wir uns selbst sagen: »Lass dich nicht entmutigen!« Gott möchte, dass wir mutig und nicht mutlos sind.

Schauen Sie sich Ihre Gedankenwelt an, wenn Entmutigung oder Verdammungsgefühle Sie zu packen versuchen. Was waren das für Gedanken, die Sie gedacht haben? Haben sie vielleicht so ähnlich geklungen wie: »Ich schaff' das nicht, es ist einfach zu schwer. Ich mach's immer verkehrt, das war schon immer so, und es ändert sich sowieso nichts. Ich bin sicher, andere Leute haben es nicht so schwer mit der Erneuerung ihrer Gedanken. Ich kann genauso gut aufgeben. Ich hab's jetzt oft genug versucht. Ich bete ja, aber Gott scheint mich gar nicht zu hören. Wahrscheinlich beantwortet er meine Gebete nicht, weil er von meinem Verhalten so enttäuscht ist.«

Wenn dieses Beispiel Ihre Gedanken wiedergibt, ist es kein Wunder, wenn Sie entmutigt werden oder sich selbst verurteilen. Vergessen Sie nicht: Sie werden zu dem, was Sie denken. Denken Sie entmutigende Gedanken, und Sie werden entmutigt. Denken Sie verdammende, verurteilende Gedanken, und Sie geraten unter Verdammnis. Ändern Sie Ihr Denken und erfahren Sie Befreiung!

Statt negativ zu denken, sollten dies Ihre Gedanken sein: »Na ja, es geht ein bisschen langsam voran, aber Gott sei Dank, ich *komme* vorwärts. Ich bin absolut sicher, auf dem richtigen Weg zu sein, der mich in die Freiheit führt. Gestern hatte ich einen harten Tag. Ständig habe ich mich zu falschem Denken verleiten lassen. Vergib mir, Vater, und hilf mir, unbeugsam dranzubleiben. Ich hab' einen Fehler gemacht, aber wenigstens brauche ich diesen Fehler nicht noch einmal zu machen. Heute ist ein neuer Tag. Herr, du liebst mich. Deine Gnade ist jeden Morgen neu. – Ich weigere mich, entmutigt zu sein. Ich verweigere mich jedem Verdammungsgefühl. Vater, die Bibel sagt, du verdammst mich nicht. Du hast Jesus gesandt, damit er für mich starb. Mir geht's gut, und heute wird ein super Tag. Du hilfst mir, mich heute für die richtigen Gedanken zu entscheiden.«

Ich bin sicher, dass Sie schon jetzt in dieser Art heiteren, positiven, gottgemäßen Denkens den Sieg verspüren können.

Wir wollen immer alles auf der Stelle haben. Zwar tragen wir Geduld als Frucht in uns, aber es braucht Arbeit, damit sie auch äußerlich sichtbar wird. Mitunter lässt Gott sich Zeit dabei, uns in unsere volle Freiheit zu führen. Die schwierige Zeit des Wartens benutzt er, um unseren Glauben belastbar zu machen und die Geduld ihr vollkommenes Werk tun zu lassen (Jakobus 1,4). Gottes Zeitplanung ist perfekt. Er kommt nie zu spät.

Hier noch ein weiterer guter Gedanke, der sich lohnt: »Ich glaube Gott. Ich glaube, dass er in mir an der Arbeit ist, egal wie ich mich fühle oder wie die Situation gerade aussehen mag. Der Herr hat ein gutes Werk in mir angefangen, und er wird es restlos vollenden« (Philipper 1,6; 2,13).

Auf diese Art und Weise können Sie Ihre Waffe des Wortes effektiv einsetzen, um Bollwerke niederzureißen. Meine Empfehlung ist, dass Sie nicht nur bewusst richtige Gedanken denken, sondern auch die zweite Meile gehen und diese Gedanken als Ihr Bekenntnis laut aussprechen.

Vergessen Sie nicht; Gott setzt Sie *Schritt für Schritt* frei; also seien Sie nicht entmutigt und lassen Sie keine Verdammungsgefühle in sich zu, wenn Sie mal einen Fehler machen.

*Haben Sie Geduld mit sich selbst!*

Kapitel

*Seien Sie positiv*

5

»*Es soll geschehen, wie du geglaubt hast.*«

Matthäus 8,13

Positives Denken bringt positives Leben hervor, negatives Denken negatives Leben. Positive Gedanken sind immer erfüllt von Glauben und Hoffnung, negative Gedanken von Furcht und Zweifel.
Manche Menschen haben Angst zu hoffen, weil sie in ihrem Leben so oft verletzt worden sind. Sie haben so viele Enttäuschungen eingesteckt, dass sie fürchten, keine weitere mehr ertragen zu können. Deshalb weisen sie die Hoffnung zurück. Dann können sie wenigstens nicht enttäuscht werden.
Diese Vermeidung von Hoffnung ist eine Art Schutzmechanismus gegen das Verletztwerden. Enttäuschung tut weh! Und ehe sie erneut enttäuscht werden, weisen viele Menschen lieber die Hoffnung von sich, ebenso wie den Glauben, dass ihnen jemals irgendetwas Gutes widerfahren könne. Aus dieser Art von Verhalten ergibt sich ein negativer Lebensstil. Alles wird negativ, weil die Gedanken negativ sind. Wissen Sie noch, was in Sprüche 23,7 steht: »*Denn wie er* [ein Mensch] *in seiner Seele ... denkt, so ist er.*«
Vor vielen Jahren war ich ein extrem negativer Mensch. Ich sage immer, wenn ich damals mal zwei positive Gedanken nacheinander dachte, bekam ich fast einen Gehirnkrampf. Meine

schlichte Philosophie war: »Wenn du nichts Gutes erwartest, bist du auch nicht enttäuscht, wenn nichts Gutes kommt.«

Ich hatte in meinem Leben so viele Enttäuschungen wegstecken müssen – so viele verheerende Dinge, die mir geschehen waren –, dass ich mich fürchtete zu glauben, mir könne irgendwas Gutes passieren. Alles und jedes sah ich schrecklich negativ. Und da meine Gedanken durch und durch negativ waren, waren es auch meine Worte und letztlich mein ganzes Leben.

Als ich ernsthaft anfing, das Wort Gottes zu studieren und Gott für meine Wiederherstellung zu vertrauen, gehörte die Einsicht, dass meine negative Haltung verschwinden musste, zu den allerersten Dingen, die ich erkannte.

In Matthäus 8,13 sagt uns Jesus, uns werde geschehen, wie wir geglaubt haben. »*Dir geschehe, wie du geglaubt hast*«, so sagt es die Lutherbibel. Alles, was ich glaubte, war negativ, also war es ganz natürlich, dass mir jede Menge Negatives passierte.

Das heißt nicht, Sie und ich könnten absolut alles bekommen, was wir wollen, indem wir einfach nur daran denken. Gott hat einen vollkommenen Plan für jeden von uns, und keineswegs können wir ihn mit unseren Gedanken und Worten manipulieren. Aber wir sollen in Übereinstimmung mit seinem Willen und Plan für uns denken und reden.

Sollten Sie im Moment überhaupt keine Ahnung haben, was Gottes Wille für Sie ist, so fangen Sie doch wenigstens mit dem Gedanken an: »Sicher, Gottes Plan kenne ich nicht, aber ich weiß, er liebt mich. Egal, was er tut, es wird gut sein und mich segnen.«

Fangen Sie an, positive Gedanken über Ihr Leben zu haben.

Üben Sie positives Verhalten in jeder Situation ein, in die Sie kommen. Selbst wenn das, was gerade in Ihrem Leben passiert, gar nicht so gut scheint, erwarten Sie, dass Gott trotzdem etwas Gutes daraus macht, so wie er es in seinem Wort versprochen hat.

## Alle Dinge führen zum Guten

»Wir wissen aber, dass denen, die Gott lieben [da sie Gott zum Partner haben, der sie in all ihren Anstrengungen unterstützt], alle Dinge [sich in Gottes Plan einfügend] zum Guten mitwirken, denen, die nach seinem Vorsatz berufen sind.«

Römer 8,28

Dieser Bibeltext sagt nicht, dass alle Dinge gut sind. Was er sagt, ist, dass alle Dinge *zum Guten mitwirken*.

Nehmen wir an, Sie planen einen Einkaufsbummel. Sie steigen in Ihr Auto, und es springt nicht an. Diese Situation können Sie auf zweierlei Weise betrachten. Sie können sagen: »Wusste ich's doch! Nie geht das Ding kaputt. Aber wenn ich mal was vorhabe, geht natürlich alles schief. Hab ich mir doch gedacht, dass aus diesem Einkaufsbummel nichts wird; so ist es ja immer, wenn ich mir mal was vornehme!« Oder aber Sie sagen: »Sicher, ich wollte einkaufen gehen, aber es sieht so aus, als wenn da jetzt nichts draus würde. Dann gehe ich halt später, wenn das Auto wieder läuft. Und bis dahin gehe ich davon aus, dass die Änderung meiner Pläne sich zum Guten auswirkt. Wahrscheinlich gibt es einen Grund, warum ich heute lieber zu Hause sein sollte, also werde ich's mir hier gemütlich machen.«

In Römer 12,16 sagt uns der Apostel Paulus, dass wir uns bereitwillig an Menschen und Dinge anpassen sollen. Dahinter steht der Gedanke, dass wir Menschen sein sollten, die zwar Pläne zu machen verstehen, aber nicht aus der Haut fahren, wenn unsere Pläne mal nicht aufgehen.

Vor kurzem hatte ich eine hervorragende Gelegenheit, diese Regel anzuwenden. Dave und ich waren in Lake Worth, Florida. Dort hatten wir drei Tage in einer Gemeinde gedient und waren jetzt gerade dabei zusammenzupacken, um unseren Heimflug zu erreichen. Für den Flug wollte ich eine bequeme Hose, eine Bluse und flache Schuhe anziehen.

Ich begann mich anzuziehen und konnte meine Hose nicht finden. Wir suchten überall danach und fanden sie schließlich ganz unten im Kleiderschrank. Sie war vom Bügel gerutscht und fürchterlich zerknautscht. Wir haben immer ein Reise-Dampfbügeleisen dabei, und so versuchte ich die Hose zu bügeln. Dann zog ich mich an und sah, dass es so nicht gehen würde. Meine einzige Alternative bestand in einem Kleid und hochhackigen Schuhen.

Ich spürte, wie mich die Situation zu nerven begann. Schauen Sie, jedes Mal, wenn wir nicht bekommen, was wir wollen, kochen unsere Gefühle hoch und versuchen uns zu Selbstmitleid und einer negativen Haltung zu verleiten. Auf der Stelle erkannte ich, dass ich eine Entscheidung treffen musste. Ich konnte eine gereizte Stimmung an den Tag legen, weil die Dinge nicht so gelaufen waren, wie ich es gewollt hatte, oder ich konnte mich einfach an die Situation anpassen, nach vorne schauen und die Heimreise genießen.

Es macht keinen Spaß, mit einem negativen Menschen umzugehen. Er überzieht alles mit einer düsteren Stimmung. Etwas Bedrückendes geht von ihm aus. Er klagt, brummelt und findet in jeder Suppe ein Haar. Egal, was alles gut laufen mag, unweigerlich findet er das Eine, das sich zum Problem auswachsen könnte.

In der Zeit meiner extrem negativen Haltung konnte es passieren, dass ich jemanden besuchte, der seine Wohnung gerade neu renoviert hatte, und statt all das Schöne zu sehen und zu loben, fand ich hundertprozentig irgendeinen Tapetenzipfel, der lose hing, oder einen kleinen Fleck irgendwo am Fenster. Ich bin so glücklich, dass Jesus mich freigesetzt hat, mich an den guten Dingen des Lebens zu erfreuen! Ich bin frei zu glauben, dass durch Glauben an ihn und Hoffnung auf ihn aus allem Schlechten etwas Gutes werden kann.

*Fühlen Sie sich nicht verdammt,* wenn Sie ein negativer Mensch sind! Verdammungsgefühle sind negativ. Ich spreche von diesen Dingen, damit Ihnen das Problem Ihrer negativen Haltung klar wird und Sie anfangen können, Gott für Ihre Wiederherstellung zu vertrauen. Keinesfalls will ich, dass Sie jetzt *wegen* Ihrer negativen Grundeinstellung noch negativer werden.

Der Weg zur Freiheit beginnt dort, wo wir dem Problem ins Auge schauen, ohne uns herausreden zu wollen. Ich bin sicher, dass es einen Grund für Ihre negative Haltung gibt, sofern Sie denn ein negativer Mensch sind – den gibt es immer. Doch vergessen Sie nicht: Als Christ sind Sie jetzt der Bibel zufolge ein neuer Mensch.

## Ein neuer Tag!

*Wenn also jemand in [den Messias] Christus [eingepflanzt] ist, dann ist er [rundum] eine neue Schöpfung: Das Alte [sein früherer moralischer und geistlicher Zustand] ist vergangen, Neues ist geworden.*

2. Korinther 5,17

Als eine »neue Schöpfung« brauchen Sie es nicht zulassen, dass das, was Ihnen früher widerfahren ist, fortwährend Ihr neues Leben in Christus beeinträchtigt. Sie sind ein neues Geschöpf mit einem neuen Leben in Christus. Sie können Ihr Denken gemäß Gottes Wort erneuern lassen. Gutes wird Ihnen geschehen. Freuen Sie sich! Ein neuer Tag ist angebrochen!

## Das Werk des Heiligen Geistes

*»Doch ich sage euch die Wahrheit: Es ist gut [vorteilhaft, gewinnbringend, nützlich] für euch, dass ich fortgehe. Denn wenn ich nicht fortgehe, wird der Beistand [Tröster, Ratgeber, Helfer, Fürsprecher, Kraftgeber] nicht zu euch kommen [um enge Gemeinschaft mit euch zu haben]; gehe ich aber, so werde ich ihn zu euch senden [damit er enge Gemeinschaft mit euch hat]. Und wenn er kommt, wird er die Welt überführen, was Sünde, Gerechtigkeit [Rechtschaffenheit des Herzens, rechter Stand vor Gott] und Gericht ist.«*

Johannes 16,7-8

Das Schwerste im Prozess der Befreiung von negativer Haltung ist, der Wahrheit ins Gesicht zu sehen und zu sagen: »Ich bin ein negativer Mensch, und ich will mich verändern. Ich kann mich nicht selbst ändern, aber ich glaube, dass Gott mich verändern wird, wenn ich ihm vertraue. Ich weiß, es wird Zeit kosten, und ich werde mich nicht entmutigen lassen. »*Gott hat ein gutes Werk in mir angefangen, und er kann es auch zur Vollendung bringen*« (Philipper 1,6).

Bitten Sie den Heiligen Geist, dass er Sie jedes Mal darauf aufmerksam macht, wenn Sie anfangen, negativ zu werden. Das gehört zu seinen Aufgaben. Johannes 16,7-8 lehrt uns, der Heilige Geist werde uns von Sünde überführen und zur Gerechtigkeit hinführen. Wenn es losgeht mit dem Überführtwerden, sollten Sie Gott um Hilfe bitten. Glauben Sie nicht, Sie könnten das selbst auf die Reihe kriegen, sondern stützen Sie sich auf ihn.

Obwohl ich extrem negativ war, führte Gott mich dahin zu wissen, dass er mich zum durch und durch Positiven hin verwandeln würde, wenn ich ihm nur vertraute. Bei dem Versuch, mein Denken in positiven Bahnen verlaufen zu lassen, hatte ich schwer zu kämpfen. Und heute kann ich negative Haltungen nicht mehr ertragen. Das ist wie mit Rauchern: Viele Raucher, die mit dem Rauchen aufgehört haben, haben Zigaretten gegenüber keinerlei Toleranz. Genauso bin ich auch. Ich habe viele Jahre geraucht, aber nachdem ich aufgehört hatte, konnte ich noch nicht mal mehr den Geruch von Rauch ertragen.

Und ebenso geht es mir mit negativen Haltungen. Ich war eine sehr negative Person. Heute kann ich keinerlei negative Haltung mehr ertragen; ich fühle mich fast verletzt davon. Ich denke, das rührt daher, dass ich seit meiner Befreiung von negativem Denken in meinem Leben so viele Veränderungen zum Guten gesehen habe, dass mich jetzt alles Negative anwidert.

Ich sehe der Wirklichkeit ins Gesicht und ermutige Sie, das auch zu tun. Wenn Sie krank sind, sollten Sie nicht sagen: »Ich bin nicht krank«, weil das einfach nicht stimmt. Aber Sie können sagen: »Ich glaube, dass Gott mich heilt.« Keineswegs müssen Sie sagen: »Bestimmt geht's mir immer schlechter, und irgendwann lande ich noch im Krankenhaus.« Stattdessen können Sie sagen: »In ebendiesem Moment ist Gottes heilende Kraft in mir am Wirken, und ich glaube, dass ich wieder gesund werde.«

Es muss alles ausgewogen sein – nicht so, dass Ihre positive Haltung durch ein paar negative Einsprengsel gedämpft wird, sondern so, dass Sie in Ihrem Denken bereitwillig darauf eingestellt sind, mit allem umzugehen, was Ihnen widerfährt, sei es nun positiv oder negativ.

## Bereitwilligkeit

*»Die Juden in Beröa waren von edlerer Sinnesart als die in Thessalonich. Sie nahmen das Wort sehr willig auf und forschten täglich in der Schrift, um sich zu überzeugen, ob das, was sie gehört, damit auch wirklich übereinstimmte.«*

Apostelgeschichte 17, 11 (Albr.)

Die Bibel sagt, wir sollen bereitwillig und offen für den Willen Gottes sein, worin dieser auch immer bestehen mag.

Ein Beispiel: Vor kurzem erlebte eine mir bekannte junge Dame das Leid einer in die Brüche gehenden Verlobung. Dennoch beteten sie und der junge Mann darüber, ob sie sich weiter treffen sollten oder nicht – und dies, obwohl sie entschieden hatten, einander nicht heiraten zu wollen. Aber die junge Dame wollte an der Beziehung festhalten; sie dachte, hoffte und glaubte unentwegt, ihr Ex-Verlobter werde sich bei ihr melden und ihr sagen, dass er genauso empfinde.

Ich empfahl ihr »Bereitwilligkeit« für den Fall, dass sich die Dinge anders entwickeln würden.

»Ist das denn nicht negativ?«, fragte sie.

*Nein, das ist es nicht!*

Negativ wäre es zu denken: »Mein Leben liegt in Trümmern, niemand wird mich jemals mehr wollen. Ich hab' einen Fehler gemacht, darunter werde ich jetzt für alle Zeit zu leiden haben!«

Und positiv wäre es zu sagen: »Ich bin echt traurig, dass das so passiert ist, aber ich will Gott vertrauen. Ich hoffe, mein Freund und ich können uns auch weiterhin treffen. Ich werde darum bitten und daran glauben, dass unsere Beziehung wiederhergestellt wird; aber mehr als alles andere möchte ich, dass der vollkommene Wille Gottes geschieht. *Ich werd's überleben*, wenn sich die Dinge anders entwickeln, als ich es möchte; denn Jesus lebt in mir. Vielleicht wird's eine Zeitlang schwer, aber ich traue auf den Herrn. Ich glaube, unterm Strich wird alles zum Guten mitwirken.«

So ist es, wenn man den Tatsachen ins Auge schaut, ein bereitwilliges Herz hat und dennoch positiv ist.

*Das ist Ausgewogenheit.*

## Die Kraft der Hoffnung

*»Gegen alle Hoffnung hat er [Abraham] voll Hoffnung geglaubt, dass er der Vater vieler Völker werde, nach dem Wort: So zahlreich werden deine Nachkommen sein. Ohne im Glauben schwach zu werden, war er, der fast Hundertjährige, sich bewusst, dass sein Leib und auch Saras Mutterschoß [äußerlich] erstorben waren. Er zweifelte nicht im Unglauben an der Verheißung Gottes, sondern wurde stark im Glauben, und er erwies Gott Ehre ...«*

Römer 4,18-20

Dave und ich glauben, dass unser Dienst innerhalb des Leibes Jesu von Jahr zu Jahr wachsen wird. Stets ist es unser Wunsch, noch mehr Menschen zu helfen. Aber uns ist auch klar, wenn Gott einen anderen Plan hat und wir am Ende eines Jahres ohne Wachstum dastehen (dass alles noch genauso wie am Anfang des Jahres ist), so darf das unsere Freude am Herrn nicht dämpfen.

Wir glauben *für* sehr viele Dinge, aber wichtiger als all das ist, dass wir *an* jemanden glauben, und dieser Jemand ist Jesus. Auch wir wissen nicht immer, was passieren wird. Wir wissen einfach nur, dass es in jedem Fall zu unserem Guten mitwirken wird!

Je positiver Sie und ich werden, umso mehr werden wir uns

im göttlichen Strom befinden. Ohne jeden Zweifel ist Gott positiv, und um mit ihm zu fließen, sollten auch wir positiv sein. Vielleicht sind Ihre Umstände wirklich widrig. Vielleicht denken Sie: »Joyce, wenn Sie meine Lage kennen würden, würden Sie ganz bestimmt nicht erwarten, dass ich eine positive Haltung einnehmen sollte.«

Ich möchte Sie ermuntern, Römer 4,18-20 noch mal zu lesen, wo berichtet wird, dass Abraham, nachdem er seine Situation erfasst hatte – also nicht die Tatsachen ignorierte –, sich bewusst war (kurz darüber nachdachte), dass sein eigener Körper äußerlich gesehen impotent war und Saras Mutterleib unfruchtbar. Doch obwohl es keinen einzigen menschlichen Grund zur Hoffnung mehr gab, hoffte er im Glauben doch.

*Abraham ging total positiv mit einer sehr negativen Situation um!*

Hebräer 6,19 sagt, die Hoffnung sei der Anker der Seele. Hoffnung ist die Kraft, die uns in Zeiten der Versuchung aufrechterhält. Hören Sie niemals auf zu hoffen, sonst wird Ihr Leben elend. Und wenn es das schon längst ist, weil Sie keine Hoffnung haben, dann fangen Sie an zu hoffen! Keine Angst! Ich kann Ihnen nicht versprechen, dass die Dinge sich immer genauso entwickeln werden, wie Sie es möchten. Ich kann Ihnen nicht versprechen, dass Sie niemals enttäuscht werden. Doch selbst wenn es Zeiten gibt, in denen Enttäuschungen kommen, können Sie dennoch hoffen und positiv sein. Bringen Sie sich in Gottes Wunder wirkendes Reich ein.

Erwarten Sie ein Wunder in Ihrem Leben.
Erwarten Sie gute Dinge!

## Erwarten Sie zu empfangen!
## Um zu empfangen, erwarten Sie!

*»Darum wartet der Herr [hingebungsvoll, erwartungsvoll und sehnsüchtig] darauf, euch seine Gnade zu zeigen, darum erhebt er sich, um euch sein Erbarmen zu schenken. Denn der Herr ist ein Gott des Rechtes; wohl denen [gesegnet, glücklich, beneidenswert*

*sind die], die [hingebungsvoll, ernstlich] auf ihn warten [die Ausschau halten nach ihm, nach seinem Sieg, seinem Wohlgefallen, seiner Liebe, seinem Frieden, seiner Freude und seiner unvergleichlichen, unverlierbaren Gemeinschaft].«*

Jesaja 30,18

Dieser Vers ist mir zu einem der liebsten in der Bibel geworden. Meditieren Sie darüber, und er wird Ihnen große Hoffnung vermitteln. Gott sagt darin, dass er nach jemandem sucht, dem er Gnade erweisen (Gutes tun) kann, aber das kann nicht jemand sein, der verdrossen ist und negativ denkt. Es muss jemand sein, der etwas erwartet (sehnsüchtig nach Gott Ausschau hält, um seine Güte zu erfahren).

## Böse Vorahnungen

Was sind »böse Vorahnungen«?

Kurz nachdem ich angefangen hatte, Gottes Wort zu studieren, war ich eines Morgens im Badezimmer dabei, mir das Haar zu kämmen, als ich bemerkte, dass die Atmosphäre um mich herum von einem vagen bedrohlichen Gefühl durchsetzt war, es werde etwas Schlimmes passieren. Mir wurde bewusst, dass ich dieses Gefühl eigentlich schon eine ganze Zeit mit mir herumgetragen hatte.

»Was ist das für ein Gefühl, das ich da immer habe?«, fragte ich den Herrn.

»Böse Vorahnungen«, antwortete er.

Ich hatte keine Ahnung, was das bedeuten sollte, und hatte auch noch nie davon gehört. Bald darauf stieß ich auf Sprüche 15,15: *»Der Bedrückte hat lauter böse Tage* [dank ängstlicher Gedanken und böser Vorahnungen], *der Frohgemute hat* [unabhängig von irgendwelchen Umständen] *ständig Feiertag.«*

Damals erkannte ich, dass der größte Teil meines Lebens durch schlechte Gedanken und Vorahnungen verdorben worden war. Klar befand ich mich in Umständen, die sehr schwierig waren – aber selbst wenn es nicht so war, ging es mir immer noch schlecht, weil meine Gedanken meine Sichtweise der Dinge vergifteten und mir die Fähigkeit raubten, das Leben zu genießen und gute Tage zu haben.

## Hüten Sie Ihre Zunge vorm Bösen!

»*Wer das Leben liebt und gute Tage zu sehen wünscht [ob sie nun gut aussehen oder auch nicht], der bewahre seine Zunge vor Bösem und seine Lippen vor falscher [verräterischer, irreführender] Rede.*«

1. Petrus 3,10

Dieser Vers sagt klipp und klar, dass es einen Zusammenhang zwischen einem guten Leben mit guten Tagen und positivem Denken und Reden gibt.

Egal, wie negativ Sie sind oder seit wann Sie schon so sind, ich weiß, Sie können sich ändern, weil ich mich geändert habe. Es kostete Zeit und brauchte haufenweise Hilfe vom Heiligen Geist, aber es war der Mühe wert.

Und das wird es auch für Sie sein.

Was auch immer geschieht, vertrauen Sie dem Herrn – und seien Sie positiv!

Kapitel

# Geister, die das Denken binden

*»Sorgt euch um nichts, sondern bringt in jeder Lage betend und flehend eure Bitten mit Dank vor Gott! Und der Friede Gottes, der alles Verstehen übersteigt, wird eure Herzen und eure Gedanken in der Gemeinschaft mit Christus Jesus bewahren.«*

Philipper. 4,6-7

Auf meinem Weg mit Gott kam ich einmal in eine Phase, in der es mir schwer fiel, bestimmte Dinge noch zu glauben, die ich zuvor geglaubt hatte. Ich begriff nicht, was mit mir nicht stimmte, und im Ergebnis geriet ich durcheinander. Je länger ich mich in dieser Zwangslage befand, umso größer wurde meine Verwirrung. Der Unglaube schien sich sprunghaft in mir auszubreiten. Ich fing an, meine Berufung in Frage zu stellen, und dachte, ich verlöre die Vision, die Gott mir für meinen Dienst gegeben hatte. Es ging mir elend. (Unglaube führt immer ins Elend.)

Zwei Tage nacheinander hörte ich in meinem Geist das Stichwort *»Geister, die das Denken binden«*. Am ersten Tag achtete ich nicht groß darauf. Am zweiten Tag jedoch hörte ich es zum vierten oder fünften Mal, gerade als ich in eine Zeit der Fürbitte einsteigen wollte: *»Geister, die das Denken binden«*.

Von den vielen Kontakten mit Menschen, denen ich gedient hatte, wusste ich, dass Massen von Christen Probleme mit ihren Gedanken hatten, und so dachte ich, es sei das Anliegen des Heiligen Geistes, dass ich für den Leib Jesu eintrat und gegen einen

Geist namens »Gedankenbinder« betete. Also fing ich an zu beten und mich in Jesu Namen gegen Gedanken bindende Geister zu stellen. Ich hatte erst ein paar Minuten gebetet, als ich in meiner eigenen Gedankenwelt eine ungeheure Befreiung verspürte. Es war wirklich dramatisch.

## Befreit von Geistern, die das Denken binden

Fast jede Befreiung, die ich von Gott empfangen habe, geschah progressiv und entstand dadurch, dass ich Gottes Wort glaubte und bekannte. Johannes 8,31-32 und Psalm 107,20 sind mein Zeugnis. In Johannes 8,31-32 sagt Jesus: »*Wenn ihr* [anhaltend] *in meinem Wort bleibt, seid ihr wirklich meine Jünger. Dann werdet ihr die Wahrheit erkennen, und die Wahrheit wird euch befreien.*« Psalm 107,20 sagt vom Herrn: »*Er sandte sein Wort und heilte sie, er rettete sie aus ihren Gruben*« (ELB).

Doch dieses Mal spürte und wusste ich sofort, dass in meinem Kopf etwas geschehen war. Binnen Minuten konnte ich in Bereichen wieder glauben, in denen ich noch bis unmittelbar vor meiner Gebetszeit zu kämpfen gehabt hatte.

Ich gebe Ihnen ein Beispiel. Ehe ich von den Gedanken bindenden Dämonen angegriffen wurde, glaubte ich im Einklang mit Gottes Wort, es spiele für mein Leben und meinen Dienst überhaupt keine Rolle, dass ich eine völlig unbekannte Frau aus Fenton, Missouri, war (Galater 3,28). Wenn Gott wollte, würde *er* Türen aufmachen, die niemand wieder verschließen könnte (Offenbarung 3,8), und ich würde auf der ganzen Welt die praxisbezogenen, befreienden Botschaften predigen, die er mir ins Herz gegeben hatte.

Als jedoch die Gedanken bindenden Geister mich aufs Korn nahmen, sah es so aus, als wäre es mit meinem Glauben in keinem Bereich weit her. Mir gingen Gedanken durch den Kopf wie: »Na ja, wahrscheinlich hab' ich mir das sowieso alles nur eingebildet. Ich hab's halt geglaubt, weil ich's glauben wollte, aber wahrscheinlich wird das alles nie passieren.« Als die Geister aber fort waren, kam die Fähigkeit zu glauben schlagartig zurück.

## Entscheiden Sie sich zum Glauben!

»*So nimmt sich auch der [Heilige] Geist unserer Schwachheit an. Denn wir wissen nicht, worum wir in rechter Weise beten sollen; der Geist selber tritt jedoch für uns ein mit Seufzen, das wir nicht in Worte fassen können.*«

Römer 8,26

Als Christen müssen wir es lernen, uns für den Glauben zu *entscheiden*. Oft gibt Gott uns Glauben – ein Produkt des Geistes – für Dinge, die in unsere Gehirne einfach nicht immer hineinzupassen scheinen. Der Verstand will alles begreifen – das Warum, Wenn und Wie aller Dinge. Und häufig weigert er sich zu glauben, was er nicht verstehen kann, wenn Gott ihm diese Hintergründe vorenthält.

Es geschieht häufig, dass ein gläubiger Mensch in seinem Herzen (seinem inneren Wesen oder »inwendigen Menschen«) etwas *weiß*, wogegen sein Verstand sich auflehnt.

Schon vor langer Zeit hatte ich mich entschieden zu glauben, was Gottes Wort sagt, und auch dem *Rhema* (dem individuell geoffenbarten Wort) zu glauben, das Gott mir gab (also den Dingen, die er mir persönlich sagte, oder den Verheißungen, die er mir schenkte), und zwar selbst dann, wenn ich nicht verstand, wieso, wann oder wie das jeweilige Wort in meinem Leben Wirklichkeit werden würde.

Aber das, wogegen ich jetzt anzukämpfen hatte, war anders; es ging über die Dimension des Entscheidens hinaus. Ich war durch diese Gedanken bindenden Geister gebunden und schaffte es einfach nicht, mich zum Glauben zu bewegen.

Gott sei Dank, dass er mir durch den Heiligen Geist zeigte, wie ich beten sollte, und dass seine Kraft durchdrang, obwohl ich anfangs ja gar nicht wusste, dass ich für mich selbst betete.

Ich bin mir sicher, dass Sie dieses Buch gerade jetzt lesen, weil Sie so geführt worden sind. Vielleicht haben Sie auch Probleme in diesem Bereich. Trifft das zu, so ermutige ich Sie, im Namen Jesu zu beten. Treten Sie in der Kraft seines Blutes gegen »Geister, die das Denken binden«, an. Und beten Sie so nicht bloß einmal, sondern jedes Mal, wenn Sie in diesem Bereich auf Schwierigkeiten stoßen.

Dem Teufel gehen die feurigen Pfeile niemals aus, die er gegen uns abschießt, wenn wir voranzukommen trachten. Heben Sie Ihren Schild des Glaubens und denken Sie an Jakobus 1,2-8, wo wir gelehrt werden, dass wir Gott um Weisheit bitten können, wenn Versuchungen kommen, und dass er sie uns geben und uns zeigen wird, was wir tun sollen.

Ich stand vor einem Problem, einem feurigen Pfeil, mit dem ich nie zuvor zu tun gehabt hatte. Gott zeigte mir, wie ich beten sollte, und ich erfuhr Freisetzung.

Und so wird es auch Ihnen ergehen.

## Kapitel 7

## Denken Sie über Ihre Gedanken nach

»Ich will nachsinnen über deine Befehle und auf deine Pfade schauen.«

Psalm 119,15

Gottes Wort lehrt uns, auf welche Gedanken wir unsere Zeit verwenden sollten.

Der Psalmist sagt, er dachte über Gottes »Befehle« oder Weisungen nach, meditierte darüber. Das heißt, er verbrachte viel Zeit damit, sich Gedanken zu machen über Gottes Wege, seine Anweisungen und seine Lehren. In Psalm 1,3 heißt es, der Mensch, der das tut, »*ist wie ein Baum, der an Wasserbächen gepflanzt ist* [und sich aus ihnen nährt], *der zur rechten Zeit seine Frucht bringt und dessen Blätter nicht welken. Alles, was er tut, wird ihm gut gelingen* [und zur Reife gelangen]«.

Es bringt enorm viel, über Gottes Wort nachzudenken. Je mehr Zeit ein Mensch mit dem Meditieren über dieses Wort zubringt, desto mehr wird ihm aus dem Wort zufließen.

### Achten Sie darauf, was Sie denken!

*»Achtet auf das, was ihr hört! Nach dem Maß [des Nachdenkens und Erforschens], mit dem ihr [die Wahrheit, die ihr hört] messt*

*und zuteilt, wird euch [Erfolg und Erkenntnis] zugeteilt werden, ja, es wird euch [darüber hinaus] noch mehr gegeben.«*

Markus 4,24

Was für eine herrliche Bibelstelle! Sie sagt uns, je mehr Zeit wir im Nachdenken über das Wort verbringen, das wir lesen und hören, desto mehr Kraft und Befähigung werden wir haben, es auch zu tun – um so größer wird unser Offenbarungswissen über das Gelesene oder Gehörte sein. Prinzipiell heißt das, wir werden aus dem Wort Gottes soviel empfangen, wie wir bereit sind selbst zu investieren.

Beachten Sie ganz besonders die Verheißung, dass der Aufwand an Gedanken- und Forschungsarbeit, den wir dem Wort widmen, den Ertrag an Erfolg und Erkenntnis bestimmt, der zu uns zurückfließen wird.

In Vines expositorischem NT-Wörterbuch heißt es, dass die englische King-James-Bibelübersetzung an mehreren Stellen das griechische *dynamis* mit der Grundbedeutung »Kraft« durch »*virtue*«[1] wiedergibt.[2] Strongs Konkordanz gibt an, dass eine weitere mögliche Übersetzung »*ability*« (»Fähigkeit, Befähigung«) ist.[3] Die meisten Leute vertiefen sich nicht allzu sehr ins Wort Gottes. Das hat zur Folge, dass sie nicht verstehen, wieso sie keine kraftvollen Christen sind, die ein siegreiches Leben führen.

In Wahrheit stecken die meisten kaum nennenswerte eigene Mühe in die Erforschung des Wortes Gottes. Vielleicht machen sie sich auf und hören andere das Wort lehren und predigen. Vielleicht hören sie sich Predigtkassetten an und lesen gelegentlich in der Bibel, aber sie sind keineswegs zutiefst entschlossen, die Bibel zu einem Hauptthema ihres Lebens zu machen, was bedeuten würde, dass man viel Zeit mit ihr verbringt.

Das »Fleisch« ist prinzipiell faul, und viele Leute wollen Erträge sehen, ohne investiert zu haben, d. h., ohne dass sie sich irgendwelche Mühe geben. Aber so funktioniert es nun wirklich nicht. Ich sage es noch einmal: Jeder wird aus dem Wort Gottes soviel empfangen, wie er bereit ist selbst zu investieren.

## Das Wort meditieren

*»Wohl [Glück, Gelingen, Wohlstand, insgesamt ein beneidenswertes Leben] dem Mann, der nicht dem Rat der Frevler [der Gottlosen, die ihrem eigenen Gutdünken folgen, ihren Plänen und Zwecken nachgehen] folgt, nicht auf dem Weg der Sünder geht [sich diesen anpasst, sich von ihnen mitreißen lässt], nicht im Kreis der Spötter sitzt [um sich dort zu entspannen und auszuruhen], sondern Freude hat an der Weisung des Herrn, über seine Weisung nachsinnt [denkt, forscht, meditiert] bei Tag und bei Nacht.«*
Psalm 1,1-2

»Nachsinnen« meint reflektieren, sich etwas innerlich vornehmen, etwas kontemplativ bedenken. Vines expositorisches Wörterbuch betont darüber hinaus, vorherrschender Wortsinn sei das umsetzende Praktizieren des Bedachten.[4]

In Sprüche 4,20 heißt es: »*Mein Sohn, achte auf meine Worte, neige dein Ohr meiner Rede zu!*« Verbinden wir diesen Vers mit den Bedeutungen des Wortes »nachsinnen«, so ergibt sich, dass wir auf Gottes Wort »achten«, indem wir es meditieren, bedenken, uns darin hinein vertiefen, es auswendig lernen und gedanklich uns aneignen. Der Grundgedanke ist: wenn wir tun wollen, was Gottes Wort sagt, müssen wir Zeit damit verbringen, über Gottes Wort nachzudenken.

Kennen Sie noch das alte Sprichwort »Übung macht den Meister«? Niemand, der sich nicht viel Zeit genommen hat, etwas einzuüben, kann sich als Fachmann in dieser Sache bezeichnen. Wieso sollte es in der Christenheit anders sein?

## Meditieren bringt Erfolg

*»Über dieses Gesetzbuch sollst du immer reden und Tag und Nacht darüber nachsinnen, damit du darauf achtest, genau so zu han-*

*deln, wie darin geschrieben steht. Dann wirst du auf deinem Weg Glück und Erfolg haben.«*

Josua 1,8

Wollen Sie ein erfolgreiches Leben führen und in allem, was Sie tun, Gelingen haben? Die Bibel sagt, dafür müssen Sie Tag und Nacht Gottes Wort meditativ bedenken.

Wie viel Zeit verbringen Sie mit dem Nachdenken über Gottes Wort? Eine ehrliche Antwort auf diese Frage könnte Ihnen die Gründe für jedes Problem zeigen, das Sie irgendwo in Ihrem Leben haben mögen.

Die meiste Zeit meines Lebens verschwendete ich keinen Gedanken daran, worüber ich eigentlich nachdachte. Ich dachte einfach das, was mir irgendwie in den Kopf kam. Ich hatte keine Kenntnis darüber, dass Satan mir Gedanken injizieren konnte. Viel von dem, was ich im Kopf hatte, waren entweder Lügen, die Satan mir einblies, oder einfach sinnlose Dinge, die es wirklich nicht wert waren, Zeit und Gedanken an sie zu verschwenden. Der Teufel hatte mein Leben in der Hand, weil er meine Gedanken in der Hand hatte.

## Denken Sie über Ihre Gedanken nach

*»Zu ihnen [den ungehorsamen Menschen] gehörten auch wir alle einmal, als wir noch von den Begierden unseres Fleisches beherrscht wurden [also uns so verhielten, wie es unserer verdorbenen, sinnlichen Natur entsprach]. Wir folgten dem, was das Fleisch und der böse Sinn uns eingaben ...«*

Epheser 2,3

Hier ermahnt uns Paulus, uns nicht von unserer sinnlichen Natur oder den Begierden des Fleisches beherrschen zu lassen, den Gedanken unseres sündhaften Wesens.

Auch als Christin hatte ich jede Menge Probleme, weil ich nicht gelernt hatte, meine Gedanken zu kontrollieren. Ich dachte

über Dinge nach, die meinen Kopf auf Trab hielten, aber nicht in positiver Weise produktiv waren.
*Ich musste mein Denken ändern!*
Eines, was der Herr mich lehrte, als er anfing, mich im Thema »Das Schlachtfeld der Gedanken« zu unterweisen, wurde mir zu einem überaus wichtigen Wendepunkt. »Denk über deine Gedanken nach«, sagte er. Als ich damit anfing, dauerte es nicht mehr lange, bis mir klar wurde, wieso ich in meinem Leben so viele Schwierigkeiten hatte.
*Mein Denken war in Unordnung!*
Ich dachte lauter verkehrte Dinge.

Ich ging zur Kirche – das hatte ich jahrelang getan –, aber in Wirklichkeit dachte ich niemals über das nach, was ich dort hörte. Es ging sozusagen zum einen Ohr rein und zum anderen wieder raus. Tag für Tag las ich ein paar Bibelstellen, aber ich dachte niemals über das Gelesene nach. Ich *achtete* nicht auf das Wort. Was ich hörte, berührte meine Gedanken nicht und brachte mich schon gar nicht zum Nachforschen. Deshalb brachte mir das Hören und Lesen weder Erfolg noch Erkenntnis ein.

## Die Werke Gottes meditieren

»*Wir haben nachgedacht, o Gott, über deine Güte im Innern deines Tempels.*«

Psalm 48,10 (ELB)

David, der Psalmist, sprach häufig davon, wie er über all die wunderbaren Werke und mächtigen Taten Gottes nachdachte. Er sagte, er denke über den Namen des Herrn, die Barmherzigkeit Gottes und viele andere solche Themen nach.

Als er sich bedrückt fühlte, schrieb er in Psalm 143,4-5: »*Mein Geist verzagt in mir, mir erstarrt das Herz in der Brust* [von Schwermut umhüllt]. *Ich denke an die vergangenen Tage, sinne nach über all deine Taten, erwäge das Werk deiner Hände.*«

Dieser Text zeigt uns, dass Davids Reaktion auf seine Bedrückungsgefühle nicht darin bestand, über das Problem nachzusinnen. Vielmehr stellte er sich dem Problem gerade entgegen, indem er sich *entschied*, sich der guten Dinge vergangener Zeiten zu erinnern, also über die Taten Gottes und die Werke seiner Hände zu meditieren. Mit anderen Worten, er dachte an etwas Gutes, und das half ihm, seine Depression zu überwinden.

Vergessen Sie niemals: *Ihr Denken spielt für Ihr Siegesleben eine wichtige Rolle.*

Ich weiß, es ist die durch Gottes Wort wirksame Kraft des Heiligen Geistes, die Sieg in unser Leben bringt. Aber ein großer Teil der Aufgabe, die zu erfüllen ist, liegt bei uns, nämlich dass wir unser Denken mit Gott und seinem Wort in Einklang bringen. Niemals werden wir Sieg erleben, solange wir uns dem verweigern oder es vorziehen, das für unwichtig zu halten.

## Werden Sie verwandelt durch die Erneuerung Ihres Denkens

»*Gleicht euch nicht dieser Welt [diesem Zeitalter] an [indem ihr euch ihren äußeren, oberflächlichen Gebräuchen anpasst], sondern wandelt euch und erneuert [ganz und gar] euer Denken [durch neue Ideale und eine neue Haltung], damit ihr [für euch selbst] prüfen und erkennen könnt, was der Wille Gottes ist: was ihm [im Blick auf euch] gefällt, was gut und vollkommen ist.*«

Römer 12,2

In diesem Text sagt der Apostel Paulus, wir können sehen, wie der gute und vollkommene Wille Gottes sich in unserem Leben vollzieht – *wenn* wir unser Denken erneuern lassen. Wozu erneuern? Zu Gottes Art zu denken. Durch diesen Prozess des Neudenkens werden wir zu dem verändert oder verwandelt, was Gott für uns beabsichtigt. Diese Verwandlung hat Jesus durch seinen Tod und seine Auferstehung möglich gemacht. Durch den Prozess der Erneuerung des Denkens wird sie zu einer Realität unseres Lebens.

Zur Vermeidung von Unklarheiten möchte ich an dieser Stelle sagen: Richtiges Denken hat *nichts* mit Erlösung zu tun. Erlösung beruht ausschließlich auf dem Blut Jesu, seinem Tod am Kreuz und seiner Auferstehung. Viele Menschen werden im Himmel sein, weil sie Jesus wahrhaftig als ihren Erlöser angenommen haben, aber von diesen selben Menschen werden viele niemals im Sieg gelebt oder sich Gottes guten Planes für ihr Leben erfreut haben, weil sie ihr Denken nicht gemäß seinem Wort haben erneuern lassen.

Auch ich war jahrelang einer dieser Menschen. Ich war wiedergeboren. Der Himmel war mir sicher. Ich ging zur Kirche und hielt mich an religiöse Lebensnormen, aber ich hatte wirklich keinen Sieg in meinem Leben, und zwar aus dem Grund, dass ich die falschen Dinge dachte.

## Seid auf diese Dinge bedacht

*»Schließlich, Brüder: Was immer wahrhaft, edel, recht, was lauter, liebenswert, ansprechend ist, was Tugend heißt und lobenswert ist, darauf seid bedacht [damit füllt euer Denken]!«*

Philipper 4,8

Die Bibel gibt jede Menge detaillierte Anweisungen dazu, über was für Dinge wir nachdenken sollen. Ich bin sicher, Sie erkennen aus all diesen Bibelstellen, wie wir angewiesen werden, über gute Dinge nachzudenken, Dinge, die uns aufbauen und nicht runterziehen.

Ganz gewiss beeinflussen unsere Gedanken unsere Haltungen und Stimmungen. Alles, was der Herr uns sagt, ist zu unserem eigenen Guten. Er weiß, was uns glücklich macht und was uns ins Elend stößt. Denkt ein Mensch lauter falsche Gedanken, so geht es ihm schlecht; und ich habe aus eigener Erfahrung gelernt, dass einer, dem es selbst schlecht geht, normalerweise dafür sorgt, dass es irgendwann auch anderen schlecht geht.

Sie sollten in regelmäßigen Abständen Inventur machen und

sich selbst fragen: »Woran habe ich gedacht?« Nehmen Sie sich Zeit, um die Welt Ihrer Gedanken zu überprüfen.

Über Ihre Gedanken nachzudenken ist sehr wertvoll, weil Satan die Leute üblicherweise dahingehend irreführt, dass sie meinen, die Quelle ihres Elends oder ihrer Schwierigkeiten sei eine ganz andere als die, um die es sich tatsächlich handelt. Er möchte, dass Menschen denken, sie seien unglücklich aufgrund dessen, was um sie herum geschieht, also ihrer Lebensumstände; dabei wurzelt ihr Elend tatsächlich darin, was *in ihnen* geschieht, also in ihren Gedanken.

Viele Jahre lang glaubte ich tatsächlich, ich sei unglücklich aufgrund dessen, was andere taten oder nicht taten. Die Schuld für mein Elend suchte ich bei meinem Mann und meinen Kindern. Ich dachte, wenn sie nur anders wären – mehr auf meine Bedürfnisse eingingen, mehr in Haus und Hof helfen würden –, dann wäre ich auch glücklich. Jahrelang war es mal das eine, dann wieder etwas anderes. Endlich sah ich der Wahrheit ins Gesicht, dass nämlich nichts von diesen Dingen mich wirklich unglücklich machen musste, wenn ich mich für dir richtige Haltung entschied. Das, was mich ins Elend stürzte, waren meine Gedanken.

Lassen Sie es mich ein letztes Mal sagen: *Denken Sie über Ihre Gedanken nach.* Dann kann es sehr schnell gehen, dass Sie dem einen oder anderen Ihrer Probleme auf die Spur kommen und sich Richtung Freiheit bewegen.

TEIL 2

# BEFINDLICHKEITEN DES DENKENS

# Einführung

*»Wir aber haben Christi Sinn.«*
1. Korinther 2,16 b

In welchem Zustand befindet sich Ihr Denken? Ist Ihnen aufgefallen, dass sich die Befindlichkeiten Ihres Denkens ändern? Mal sind Sie ruhig und friedlich, ein andermal ängstlich und verwirrt. Oder Sie treffen eine Entscheidung und sind sich Ihrer Sache sicher, nur um später im Hinblick auf genau die Angelegenheit, in der Sie sich doch so sicher waren, umso mehr hin- und hergerissen zu sein.

Auch ich habe in bestimmten Zeiten meines Lebens diese Dinge erlebt, genau wie andere Menschen. Es gab Zeiten, in denen es aussah, als könnte ich Gott ohne irgendwelche Schwierigkeiten glauben, aber eben auch andere Zeiten, in denen mir Zweifel und Unglaube gnadenlos zusetzten.

Weil es scheint, als könne unser Denken sich in so vielen verschiedenen Zuständen befinden, fing ich an, mich zu fragen, wann mein Denken eigentlich normal sei. Ich wollte wissen, was normal war, damit ich mich gleich beim Auftauchen unnormaler Denkmuster mit diesen auseinandersetzen konnte.

So sollte bei einem gläubigen Menschen beispielsweise kritisches, richtendes und argwöhnisches Denken als unnormal betrachtet werden. Und doch war es für einen großen Teil meines Lebens bei mir normal, auch wenn es das nicht hätte sein sollen. Es war das, woran ich gewöhnt war, und obwohl mein Denken total daneben war und mir jede Menge Probleme im Leben eintrug, hatte ich keine Ahnung, dass mit dem, was ich dachte, irgendwas nicht stimmte.

Ich wusste nicht, dass ich in meiner Gedankenwelt überhaupt etwas ändern konnte. Ich war gläubig, seit Jahren schon, aber nie hatte mich jemand über den Bereich meiner Gedanken oder darüber, in welchem Zustand sich das Denken eines gläubigen Menschen von Rechts wegen befinden sollte, belehrt.

Unser Denken wird nicht neugeboren, wenn wir die Erfahrung der Wiedergeburt machen. Es muss noch erneuert werden (Römer 12,2). Wie schon mehrmals gesagt, ist die Erneuerung des Denkens ein Prozess, der Zeit fordert. Lassen Sie sich nicht entmutigen, auch dann nicht, wenn Sie den nächsten Abschnitt dieses Buches lesen und entdecken, dass sich Ihr Denken die meiste Zeit in einem Zustand befindet, der für jemanden, der Christus als seinen Erlöser bekennt, eben nicht normal ist. Problemerkenntnis ist der erste Schritt zur Abhilfe.

Was mich selbst betrifft, so liegt es einige Jahre zurück, seit ich meine Beziehung zum Herrn sehr viel ernster zu nehmen begann als zuvor, und in dieser Zeit fing er an, mir zu zeigen, dass viele meiner Probleme in meinem falschen Denken wurzelten. Mein Denken war in Unordnung! Ich bezweifle, dass es sich überhaupt jemals in dem Zustand befand, in dem es hätte sein sollen – und wenn doch, dann nicht für lange.

Es überwältigte mich, als ich erkannte, in wie viel verkehrtes Denken ich mich verstrickt hatte. Dann versuchte ich die falschen Gedanken niederzureißen, die mir in den Sinn kamen – aber sie kamen sofort durch die Hintertür wieder herein. Und doch, Schritt für Schritt kamen Freiheit und Erlösung.

Gegen die Erneuerung unseres Denkens geht Satan aggressiv an. Umso wichtiger ist es, dass Sie nicht nachlassen und so lange dieses Gebiet erforschen und darüber beten, bis Sie den Sieg erlangen, und zwar messbar.

Wann ist Ihr Denken normal? Sollte es so sein, dass Ihre Gedanken überall herumschweifen, oder sollten Sie sich in der Lage finden, sich gedanklich auf das zu konzentrieren, was Sie gerade tun? Geht es in Ordnung, aufgeregt und verwirrt zu sein, oder sollten Sie Frieden und weitestgehende Sicherheit über die richtige Richtung für Ihr Leben haben? Sollte Ihr Sinn voll von Zweifeln und Unglauben sein; ist es gut, wenn Sie ängstlich und besorgt sind, zerquält von Furcht? Oder ist es das Vorrecht des Kindes Gottes, all seine Sorgen auf ihn zu werfen (1. Petrus 5,7)? Das Wort Gottes sagt uns, dass wir Christi Sinn haben. Was meinen Sie, wie er gedacht hat, als er auf der Erde lebte, nicht bloß als Sohn Gottes, sondern auch als Sohn des Menschen?

Arbeiten Sie sich betend durch den nächsten Teil des »Schlachtfeldes der Gedanken«. Ich glaube, dann werden Ihnen die Augen aufgehen für normale und unnormale Denkkonditionen eines Menschen, der ein Jünger ist und sich entschlossen hat, im Sieg zu leben.

Kapitel

# Wann ist mein Denken normal?

»Der Gott Jesu Christi, unseres Herrn, der Vater der Herrlichkeit, gebe euch den Geist der Weisheit und Offenbarung [der Einsicht in seine Geheimnisse], damit ihr ihn erkennt [eine tiefe, innige Beziehung zu ihm habt]. Er erleuchte die Augen eures Herzens, damit ihr versteht, zu welcher Hoffnung ihr durch ihn berufen seid, welchen Reichtum die Herrlichkeit seines Erbes den Heiligen [denen, die er für sich selbst abgesondert hat] schenkt ...«

Epheser 1,17-18

Beachten Sie bitte: Paulus betet für Sie und mich um Weisheit, die dadurch kommt, dass die Augen unserer Herzen erleuchtet werden. Auf der Grundlage verschiedener Untersuchungen, die ich durchgeführt habe, verstehe ich unter den »Herzensaugen« unser Denken.

In welchem Zustand sollte sich mein Denksinn befinden, wenn ich als Christ lebe? Mit anderen Worten: wie sollte der normale Zustand der Gedankenwelt eines gläubigen Menschen aussehen? Um diese Frage beantworten zu können, müssen wir uns anschauen, welche verschiedenen Funktionen Verstand (Denken) und Geist haben.

Gottes Wort zufolge wirken Verstand und Geist zusammen. Ich spreche deshalb von dem Prinzip des »Denkens, das den Geist unterstützt«.

Um dieses Prinzip besser verstehen zu können, wollen wir uns deutlich machen, wie es sich im Leben eines gläubigen Menschen auswirkt.

## Das Verstand-Geist-Prinzip

*»Wer von den Menschen kennt [durchschaut und versteht] den Menschen, wenn nicht der Geist des Menschen, der in ihm ist? So erkennt auch keiner Gott [niemand kommt ihm nahe und begreift ihn] – nur der Geist Gottes.«*

1. Korinther 2,11

Nimmt ein Mensch Jesus Christus als seinen persönlichen Erlöser an, so kommt der Heilige Geist zu ihm und wohnt in ihm. Die Bibel sagt uns, der Heilige Geist kenne die Gedanken Gottes. Genauso wie es bei einem Menschen ist, dass nämlich sein eigener Geist, der in ihm ist, als einziger seine Gedanken kennt, so ist es auch bei Gott: Der Geist Gottes ist der einzige, der um seine Gedanken weiß.

Wo nun der Heilige Geist in uns wohnt und die Gedanken Gottes kennt, ist es eine seiner Aufgaben, uns Gottes Weisheit und Offenbarung aufzuschließen. Diese Weisheit und Offenbarung wird unserem Geist eingegeben, und unser Geist erleuchtet dann die Augen unseres Herzens, also unseres Denkens. Das tut der Heilige Geist, so dass wir in der Praxis verstehen und umsetzen können, was uns geistlich nahe gebracht wird.

## Normal oder unnormal?

Als gläubige Menschen sind wir geistlich, aber auch natürlich. Das Natürliche kann das Geistliche nicht immer verstehen; deshalb ist es lebensnotwendig für unser Denken, dass es hinsichtlich dessen, was sich in unserem Geist abspielt, erleuchtet wird. Es ist das Verlangen des Heiligen Geistes, uns diese Erleuchtung zu bringen, doch *das Denken nimmt häufig nicht wahr, was der Geist zu offenbaren versucht, weil es viel zu beschäftigt ist.* Ein zu beschäftigter Verstand ist unnormal. Normal ist es, wenn unser Denken zur Ruhe kommt – wobei Ruhe etwas anderes ist als Gedankenleere.

Unser Denken sollte nicht angefüllt sein von menschlicher Logik, Sorgen, Unruhe, Angst und dergleichen. Es sollte friedlich, ruhig und heiter sein. Wenn Sie in diesem zweiten Teil des Buches weiterlesen, werden Sie auf diverse unnormale Befindlichkeiten menschlichen Denkens stoßen und möglicherweise erkennen, dass das genau die Zustände sind, in denen sich Ihr eigenes Denken allzu häufig befindet.

Es ist wichtig zu verstehen, dass es für unser Denken notwendig ist, sich in den Bahnen »normaler« Befindlichkeit zu bewegen, wie ich sie in diesem Kapitel beschreibe. Vergleichen Sie diese Normalbefindlichkeit einmal damit, wie es in unserem Denken üblicherweise aussieht, und Sie werden sich nicht mehr darüber wundern, warum wir im Alltag so wenig Offenbarung des Heiligen Geistes erfahren und viel zu oft feststellen müssen, wie mangelhaft Weisheit und Offenbarung Gottes bei uns ausgeprägt sind.

Vergessen Sie nicht, dem Heiligen Geist ist es darum zu tun, das Denken des gläubigen Menschen zu erleuchten. Der Heilige Geist sendet Informationen, die von Gott kommen, an unseren menschlichen Geist weiter, und wo bei einem Menschen Geist und Verstand einander unterstützen, kann dieser Mensch sich in göttlicher Weisheit und Offenbarung bewegen. Wo aber sein Denken zu beschäftigt ist, wird ihm entgehen, was der Herr ihm durch seinen Geist mitzuteilen versucht.

## Die sanfte, leise Stimme

*»Der Herr antwortete [dem Elia]: Komm heraus und stell dich auf den Berg vor den Herrn! Da zog der Herr vorüber: Ein starker, heftiger Sturm, der die Berge zerriss und die Felsen zerbrach, ging*

*dem Herrn voraus. Doch der Herr war nicht im Sturm. Nach dem Sturm kam ein Erdbeben. Doch der Herr war nicht im Erdbeben. Nach dem Beben kam ein Feuer. Doch der Herr war nicht im Feuer. Nach dem Feuer kam ein sanftes, leises Säuseln.«*

1. Könige 19,11-12

Jahrelang betete ich um Offenbarung. Immer wieder bat ich Gott, mir durch seinen Geist, der in mir lebte, Dinge zu zeigen. Ich wusste, das war eine biblische Bitte. Ich glaubte der Schrift und war mir sicher, dass ich bitten und empfangen sollte. Und doch fühlte ich mich die meiste Zeit, als hätte ich eine Art geistlicher Narrenkappe auf. Dann begriff ich, dass ich vieles von dem, was der Heilige Geist mir offenbaren wollte, einfach nicht aufnahm, weil meine Gedanken so aufgewühlt und beschäftigt waren, dass die vom Geist an sie herangetragenen Informationen einfach verpufften.

Stellen Sie sich zwei Menschen, vor, die gemeinsam in einem Raum sind. Der eine versucht dem anderen ein Geheimnis zuzuflüstern. Ist der Raum aber von allem möglichen Lärm erfüllt, so wird derjenige, der das Geheimnis hören möchte, es nicht können, obwohl der andere die Botschaft tatsächlich weitergibt – einfach weil die Umgebung zu laut ist. Wenn er nicht ganz genau aufpasst, kriegt er womöglich noch nicht einmal mit, dass überhaupt jemand mit ihm redet.

Genauso ist es mit der Kommunikation zwischen dem Geist Gottes und unserem Geist. Die Art des Heiligen Geistes ist zurückhaltend. Die meiste Zeit spricht er mit uns so, wie er auch mit dem Propheten in der zitierten Bibelstelle sprach: mit einer Stimme, die »ein sanftes, leises Säuseln« ist. Deshalb ist es unbedingt notwendig, dass wir es lernen, in einer Haltung der Hörbereitschaft zu verharren.

## Geist und Verstand

*»Was ist nun? Ich will beten mit dem Geist [dem Heiligen Geist, der in mir ist], aber ich will auch [verständig] beten mit dem Verstand.«*

1. Korinther 14,15a (ELB)

Vielleicht verstehen wir das Prinzip des »Denkens, das den Geist unterstützt«, besser, wenn wir uns das Gebet anschauen. Im zitierten Vers sagt der Apostel Paulus, er bete sowohl mit seinem Geist als auch mit seinem Verstand.

Ich verstehe, wovon Paulus spricht, weil ich es genauso mache. Ich bete häufig im Geist (in einer mir unbekannten Sprache), aber nachdem ich das eine Weile getan habe, kommt mir meistens etwas in den Sinn, das ich dann auf Englisch (in meiner eigenen Sprache) durchbete. So, glaube ich, unterstützt der Verstand den Geist. Beide wirken darin zusammen, Gottes Weisheit und Erkenntnis mir auf eine Weise zu vermitteln, die ich begreifen kann.

Dasselbe funktioniert auch umgekehrt. Es gibt Zeiten, in denen es mich danach verlangt zu beten, also stelle ich mich Gott im Gebet zur Verfügung. Empfinde ich dann in meinem Geist keinen speziellen Impuls, so fange ich einfach mit dem Verstand zu beten an und bete Angelegenheiten und Situationen durch, die mir bewusst sind. Mitunter kommen mir diese Gebete ziemlich flach vor, ich erfahre keine Hilfe durch meinen Geist. Ich habe den Eindruck, mich zu verheddern, also wechsle ich zu etwas anderem über, das ich schon kenne.

So mache ich weiter, bis der Heilige Geist in mir sich an irgendeinem Punkt »festbeißt«. Wenn das geschieht, weiß ich, ich habe einen Punkt getroffen, für den er beten möchte; und das ist etwas ganz anderes, als wenn ich für etwas zu beten versuche. So wirken mein Denken und mein Geist zusammen; sie unterstützen sich gegenseitig in der Erfüllung dessen, was Gott will.

## Sprachenrede und Auslegung

*»Deswegen soll einer, der in Zungen [unbekannten Sprachen des Geistes] redet, darum beten, dass er es auch auslegen kann. Denn wenn ich nur in Zungen bete, betet zwar mein Geist [durch den Heiligen Geist in mir], aber mein Verstand bleibt unfruchtbar [bringt nichts hervor, hilft niemandem].«*

1. Korinther 14,13-14

Die Sprachen- oder Zungenrede mit Auslegung ist ein anderes Beispiel dafür, wie Geist und Verstand zusammenwirken.

Wenn ich in Zungen spreche, entsteht in meinem Denken solange keinerlei Frucht, bis Gott entweder mir selbst oder jemand anderem das Verständnis für das öffnet, was ich da sage. Erst dann wird auch mein Denken fruchtbar.

Bitte beachten Sie: Die Gaben, von denen wir hier sprechen, heißen nicht »Zungenrede und Übersetzung«. Eine Übersetzung wäre eine penible wortwörtliche Wiedergabe des Gesagten. Hier aber handelt es sich um »Auslegung«, und das meint eine interpretierende Wiedergabe dessen, was jemand sagt, durch eine andere Person, die die Botschaft so ausdrückt, wie sie sie versteht, in ihrem eigenen Stil und ihrer eigenen persönlichen Färbung.

Ich gebe Ihnen ein Beispiel: Stellen Sie sich vor, Schwester Schmidt steht im Gottesdienst auf und gibt eine Botschaft in einer unbekannten Sprache weiter. Diese Botschaft kommt aus ihrem Geist, und weder sie selbst noch irgendjemand sonst weiß, was sie gesagt hat. Nun kann Gott mir zeigen, worin die Botschaft bestand, aber vielleicht tut er das in einer eher allgemeinen Weise. Wenn ich es nun im Glauben wage, eine Auslegung der Botschaft zu geben, so wie ich sie eben verstanden habe, dann mache ich sie für alle Anwesenden verständlich. Aber diese Mitteilung geschieht auf meine ganz eigene, unverwechselbare Art, mich auszudrücken.

Das Gebet im Geist (in einer unbekannten Sprache) und die Auslegung (dieser Mitteilung in unbekannter Sprache) machen uns auf wunderbare Weise verständlich, was es heißt, dass »das

Denken den Geist unterstützt«. Der Geist sagt etwas, und unserem Denksinn wird das Verständnis des Gesagten vermittelt. Und jetzt überlegen Sie bitte mal folgendes: Wenn Schwester Schmidt in einer unbekannten Sprache redet und Gott nach jemandem Ausschau hält, der die Auslegung weitergeben kann, muss er mich auslassen, falls mein Denken zu aufgewühlt und beschäftigt ist, um überhaupt hinzuhören. Selbst wenn er versuchen würde, mir die Auslegung zu geben, würde ich sie nicht empfangen können.

Als ich jung im Glauben war und mich mit den geistlichen Gaben erst vertraut machte, betete ich fast ausschließlich in Sprachen oder Zungen. Nach geraumer Zeit jedoch fing mein Gebetsleben mich zu langweilen an. Als ich darüber mit dem Herrn sprach, machte er mir klar, woher die Langeweile rührte: Ich verstand ja gar nicht, was ich betete. Nun erkenne ich zwar an, dass ich gar nicht *immer* verstehen sollte, was ich sage, wenn ich im Geist bete. Aber ich habe gelernt: Diese Art zu beten ist unausgewogen und alles andere als fruchtbar, wenn ich *nie* verstehe, was ich sage.

## Im Frieden und bereit zu hören

*»Sein [des Treuen] Sinn [Denken, Verstand] ist fest [sowohl seiner Ausrichtung als auch seinem Wesen nach]; du schenkst ihm Ruhe und Frieden; denn es [das Volk, das Gott treu ist] verlässt sich auf dich.«*

Jesaja 26,3

Ich hoffe, diese Beispiele haben Ihnen verdeutlicht, dass Ihr Denken und Ihr Geist auf jeden Fall zusammenwirken. *Deshalb ist es von äußerster Wichtigkeit, dass sich Ihr Denken in einem normalen Zustand befindet.* Sonst kann es Ihren Geist nicht unterstützen.

Natürlich weiß Satan um diese Tatsache, und genau deshalb greift er Ihr Denken an und zieht auf dem Schlachtfeld Ihrer Gedanken gegen Sie in den Krieg. Er legt es darauf an, Ihr Denken zu überlasten und mit allen möglichen verkehrten Gedanken zu vermüllen, denn dann ist es nicht mehr frei und verfügbar für den Heiligen Geist, der durch Ihren eigenen menschlichen Geist wirken will.

Unser Denken sollte im Frieden verharren. Wie Jesaja, der Prophet, es sagt, genießt ein fester (Denk-)Sinn Ruhe, wenn er sich auf die richtigen Dinge ausrichtet.

Aber unser Denken sollte zugleich aufnahmebereit sein. Und genau das wird unmöglich, wenn es mit lauter Dingen belastet ist, die es von Rechts wegen niemals mit sich herumschleppen sollte.

Denken Sie darüber nach: Wie oft ist Ihr Denken normal, wie oft nicht?

Kapitel

# Ein Verstand voller Unruhe und Fragen

»Deshalb umgürtet die Lenden eurer Gesinnung ...«
1. Petrus 1,13 a (ELB)

Im vorigen Kapitel haben wir festgestellt, dass ein zu beschäftigtes Denken unnormal ist. Eine weitere Befindlichkeit des unnormalen Denkens besteht darin, dass es unstet herumwandert. Konzentrationsunfähigkeit ist ein Indiz dafür, dass der Teufel unseren Denksinn unter Beschuss genommen hat.

Viele Menschen haben ihrem Verstand jahrelang gestattet umherzuwandern, weil sie noch nie Regeln der Disziplinierung auf ihre Gedankenwelt angewandt haben.

Es kommt ziemlich häufig vor, dass Menschen mit Konzentrationsstörungen sich für mental geschädigt halten. Dabei kann Konzentrationsunfähigkeit Ergebnis jahrelangen Schlendrians sein: Wir haben unser Denken einfach sich selbst überlassen. Konzentrationsmangel kann auch aus einer Unterversorgung mit Vitaminen resultieren. Vitamin B fördert die Konzentration. Wenn Sie also Konzentrationsprobleme haben, sollten Sie sich zunächst fragen, ob sie richtig essen und sich gesund ernähren.

Auch extreme Müdigkeit greift die Konzentration an. Ich habe herausgefunden, dass Satan immer dann mein Denken unter Beschuss zu nehmen versucht, wenn ich ganz besonders erschöpft bin, weil er genau weiß, dass es uns in solchen Zeiten schwerer fällt, ihm Widerstand zu leisten. Der Teufel möchte Ihnen und mir einreden, dass wir mentale Defekte haben, damit wir gar nicht erst irgendwas tun, was ihm Probleme bereitet. Er möchte, dass wir jedwede Lüge, die er uns auftischt, gleichmütig hinnehmen.

Eine unserer Töchter hatte als Kind Konzentrationsprobleme. Das Lesen fiel ihr schwer, weil Konzentration und Verstehen nun einmal Hand in Hand gehen. Viele Kinder und auch einige Erwachsene verstehen nicht, was sie lesen. Zwar nehmen ihre Augen die Wörter auf dem Papier wahr, aber von dem Geschriebenen dringt nichts in ihr Denken vor.

Häufig sind Verständnisprobleme Folge von Konzentrationsstörungen. Ich kenne es von mir selbst, dass ich ein Kapitel in der Bibel oder sonst einem Buch lesen kann und mir mit einem Mal aufgeht, dass ich keine Ahnung habe, was da eigentlich stand. Wenn ich dann zurückgehe und den Text noch einmal lese, kommt er mir völlig neu vor; denn obwohl meine Augen die Wörter auf dem Papier erfasst hatten, hatte sich mein Denken irgendwohin aus dem Staub gemacht. Weil ich mich nicht auf das konzentrierte, was ich tat, verstand ich nicht, was ich las.

Das eigentliche Problem, das oft hinter Verständnisschwierigkeiten steckt, ist mangelnde Aufmerksamkeit, verursacht durch umherschweifende Gedanken.

## Umherschweifende Gedanken

*»Bewahre deinen Fuß [pass auf, was du tust] ...«*
Prediger 5,1 (Schlachter 2000)

Ich glaube, »seinen Fuß bewahren« bedeutet soviel wie »im Gleichgewicht bleiben, um nicht vom Wege abzukommen«. In erweiterter Bedeutung heißt das, man bleibt in der Spur, wenn man mit seinem Verstand auf das achtet, was man tut.

Ich hatte mit abschweifenden Gedanken zu tun und musste mich disziplinieren, um dieses Problem in den Griff zu bekommen. Das war nicht leicht, und bis heute gelingt es mir nicht immer. Manchmal versuche ich irgendeine Arbeit fertigzustellen und merke plötzlich, dass meine Gedanken soeben abgeschweift sind und sich um irgend etwas drehen, das mit der Arbeit, die ich vor mir habe, nicht das geringste zu tun hat. Auch ich habe es noch nicht zu völlig unbeeinträchtigter Konzentration gebracht, aber wenigstens begreife ich, wie wichtig es ist, dass ich meinen Gedanken nicht gestatte zu wandern, wohin immer sie wollen und wann immer es ihnen gefällt.

Websters englisches Wörterbuch definiert das Wort »wander« (wandern, schweifen) so: »1. Sich ziellos bewegen: UMHERSTREIFEN. 2. Einen indirekten Weg nehmen bzw. keinem vorgegebenen Tempo folgen: SCHLENDERN. 3. Nicht geradlinig vorangehen: MÄANDERN. ... 5. Unklar oder unschlüssig denken bzw. sich ausdrücken.«[1]

Wenn es Ihnen so geht wie mir, dann können Sie in einem Gottesdienst sitzen, dem Prediger zuhören, es genießen und aus der Verkündigung wirklich etwas mitnehmen - und plötzlich fangen Ihre Gedanken an abzuschweifen. Nach einer Weile »erwachen« Sie dann und merken, dass sie nichts mehr von dem wissen, was um Sie herum geschehen ist. Obwohl Ihr Körper sich keinen Millimeter von der Kirchenbank entfernt hat, waren Ihre Gedanken im Kaufhaus unterwegs oder haben zu Hause in der Küche das Abendessen vorbereitet.

Denken Sie daran: In der geistlichen Kriegführung ist unser Verstand das Schlachtfeld. Dort greift der Feind an. Er weiß sehr gut, dass jemand zwar in der Kirche sitzen kann, aber nichts von dem mitbekommt, was dort gelehrt wird, wenn es ihm nicht gelingt, mit den Gedanken bei dem zu bleiben, was er hört. Der Teufel weiß, dass jemand eine Arbeit, die er sich vorgenommen hat, nicht zum Abschluss bringt, solange er nicht seine Gedanken in Zucht nehmen und auf das gerichtet halten kann, was er tut.

Auch in Unterhaltungen tritt dieses Phänomen der abschweifenden Gedanken auf. Manchmal sagt Dave, mein Mann, etwas zu mir, und eine Zeitlang höre ich ihm auch zu; aber dann geht mir urplötzlich auf, dass ich nichts von dem mitbekommen habe, was er sprach. Warum? Weil ich meinen Gedanken gestattete, sich mit irgendwas anderem zu beschäftigen. Mein Körper stand zwar da und schien zuzuhören, aber in meinem Verstand kam überhaupt nichts an.

Viele Jahre lang habe ich in solchen Fällen immer so getan, als wisse ich ganz genau, was Dave gesagt hatte. Jetzt mache ich es anders, ich sage: »Kannst du das bitte noch mal wiederholen? Ich hab' meine Gedanken schweifen lassen und nichts von dem mitgekriegt, was du gesagt hast.«

So habe ich das Gefühl, mich wenigstens mit dem Problem auseinanderzusetzen. Den Tatsachen ins Auge zu schauen ist der einzige Weg, sie unter die Füße zu bekommen!

Ich bin zu dem Schluss gekommen, dass, wenn der Teufel sich schon die Mühe macht, mich mit abschweifenden Gedanken zu attackieren, möglicherweise etwas gesagt wurde, das ich nicht verpassen sollte.

Ein Weg, dem Teufel in diesem Bereich den Sieg streitig zu machen, sind die Kassettenaufnahmen, die viele Kirchengemeinden von ihren Sonntagspredigten anbieten. Wenn Sie es noch nicht gelernt haben, Ihrem Denken Zügel anzulegen, so dass es bei dem bleibt, was im Gottesdienst gesagt wird, dann kaufen Sie sich jede Woche eine Predigtkassette und hören Sie diese so oft an, wie Sie es nötig haben, um die Botschaft in sich aufzunehmen.

*Der Teufel wird aufgeben, wenn er sieht, dass Sie nicht nachgeben.*

Denken Sie daran, Satan will, dass Sie denken, Sie hätten einen mentalen Defekt, mit Ihnen stimme etwas nicht. Die Wahrheit ist, dass Sie nur beginnen müssen, Ihr Denken zu disziplinieren. Lassen Sie nicht zu, dass Ihre Gedanken in der Gegend umherschweifen und machen, was ihnen gefällt. Fangen Sie heute damit an, »Ihren Fuß zu bewahren«, also Ihre Gedanken auf das gerichtet zu halten, was Sie tun. Es braucht immer Zeit, mit alten Gewohnheiten zu brechen und neue auszuprägen, aber es ist der Mühe wert.

## Ein Verstand voller Fragen

»Amen, das sage ich euch: Wenn jemand zu diesem Berg sagt: Heb dich empor, und stürz dich ins Meer!', und wenn er in seinem Herzen nicht zweifelt, sondern glaubt, dass geschieht, was er sagt, dann wird es geschehen. Darum sage ich euch: Alles, worum ihr betet und bittet – glaubt nur [vertraut darauf], dass ihr es schon erhalten habt, dann wird es euch zuteil.«

Markus 11,23-24

Bei sehr vielen Dingen höre ich mich immer wieder sagen: »Ich frage mich.« Zum Beispiel:
»Ich frage mich, wie das Wetter morgen wird.«
»Ich frage mich, was ich zu der Party anziehen soll.«
»Ich frage mich, was für Zensuren Danny [mein Sohn] wohl in seinem Zeugnis haben wird.«
»Ich frage mich, wie viele Leute wohl zu dem Seminar kommen werden.«

Das englische »wonder« (sich fragen) hat wortgeschichtlich mit »verwirrt sein« und »zweifeln« zu tun.[2]

Ich habe gelernt, dass es weit besser für mich ist, wenn ich etwas Positives tue, anstatt mich die ganze Zeit zu fragen, was wohl geschehen oder nicht geschehen könnte. Statt mich zu fragen, was für Zensuren Danny wohl bekommt, kann ich glauben, dass er gute bekommen wird. Statt mich zu fragen, was ich zu der Party wohl anziehen soll, kann ich mich für ein Kleid entscheiden. Statt mich zu fragen, wie das Wetter werden mag oder wie viele Leute wohl zu einer meiner Veranstaltungen kommen, kann ich die Angelegenheit in Gottes Hände legen und ihm vertrauen, dass er alles zum Guten hinausführen wird, was auch immer geschehen mag.

Sich mit lauter Fragen abzugeben führt zur Unentschlossenheit, und Unentschlossenheit ruft Verwirrung hervor. Fragerei, Unentschlossenheit und Verwirrung halten einen Menschen davon ab, im Glauben von Gott die Antwort auf seine Gebete oder Bedürfnisse zu empfangen.

Beachten Sie, dass Jesus in Markus 11,23-24 nicht gesagt hat: »Um was immer ihr im Gebet bittet – *fragt euch mal*, ob ihr es wohl bekommen werdet.« Nein, er sagte: »Alles, worum ihr betet und bittet – *glaubt nur*, dass ihr es schon *erhalten habt*, dann wird es euch zuteil.«

Als Christen, als *Gläubige*, sollen wir glauben und nicht zweifeln.

Kapitel

# 10

## Verwirrtes Denken

»Fehlt es aber einem von euch an Weisheit, dann soll er sie von Gott erbitten; Gott wird sie ihm geben, denn er gibt allen gern und macht niemand einen Vorwurf. Wer bittet, soll aber voll Glauben bitten und nicht zweifeln [wanken, zögern]; denn wer zweifelt, ist wie eine Welle, die vom Wind im Meer hin und her getrieben wird. Ein solcher Mensch bilde sich nicht ein, dass er vom Herrn etwas erhalten wird: Er ist ein Mann mit zwei Seelen [zweifelnd, hin- und herschwankend, unentschlossen], unbeständig auf all seinen Wegen [in allem, was er denkt, fühlt und entscheidet].«

Jakobus 1,5-8

Wir haben herausgefunden, dass Fragerei und Verwirrung miteinander verwandt sind. Sich dauernd etwas zu fragen, statt in seinen Gedanken bestimmt zu sein, kann Zweifel und Verwirrung hervorrufen und tut das auch.

Jakobus 1,5-8 ist ein herrlicher Bibeltext, der uns begreifen hilft, wie wir ein fragendes Gemüt, samt Zweifel und Verwirrung, überwinden können, um von Gott zu empfangen, was wir brauchen. Ich sehe den »Mann mit zwei Seelen« (die Elberfelder Bibel spricht von einem »wankelmütigen Mann«) als Inbegriff der Verwirrung, ist er doch jemand, der ständig zwei Schritte vor- und mindestens einen wieder zurückgeht und nie zu irgendeinem Entschluss kommt. Sobald er eine Entscheidung gefällt hat, sind die Fragen, der Zweifel und die Verunsicherung auf dem Plan und lassen ihn wieder einmal zwiespältig vorgehen. Er ist sich keiner Sache wirklich sicher.

Einen großen Teil meines Lebens habe ich genauso verbracht, ohne zu erkennen, dass der Teufel mir den Krieg erklärt hatte, dessen Schlachtfeld mein Verstand war. Alles und jedes brachte mich total durcheinander, und ich hatte keine Ahnung, warum.

## Menschliche Logik führt zur Verwirrung

»Ihr Kleingläubigen, was macht ihr euch darüber Gedanken ...?«
Matthäus 16,8

Bis hierher haben wir vom Herumfragen gesprochen und im nächsten Kapitel werde ich noch näher auf den Zweifel eingehen. Doch jetzt möchte ich der Verwirrung ein wenig auf den Grund gehen.

Ein großer Prozentsatz der gläubigen Menschen fühlt sich zugegebenermaßen verwirrt. Warum? Wie wir sahen, liegt ein Grund in zu vielem Fragen. Ein weiterer Grund sind Vernunftüberlegungen. Vernunft ist u. a. definiert als »zugrunde liegendes Faktum oder Motiv, das es ermöglicht, mit logischer Überlegung an eine Prämisse oder ein Geschehnis heranzugehen«. Vernünftig sein meint dementsprechend den Gebrauch der Vernunftbegabung zu logischem Denken.[1]

Schlicht gesagt: mit Vernunft haben wir dort zu tun, wo ein Mensch mit Verstandesmitteln Antwort auf die Frage sucht, warum etwas ist, wie es ist. Vernunftüberlegung lässt unser Denken in dem Versuch, sämtliche verwickelten Bestandteile zu begreifen, unaufhörlich um eine Situation, ein Thema oder ein Ereignis kreisen. Mit Vernunft gehen wir vor, wenn wir eine Aussage oder Lehre in ihre Bestandteile zerlegen, um nachzuschauen, ob sie auch logisch sei, und lehnen sie ab, sobald wir zu dem Schluss kommen, sie sei es nicht.

Dem Teufel gelingt es immer wieder, uns durch Vernunftüberlegungen dem Willen Gottes abspenstig zu machen. Es kann sein, dass der Herr uns zu einer bestimmten Sache hinführt, aber wenn diese Sache keinen Sinn ergibt – wenn sie nicht logisch ist –, können wir uns versucht fühlen, ihr keine Aufmerksamkeit zu zollen. Wenn Gott aber einen Menschen zu bestimmtem Handeln führt, wird das dem menschlichen Verstand längst nicht immer logisch erscheinen. Es kann sein, dass sein Geist der Sache zustimmt, während sein Verstand sie ablehnt, vor allem dann, wenn es um etwas Außerordentliches oder Unangenehmes geht oder wenn es persönliche Opfer oder Einbußen an Bequemlichkeit mit sich bringt.

## Stellen Sie keine logischen Fragen – gehorchen Sie einfach im Geist

»*Ein natürlicher Mensch aber nimmt nicht an, was des Geistes Gottes ist, denn es ist ihm eine Torheit, und er kann es nicht erkennen, weil es geistlich beurteilt werden muss.*«
1. Korinther 2,14 (ELB)

Ich füge hier ein praktisches, persönliches Beispiel ein, von dem ich hoffe, dass es die Frage logischen Denkens im Gegensatz zum geistlichen Gehorsam besser beantworten hilft.

Eines Morgens war ich dabei, mich anzuziehen, um in einem wöchentlichen Treffen zu dienen, das ich in der Nähe meiner Heimatstadt leitete, als mir eine Frau in den Sinn kam, die an jenem Ort unser Hilfswerk unterhielt, eine ausgesprochen treue und zuverlässige Mitarbeiterin. In meinem Herzen entstand der Wunsch, irgendwas zu machen, das diese Frau segnen würde.

Ich betete: »Vater, Ruth Ann ist uns in all diesen Jahren so sehr zum Segen geworden – was kann ich tun, um sie zu segnen?«

Im selben Moment fiel mein Blick auf ein nagelneues rotes Kleid, das ich in meinem Schrank hängen hatte, und ich wusste in meinem Herzen, der Herr wollte, dass ich dieses Kleid Ruth Ann schenkte. Ich hatte es zwar schon drei Monate zuvor gekauft, aber noch nie getragen. Es hing sogar immer noch unter dem

Plastik-Schutzüberzug, in dem ich es erstanden hatte. Es gefiel mir wirklich, aber immer wenn ich daran gedacht hatte, es anzuziehen, hatte ich dann irgendwie doch keine Lust dazu gehabt. Während mein Blick auf das rote Kleid fiel, *wusste* ich, dass ich es Ruth Ann schenken sollte. Nur ich wollte mich nicht davon trennen. Also fing ich auf der Stelle damit an logische Argumente ins Spiel zu bringen: Das konnte Gott nicht wollen, dass ich ihr das rote Kleid schenkte, schließlich war es nagelneu, noch nie getragen und ziemlich teuer – und obendrein hatte ich noch rotsilberne Ohrringe gekauft, die ich extra zu diesem Kleid tragen wollte!

Hätte ich mein fleischliches Denken aus der Sache rausgehalten und wäre einfach in meinem Geist empfänglich für Gott geblieben, so hätte alles einen guten Verlauf genommen. Aber wir Menschen haben eine ausgeprägte Fähigkeit zur Selbsttäuschung mittels logischer Argumente, wenn wir nicht tun wollen, was Gott sagt. Binnen weniger Minuten hatte ich die ganze Geschichte vergessen und ging meinem Tagwerk nach. Im Kern ging es darum, dass ich das Kleid nicht verschenken wollte, weil es neu war und mir gefiel. Mein Verstand sagte, der Wunsch, den ich verspürte, könne nicht von Gott kommen; vielmehr versuche der Teufel mir etwas wegzunehmen, woran ich Freude hatte.

Einige Wochen darauf machte ich mich wieder für ein Treffen am selben Ort fertig, genau wie beim letzten Mal, und erneut wurde mir der Name von Ruth Ann aufs Herz gelegt. Ich fing an, für sie zu beten. Es war eine wortgetreue Wiederholung. Zum zweiten Mal sagte ich: »Vater, Ruth Ann ist uns in all diesen Jahren so sehr zum Segen geworden – was kann ich tun, um sie zu segnen?« Sofort fiel mein Blick wieder auf das rote Kleid, und in meinem Fleisch sank mir der Mut, weil mir die Erfahrung vom letzten Mal wieder einfiel (die ich rasch und völlig vergessen hatte).

Diesmal gab es keine faulen Ausreden mehr. Entweder musste ich der Tatsache ins Auge sehen, dass Gott mir einen Auftrag gab, und diesen ausführen, oder ich musste die Stirn haben zu sagen: »Herr, ich weiß, was du mir zeigen willst, aber ich werd's einfach nicht machen.« Nun habe ich den Herrn zu sehr lieb, um ihm willentlich und wissentlich ungehorsam zu sein, also fing ich an, mich mit ihm über das rote Kleid zu unterhalten. Binnen Minuten wurde mir klar, dass ich mich beim letzten Mal mit logisch klingenden Argumenten um das gedrückt hatte, was Gott wollte. Ich hatte gedacht, was ich hörte, könne nicht die Stimme Gottes sein, schließlich war das Kleid nagelneu. Doch jetzt ging mir auf, dass die Bibel nichts darüber sagt, dass wir nur alte Sachen verschenken sollen! Zwar wäre es für mich ein größeres Opfer, das Kleid wegzugeben, weil es neu war, aber für Ruth Ann würde der Segen umso größer sein.

Als ich Gott mein Herz öffnete, zeigte er mir zuerst, dass ich das Kleid von Anfang an für Ruth Ann gekauft hatte; und das war der Grund dafür, dass ich es nie über mich gebracht hatte, es selbst anzuziehen. Die ganze Zeit hatte der Herr die Absicht gehabt, mich als sein Werkzeug zu benutzen, um Ruth Ann zu segnen. Aber ich hatte mir das Kleid nun mal in den Kopf gesetzt, und solange ich nicht bereit war, meinen eigenen Willen dranzugeben, konnte der Heilige Geist mich nicht führen.

Diese Erfahrung hat mich eine Menge gelehrt. Die Einsicht, wie leicht es geschehen kann, dass wir uns von unseren eigenen Ideen in die Irre führen lassen, die uns häufig daran hindern, Gottes Willen zu tun, hat in mir eine »heilige« Abneigung gegen logisches Denken hervorgerufen.

Denken Sie daran, dass 1. Korinther 2,14 sagt, der natürliche Mensch könne den geistlichen nicht verstehen. Mein fleischliches Denken (mein natürlicher Mensch) konnte nicht begreifen, dass ich ein Kleid weggeben sollte, das ich nie getragen hatte, wogegen mein Geist (mein geistlicher Mensch) das sehr gut verstand.

Ich hoffe, dieses Beispiel macht Ihnen klarer, worum es in diesem Bereich geht. Möge es Ihnen helfen, mehr denn je im Willen Gottes zu sein!

(Natürlich weiß ich, dass Sie sich jetzt fragen, ob ich Ruth Ann das rote Kleid denn nun geschenkt habe oder nicht. Und ob ich das habe! Mittlerweile arbeitet sie ganztags in unserem Büro, und von Zeit zu Zeit kommt sie noch immer in dem roten Kleid zur Arbeit.)

## Täter des Wortes sein

»*Seid aber Täter des Wortes [gehorcht seiner Botschaft] und nicht allein Hörer, die sich selbst betrügen [sich selbst täuschen, indem sie logische Argumente gegen die Wahrheit ins Feld führen].*«
Jakobus 1,22 (ELB)

Immer wenn wir erkennen, was das Wort sagt, und wir uns dann weigern, es auch zu tun, ist irgendwie die menschliche Vernunft ins Spiel gekommen und hat uns dazu verführt, etwas anderes zu glauben als die Wahrheit. Wir können überhaupt nicht jede Menge Zeit damit zubringen, alles, was das Wort sagt, rational zu verstehen. Wo wir aber ein Zeugnis im Geist haben, können wir aktiv werden und es umsetzen.

Ich habe herausgefunden: Gott möchte, dass ich ihm gehorche, ob ich mich nun danach fühle oder nicht, es will oder nicht oder es für eine gute Idee halte oder nicht.

Wenn Gott redet, sei es durch sein Wort oder zu unserem inwendigen Menschen, ist nicht unsere Vernunft gefragt. Dann gilt es nicht zu debattieren oder uns zu fragen, ob das, was er gesagt hat, auch logisch ist.

*Wenn Gott redet, haben wir unsere Hände und Füße in Bewegung zu setzen – nicht unser logisches Denken.*

## Gott vertrauen, nicht menschlicher Vernunft

»*Mit ganzem Herzen vertrau auf den Herrn, bau nicht auf eigene Klugheit.*«
Sprüche 3,5

Mit anderen Worten: baue nicht auf logisches Denken. Menschliche Logik öffnet dem Irrtum die Tür und ruft immer wieder Verwirrung hervor.

Ich fragte einmal den Herrn, wieso so viele Menschen durcheinander seien, und seine Antwort war: »Sag ihnen, sie sollen aufhören, allem auf den Grund gehen zu wollen, dann werden sie auch nicht mehr durcheinander sein.« Das, so habe ich herausgefunden, ist eine absolute Wahrheit. Menschliche Logik und Konfusion gehen Hand in Hand.

Natürlich können Sie und ich etwas in unseren Herzen bewegen. Wir können es auch dem Herrn hinlegen und schauen, ob er uns das Verständnis dafür öffnet. Aber in dem Moment, in dem wir deswegen innerlich durcheinander geraten, wissen wir, dass wir zu weit gegangen sind.

Logisches Denken ist aus vielen Gründen gefährlich. Ich will nur einen nennen: Wir können überlegen und gedanklich etwas konzipieren, das uns sinnvoll erscheint. Und doch kann das, was wir gedanklich als korrekt herausgefunden haben, sehr verkehrt sein.

Der menschliche Verstand mag Logik, Ordnung und Vernunft. Er gibt sich gern mit dem ab, was er begreift. Deswegen haben wir eine Neigung zum Schubladendenken: »So muss es sein, denn es passt hier ja so schön rein!« Es ist gar nicht schwer, etwas zu finden, das unserem Verstand absolut gefällt und dennoch völlig daneben ist.

In Römer 9,1 sagt der Apostel Paulus: »*Ich sage in Christus die Wahrheit und lüge nicht, mein* [erleuchtetes, vom Geist bewegtes] *Gewissen bezeugt es mir im Heiligen Geist ...*« Paulus wusste, dass er das Richtige tat, nicht weil sein Verstand ihm sagte, dass es richtig sei, sondern weil sein Geist es ihm bezeugte.

Wie wir sahen, unterstützt das Denken mitunter den Geist. Verstand und Geist wirken zusammen, aber der Geist ist das edlere Organ, dem jederzeit die Oberhand über den Verstand gebührt.

Wenn wir in unserem Geist wissen, dass etwas verkehrt ist, dürfen wir nicht dem Verstand erlauben, uns mit Vernunftargumenten dazu zu überreden, es dennoch zu tun. Umgekehrt dürfen wir der Vernunft nicht gestatten, uns von etwas abzubringen, von dem wir wissen, dass es richtig ist.

Gott lässt uns viele Dinge verstehen, aber wir müssen nicht alles verstehen, um mit dem Herrn zu gehen und seinem Willen zu gehorchen. Manchmal lässt Gott in unserem Leben riesige Fragezeichen stehen, die er benutzt, um unseren Glauben belastbar zu machen. Unbeantwortete Fragen schlagen das Fleisch ans Kreuz. Menschen fällt es schwer, das vernünftige Argumentieren aufzugeben und einfach Gott zu vertrauen, aber sobald dieser Prozess abgeschlossen ist, kommt unser Denken zur Ruhe.

Logisches Denken ist eine der Beschäftigungen, die uns so in Beschlag nimmt, dass wir nicht zu geistlicher Erkenntnis und Offenbarungswissen kommen. Zwischen Kopfwissen und Offenbarungswissen gibt es einen großen Unterschied.

Ich weiß ja nicht, wie es Ihnen geht; ich für meinen Teil will, dass Gott mir Dinge so offenbart, dass ich in meinem Geist *weiß*, es ist korrekt, was meinem Verstand geoffenbart wurde. Ich will nicht argumentieren, nachforschen und logisch sein, will mich nicht in meinen Gedanken so lange um etwas drehen, bis ich erschöpft und verwirrt bin. Ich möchte den Frieden der Gedanken und des Herzens erfahren, der aus dem Vertrauen auf Gott erwächst und nicht aus meiner eigenen menschlichen Einsicht und meinem Verständnis.

Sie und ich sollen dahin wachsen, dass wir damit *zufrieden* sind, den zu kennen, der alles weiß, auch wenn wir selbst die Dinge nicht wissen.

## Entschlossen, nichts zu wissen als Christus

*»Als ich zu euch kam, Brüder, kam ich nicht, um glänzende Reden oder gelehrte Weisheit vorzutragen, sondern um euch das Zeugnis Gottes [das, was er in Christus zur Erlösung der Menschheit getan hat] zu verkündigen. Denn ich hatte mich entschlossen, bei euch nichts zu wissen [mit nichts anderem vertraut zu sein, mit keinem*

*anderen Wissen zu protzen, an nichts anderes zu denken] außer
Jesus Christus [den Messias], und zwar als den Gekreuzigten.«*
1. Korinther 2,1-2

So ging Paulus mit Wissen und Vernunft um, und ich habe gelernt, das zu verstehen und zu schätzen. Es hat lange gedauert, aber irgendwann habe ich eingesehen, dass in vielen Dingen gilt: je weniger ich weiß, um so glücklicher bin ich. Manchmal finden wir so vieles heraus, dass es uns ganz und gar nicht gut tut.

Ich war von jeher neugierig und stellte viele Fragen. Ich war nur dann zufrieden, wenn ich alles und jedes durchschaute. Gott fing an, mir zu zeigen, dass meine menschliche Logik der Grund meiner Verwirrung war und mich davon abhielt zu empfangen, was er mir geben wollte. »Joyce«, sagte er, »wenn du jemals geistliches Unterscheidungsvermögen entwickeln möchtest, musst du deine menschliche Logik beiseitelegen.«

Heute erkenne ich, dass ich mich sicherer fühlte, wenn ich den Dingen auf den Grund kommen konnte. Ich wollte in meinem Leben keine losen Enden haben. Ich wollte alles unter Kontrolle haben. Wenn ich etwas nicht verstand, hatte ich das Gefühl, es nicht kontrollieren zu können, und das machte mir Angst. Aber mir fehlte etwas. Ich hatte keinen Frieden in meinem Denken, und das viele Überlegen führte mich in körperliche Erschöpfung.

Solch fortwährende falsche mentale Aktivität macht sogar unseren Körper müde und kann Sie völlig fertigmachen!

Gott verlangte von mir, das aufzugeben, und ich möchte jedem, der an logisches Denken gebunden ist, sehr nachdrücklich dasselbe raten. Jawohl, ich habe gesagt: »an logisches Denken gebunden«. Von einem falschen Umgang mit unserem Kopf können wir genauso abhängig werden wie von Drogen, Alkohol oder Nikotin. Ich war an logisches Denken *gebunden*, und als ich mich davon löste, hatte ich Entzugserscheinungen. Ich fühlte mich verloren und verängstigt, weil ich nicht mehr wusste, was sich abspielte. Ich empfand sogar Langeweile.

Ich hatte so viel Zeit mit Nachdenken verbracht, dass ich mich erst daran gewöhnen musste, Frieden im Kopf zu haben, nachdem ich das vernünftige Überlegen aufgegeben hatte. Eine Zeitlang kam es mir langweilig vor, aber inzwischen liebe ich diesen Frieden. Sosehr ich daran gewöhnt war, mein Denken jederzeit um alles und jedes rotieren zu lassen, sowenig kann ich heute die Mühe und Anstrengung ertragen, die sich mit logischem Denken verbindet.

Logik ist nicht die Norm, in der sich unser Denken nach dem Willen Gottes bewegen soll.

Machen Sie sich bewusst, dass das Denken nicht normal ist, wenn es nur logisch argumentiert – zumindest nicht für den Christen, der im Sieg leben möchte, den Gläubigen, der den Krieg gewinnen will, der auf dem Schlachtfeld des Denkens ausgefochten wird.

Kapitel

# 11
# Zweifelndes und ungläubiges Denken

»*Du Kleingläubiger, warum hast du gezweifelt?*«

Matthäus 14,31

»*Und er wunderte sich über ihren Unglauben.*«

Markus 6,6

Meistens spricht man über Zweifel und Unglauben in einem Atemzug, als wäre beides dasselbe. Dabei haben sie zwar miteinander zu tun, sind aber zwei sehr verschiedene Dinge. Vines expositorisches NT-Wörterbuch führt zu »zweifeln« folgendes aus: »Gespalten sein ..., vor zwei Wegen stehen und nicht wissen, welchen man einschlagen soll ..., bezogen auf Gläubige, deren Glaube schwach ist ..., angstvoll sein aufgrund eines aufgewühlten Gemütszustandes, schwankend zwischen Hoffnung und Furcht.«[1]

Im selben Lexikon kann man nachlesen, dass eines der beiden griechischen Wörter, die mit »Unglauben« übersetzt werden, »in der Revidierten Ausgabe [der King-James-Übersetzung] stets mit ›Ungehorsam‹ wiedergegeben wird«[2].

Schauen wir uns von daher diese beiden mächtigen Werkzeuge des Feindes genauer an, so erkennen wir, dass Zweifel einen Menschen dazu bringt, zwischen zwei Ansichten hin- und herzuschwanken, während Unglaube zu Ungehorsam führt.

Ich denke, es wird uns helfen, wenn wir uns sehr genau anschauen, womit der Teufel uns anzugreifen versucht. Haben wir es mit Zweifel oder mit Unglauben zu tun?

## Zweifel

*»Wie lange noch schwankt ihr nach zwei Seiten?«*
1. Könige 18,21

Ich hörte eine Geschichte, die verdeutlicht, was es mit dem Zweifel auf sich hat.

Ein Mann war krank und bekannte Gottes Wort über seinem Körper, indem er Bibelstellen über Heilung aussprach und glaubte, dass seine Heilung sich manifestieren werde. Während er das tat, wurde er von Zeit zu Zeit durch Zweifelsgedanken angegriffen.

Als er nach einer harten Zeit allmählich entmutigt zu werden begann, öffnete Gott ihm die Augen für die geistliche Welt, und er sah folgendes: einen Dämon, der ihm Lügen zurief und ihm sagte, er werde keineswegs geheilt werden und das Bekennen des Wortes Gottes werde nicht helfen. Aber er sah auch, dass jedes Mal, wenn er das Wort bekennend aussprach, ein Lichtstrahl in Form eines Schwertes aus seinem Mund hervorging, der den Dämon sich zusammenkrümmen und auf den Rücken fallen ließ.

Als Gott ihn diese Vision sehen ließ, wurde dem Mann klar, wieso es so wichtig war, Gottes Wort anhaltend auszusprechen. Er erkannte, dass der Dämon ihn gerade deshalb mit Zweifel angriff, weil er Glauben hatte.

Zweifel ist *nicht* etwas, das Gott in uns hineinlegt. Die Bibel sagt, Gott gibt jedem Menschen ein *»Maß des Glaubens«* (Römer 12,3). Gott hat uns Glauben ins Herz gelegt, aber der Teufel versucht unseren Glauben zu neutralisieren, indem er uns mit Zweifel angreift.

Zweifel begegnet uns in Form von Gedanken, die dem Wort Gottes entgegenstehen. Umso wichtiger ist es für uns, Gottes

Wort zu kennen. Wenn wir das Wort kennen, bemerken wir, wann der Teufel uns anlügt. Seien Sie versichert: Er belügt uns, um uns das zu stehlen, was Jesus durch seinen Tod und seine Auferstehung für uns erworben hat.

## Zweifel und Unglaube

»*Gegen alle [menschliche] Hoffnung hat er [Abraham] voll Hoffnung geglaubt, dass er der Vater vieler Völker werde, nach dem Wort: So zahlreich [unzählig] werden deine Nachkommen sein. Ohne im Glauben schwach zu werden, war er, der fast Hundertjährige, sich bewusst, dass sein Leib und auch Saras Mutterschoß erstorben waren. Er zweifelte nicht im Unglauben an der Verheißung Gottes, sondern wurde stark im Glauben, und er erwies Gott Ehre, fest davon überzeugt, dass Gott die Macht besitzt zu tun, was er verheißen hat.*«

Römer 4,18-21

Wenn ich im Kampf bin, genau weiß, was Gott zugesagt hat, und dennoch mit Zweifel und Unglauben angegriffen werde, meditiere ich gern über diesen Text.

Abraham hatte von Gott die Zusage eines leiblichen Nachkommen erhalten. Viele Jahre waren ins Land gezogen, aber aus der Beziehung Abrahams und Saras war nach wie vor kein Kind hervorgegangen. Abraham hielt unentwegt am Glauben fest und war überzeugt davon, dass das, was Gott gesagt hatte, auch geschehen werde. Doch in seinem Glaubensstand wurde er mit Zweifelsgedanken angegriffen, und der Geist des Unglaubens setzte ihn unter Druck, Gott ungehorsam zu werden.

In einer solchen Situation kann Unglaube ganz einfach darin bestehen, dass wir aufgeben, während Gott uns drängt dranzubleiben. Ungehorsam bedeutet Missachtung der Stimme des Herrn oder dessen, was auch immer Gott uns persönlich zuspricht. Das ist mehr, als wenn wir einfach nur die Zehn Gebote übertreten.

Abraham ließ sich nicht erweichen. Er hielt daran fest, den Herrn zu preisen und ihm Ehre zu geben, und die Bibel sagt, dass er dadurch stark im Glauben wurde.

Schauen Sie, wenn Gott uns etwas sagt oder uns bittet, etwas zu tun, dann kommt der Glaube, es anzunehmen oder umzusetzen, mit dem Reden Gottes.

Es wäre ja lächerlich, wenn Gott erwarten würde, dass wir etwas tun, ohne dass er uns die Fähigkeit gäbe zu glauben, dass wir es tun können. Satan weiß, wie gefährlich wir sind, wenn unser Herz voll Glauben ist, und genau deshalb greift er uns mit Zweifel und Unglauben an.

*Es ist ja nicht so, dass wir keinen Glauben hätten; vielmehr versucht Satan unseren Glauben mit Lügen zu zerstören.*

Ich möchte Ihnen ein Beispiel nennen. Es ist ein Beispiel aus der Zeit meiner Berufung in den geistlichen Dienst. Es war ein ganz gewöhnlicher Morgen wie jeder andere auch, abgesehen davon, dass ich drei Wochen zuvor mit dem Heiligen Geist erfüllt worden war. Ich war gerade mit der ersten Lehrkassette zu Ende gekommen, die ich überhaupt je gehört hatte, einer Predigt von Pastor Ray Mossholder mit dem Titel »Geh hinüber auf die andere Seite«. Ich war in meinem Herzen begeistert und staunte darüber, wie jemand eine ganze Stunde lang über eine einzige Bibelstelle so lehren konnte, dass es keinen Augenblick langweilig wurde.

Beim Bettenmachen keimte plötzlich der starke Wunsch in mir auf, selbst auch Gottes Wort zu lehren. Dann hörte ich Gottes Stimme, die zu mir sagte: »Du wirst weit herumkommen und mein Wort lehren, und deine Lehrkassetten werden sich sehr weit verbreiten.«

Es gab keinerlei natürlichen Grund für mich zu glauben, dass Gott tatsächlich zu mir geredet hatte oder dass ich tun könnte bzw. irgendwann tun würde, was ich soeben gehört hatte. Ich hatte jede Menge Probleme mit mir selbst. Niemand hätte mich für eine klassische Berufungskandidatin gehalten, doch Gott erwählt das Schwache und Törichte der Welt, um das Weise zunichtezumachen (1. Korinther 1,27). Er sieht das Herz, nicht das Fleisch eines Menschen an (1. Samuel 16,7). Steht das Herz richtig, so kann Gott auch das Fleisch verändern. Auch wenn es im Bereich des Natürlichen überhaupt kein Indiz dafür gab, der Rede Gottes Glauben zu schenken, wurde ich, als der Wunsch über mich kam, erfüllt mit dem Glauben, dass ich tun könne, was der Herr von mir wollte. Wenn Gott beruft, gibt er das Verlangen, den Glauben und die Fähigkeit, die Aufgabe auch zu erfüllen. Aber ich will Ihnen auch nicht verschweigen, dass der Teufel mich während der Jahre, in denen ich mich vorbereitete und abwartete, regelmäßig mit Zweifel und Unglauben attackierte.

Gott gibt Träume und Visionen in die Herzen seiner Leute. Alles fängt mit kleinen »Samenkörnern« an. Genau wie einer Frau, wenn sie schwanger wird, ein Same in den Leib eingepflanzt wird, so werden auch wir gewissermaßen schwanger mit dem, was Gott sagt und zuspricht. Während unserer »Schwangerschaft« setzt Satan alles daran, uns zu verführen, dass wir unsere Träume »abtreiben«. Eines der Werkzeuge, die er dafür benutzt, ist Zweifel; Unglaube ist ein anderes. Beide Werkzeuge greifen unser Denken an.

Glaube ist ein Produkt des Geistes, eine geistliche Kraft. Der Feind will verhindern, dass unser Denken in Übereinstimmung mit unserem Geist kommt. Er weiß ja: Wenn Gott uns Glauben einpflanzt, etwas zu tun, und wir eine positive Haltung dazu einnehmen und beharrlich glauben, dass wir es tatsächlich vollbringen können, werden wir seinem, Satans, Reich beträchtlichen Schaden zufügen.

## Auf dem Wasser weitergehen

*»Das Boot aber war schon viele Stadien[3] vom Land entfernt und wurde von den Wellen hin und her geworfen; denn sie hatten Gegenwind. In der vierten Nachtwache[4] kam Jesus zu ihnen; er ging auf dem See. Als ihn die Jünger über den See kommen sahen, er-*

schraken sie, weil sie meinten, es sei ein Gespenst, und sie schrien vor Angst. Doch Jesus begann mit ihnen zu reden und sagte: Habt Vertrauen, ich bin es; fürchtet euch nicht! Darauf erwiderte ihm Petrus: Herr, wenn du es bist, so befiehl, dass ich auf dem Wasser zu dir komme. Jesus sagte: Komm! Da stieg Petrus aus dem Boot und ging über das Wasser auf Jesus zu. Als er aber sah, wie heftig der Wind war, bekam er Angst und begann unterzugehen. Er schrie: Herr, rette mich! Jesus streckte sofort die Hand aus, ergriff ihn und sagte zu ihm: Du Kleingläubiger, warum hast du gezweifelt? Und als sie ins Boot gestiegen waren, legte sich der Wind.«

Matthäus 14,24-32

Ich habe den letzten Vers hervorgehoben, weil ich Ihre Aufmerksamkeit auf das Programm richten möchte, das der Feind in diesem Text zu erkennen gibt. Auf Geheiß Jesu stieg Petrus aus dem Boot, um etwas zu tun, das er nie zuvor getan hatte. Ja, niemand hatte es je zuvor getan, abgesehen von Jesus.

*Das erforderte Glauben!*

Petrus machte einen Fehler: Er brachte zuviel Zeit damit zu, auf den Sturm zu schauen. Das machte ihm Angst. Zweifel und Unglauben bemächtigten sich seiner, und er fing an unterzugehen. Er schrie zu Jesus, damit der ihn rettete, was Jesus auch tat. Aber beachten Sie bitte, dass der Sturm sich legte, sobald *Petrus wieder im Boot war!*

Wissen Sie noch, wie Abraham in Römer 4,18-21 nicht schwankte, als er seine unmögliche Situation ansah? Abraham wusste, wie es um ihn stand, aber anders als Petrus, so glaube ich, hat er nicht die ganze Zeit daran gedacht oder darüber gesprochen. Sie und ich können uns unserer Umstände durchaus bewusst sein und unser Denken dennoch absichtlich auf etwas gerichtet halten, das uns aufbaut und unseren Glauben stärkt.

Aus diesem Grund ließ Abraham nicht nach damit, Gott zu preisen und ihm Ehre zu geben. Wir verherrlichen Gott, wenn wir daran festhalten zu tun, wovon wir wissen, dass es richtig ist, auch wenn die Umstände noch so sehr dagegen sprechen. Epheser 6,14 lehrt uns, dass wir in Zeiten geistlichen Krieges den Gürtel der Wahrheit nur umso fester um unseren Leib schnüren müssen. Wenn der Sturm über Sie kommt, dann nehmen Sie einen festen Stand ein, machen Sie Ihr Gesicht hart wie Kiesel und entschließen Sie sich im Heiligen Geist, außerhalb des Bootes zu bleiben! Sehr häufig ist es so, dass der Sturm sich legt, sobald Sie aufgeben und in einen Winkel der Sicherheit und Geborgenheit zurückkriechen.

Der Teufel lässt Stürme über Ihr Leben kommen, um Sie einzuschüchtern. Im Sturm sollten Sie sich daran erinnern, dass Ihr Verstand das Schlachtfeld ist. Treffen Sie keine Entscheidungen, die auf Ihren eigenen Gedanken oder Gefühlen basieren, sondern schalten Sie auf die Frequenz Ihres Geistes. Wenn Sie das tun, werden Sie die Vision wiederfinden, die Sie am Anfang hatten.

## Schwanken verboten!

*»Fehlt es aber einem von euch an Weisheit, dann soll er sie von Gott erbitten; Gott wird sie ihm geben, denn er gibt allen gern und macht niemand einen Vorwurf. Wer bittet, soll aber im Glauben bitten und nicht zweifeln [nicht zaudern oder schwanken]; denn wer zweifelt [zaudert, schwankt] ist wie eine Welle, die vom Wind im Meer hin und her getrieben wird. Ein solcher Mensch bilde sich nicht ein, dass er vom Herrn etwas erhalten wird [um das er bittet].«*

Jakobus 1,5-7

Mein Pastor, Rick Shelton, hat einmal erzählt, wie verwirrt er wurde, als er nach seinem Bibelschulabschluss über seinen weiteren Weg entscheiden musste. Gott hatte ihm den starken Wunsch ins Herz gelegt, nach dem Abschluss nach St. Louis, Missouri, zurückzukehren und dort eine Gemeinde zu gründen, und genau das wollte er auch tun. Als es dann aber an der Zeit war, den Entschluss in die Tat umzusetzen, hatte er ungefähr fünfzig Dollar in der Tasche, eine Frau, ein Kind und ein zweites, das unterwegs war. Das waren alles andere als besonders günstige Umstände.

Inmitten seines Entscheidungskampfes erhielt er zwei sehr gute Angebote, im Team von großen, bekannten Missionswerken mitzuarbeiten. An beiden Stellen hätte er sehr gut verdient. Die Stellenbeschreibungen waren sehr attraktiv, und abgesehen von allem anderen hätte schon die Ehre, Mitarbeiter bei einem dieser beiden Missionswerke zu sein, sein Ego erheblich aufgeplustert. Je länger er überlegte, umso verwirrter wurde er. (Klingt so, als hätte Herr Zweifel ihm persönlich einen Besuch abgestattet, oder?)

Einst hatte er genau gewusst, was er tun wollte, jetzt aber *schwankte* er zwischen den verschiedenen Optionen. Nachdem seine Umstände es ganz und gar nicht angeraten sein ließen, nach St. Louis zurückzukehren, fühlte er sich versucht, eines der beiden anderen Angebote anzunehmen, konnte aber in keiner Möglichkeit wirklich Frieden finden. Schließlich bat er einen der Pastoren, die ihm eine Stelle angeboten hatten, um Rat und dieser Mann sagte ihm klugerweise: »Gehen Sie irgendwohin, kommen Sie wirklich zur Ruhe und schalten Sie Ihren Kopf aus. Schauen Sie in Ihr Herz, sehen Sie, was da drin ist, und tun Sie genau das!«

Als er dem Rat des Pastors Folge leistete, fand er sehr schnell heraus, dass in seinem Herzen nichts anderes war als die Gemeindegründung in St. Louis. Er hatte keine Ahnung, wie er dieses Projekt mit den Mitteln, die ihm zu Gebote standen, bewerkstelligen sollte, aber er ging im Gehorsam voran, und die Ergebnisse waren wunderbar.

Heute ist Rick Shelton Gründer und leitender Pastor der Gemeinde *Life Christian Center* in St. Louis, Missouri. Gegenwärtig ist *Life Christian Center* eine Gemeinde mit etwa dreitausend Mitgliedern und einem weltweiten Dienst. Tausende von Menschenleben sind durch diese Gemeinde im Laufe der Jahre gesegnet und verwandelt worden. Ich habe dort fünf Jahre lang als Ko-Pastorin gedient, und während dieser Zeit wurde mein eigenes Missionswerk, *Life In The Word*, geboren. Denken Sie nur einmal darüber nach, wie viel der Teufel durch Zweifel und Unglauben hätte rauben können, wenn Pastor Shelton sich durch seinen Verstand und nicht durch sein Herz hätte leiten lassen.

## Zum Zweifeln muss man sich entscheiden

»*Als er [Jesus] am Morgen in die Stadt zurückkehrte, hatte er Hunger. Da sah er am Weg einen Feigenbaum und ging auf ihn zu, fand aber nur Blätter daran.[5] Da sagte er zum ihm: In Ewigkeit soll keine Frucht mehr an dir wachsen. Und der Feigenbaum verdorrte auf der Stelle. Als die Jünger das sahen, fragten sie erstaunt: Wie konnte der Feigenbaum so plötzlich verdorren? Jesus antwortete ihnen: Amen, das sage ich euch: Wenn ihr Glauben [festes, unbeugsames Zutrauen] habt und nicht zweifelt, dann werdet ihr nicht nur das vollbringen, was ich mit dem Feigenbaum getan habe; selbst wenn ihr zu diesem Berg sagt: Heb dich empor, und stürz dich ins Meer!, wird es geschehen. Und alles, was ihr im Gebet erbittet, werdet ihr erhalten, wenn ihr [wirklich] glaubt*«.

Matthäus 21,18-22

Auf das ungläubige Staunen seiner Jünger darüber, wie er es fertig gebracht hatte, den Feigenbaum mit einem einzigen Wort kaputtzumachen, sagte Jesus ihnen das Entscheidende: »*Wenn ihr glaubt und nicht zweifelt*, könnt ihr dasselbe tun, was ich mit dem Feigenbaum getan habe, und sogar noch größere Dinge als das« (vgl. Johannes 14,12).

Wir haben bereits festgestellt, dass der Glaube eine Gabe Gottes ist und wir deshalb wissen, dass wir Glauben haben (Römer 12,3). Aber der Zweifel stellt sich immer zur Wahl. Zweifel ist die Kriegslist des Teufels gegen unser Denken.

Da Sie Ihre eigenen Gedanken wählen können, sollten Sie, wenn Zweifel auftauchen, lernen, diese als das anzusehen, was sie sind, und sagen: »Nein danke.« Halten Sie einfach am Glauben fest!

Sie haben die *Wahl!*

## Unglaube ist Ungehorsam

*»Als sie zurückkamen, begegneten sie einer großen Zahl von Menschen. Da trat ein Mann auf ihn [Jesus] zu, fiel vor ihm auf die Knie und sagte: Herr, hab Erbarmen mit meinem Sohn! Er ist mondsüchtig und hat schwer zu leiden. Immer wieder fällt er ins Feuer oder ins Wasser. Ich habe ihn schon zu deinen Jüngern gebracht, aber sie konnten ihn nicht heilen. Da sagte Jesus: O du ungläubige und unbelehrbare Generation! Wie lange muss ich noch bei euch sein? Wie lange muss ich euch noch ertragen? Bringt ihn her zu mir! Dann drohte Jesus dem Dämon. Der Dämon verließ den Jungen, und der Junge war von diesem Augenblick an geheilt.*

*Als die Jünger mit Jesus allein waren, wandten sie sich an ihn und fragten: Warum konnten denn wir den Dämon nicht austreiben? Er antwortete: Weil euer Glaube so klein ist.«*

Matthäus 17,14-20

Nicht vergessen: Unglaube führt zu Ungehorsam.

Vielleicht hatte Jesus seinen Jüngern verschiedene Dinge beigebracht, die sie in solchen Fällen tun sollten, doch ihr Unglaube bewog sie, ihm nicht zu gehorchen, weswegen ihr Erfolg ausblieb.

Wie dem auch sei, in jedem Fall wird uns Unglaube genau wie Zweifel davon abhalten, das zu tun, wozu Gott uns berufen und gesalbt hat, damit wir es in unserem Leben vollbringen. Ferner wird der Unglaube verhindern, dass wir uns des Friedens erfreuen, den er uns zugedacht hat, wenn wir in ihm Ruhe für unsere Seelen finden (Matthäus 11,28-29).

## Eine Sabbatruhe

*»Bemühen wir uns also, in jenes Land der Ruhe [der Ruhe Gottes, die wir in unserem eigenen Leben kennen und erfahren sollen] zu kommen, damit niemand aufgrund des gleichen Ungehorsams [wie ihn die Israeliten in der Wüste zeigten] zu Fall kommt.«*

Hebräer 4,11

Lesen Sie das ganze vierte Kapitel des Hebräerbriefes, so sehen Sie, dass es dort um eine Sabbatruhe geht, die dem Volk Gottes zur Verfügung steht. Im Alten Bund wurde der Sabbat als Ruhetag gehalten. Im Neuen Bund ist die besagte Sabbatruhe ein geistlicher Ruheort. Es ist das Vorrecht jedes Gläubigen, sich sorgenvollen oder ängstlichen Gedanken zu verweigern. Als Gläubige können Sie und ich in Gottes Ruhe eintreten.

Eine sorgfältige Untersuchung von Hebräer 4,11 zeigt, dass wir in diese Ruhe niemals eingehen werden, es sei denn durch Glauben, und dass wir sie verfehlen, wenn wir ungläubig oder ungehorsam sind. Unglaube hält uns in einem »Wüstenleben« fest, wo doch Jesus einen ständigen Ort der Ruhe geschaffen hat, an dem man aber nur verweilen kann, wenn man im Glauben lebt.

## Aus Glauben zu Glauben leben

*»Denn Gottes Gerechtigkeit wird darin [im Evangelium] geoffenbart aus Glauben zu Glauben, wie geschrieben steht: Der Gerechte aber wird aus Glauben leben.«*

Römer 1,17 (ELB)

Ich entsinne mich an ein Ereignis, das diesen Punkt vielleicht sehr gut verdeutlicht. Eines Abends lief ich in meinem Haus herum, versuchte im Haushalt dieses und jenes zu erledigen und fühlte mich durch und durch elend. Ich hatte keinerlei Freude, und in meinem Herzen war kein Friede. Immer wieder fragte ich den Herrn: »Was stimmt denn nicht mit mir?« So ging es mir oft, und es war mir sehr ernst damit, dass ich wissen wollte, worin mein Problem bestand. Ich versuchte all das umzusetzen, was ich auf meinem Weg mit Jesus lernte, aber es sah ganz so aus, als ob mir noch etwas fehlte.

Ungefähr um diese Zeit klingelte das Telefon, und während ich sprach, blätterte ich mit dem Finger in einem Kästchen mit Bibelspruchkarten herum, das mir irgendjemand geschickt hatte. Nicht dass ich auch nur eine davon richtig anschaute, ich fummelte bloß mit den Fingern in dem Kästchen herum, während ich telefonierte. Als ich aufgelegt hatte, entschloss ich mich, nach dem Zufallsprinzip ein Kärtchen zu ziehen und zu schauen, ob es mich irgendwie ermutigen würde.

Ich zog Römer 15,13: »*Der Gott der Hoffnung aber erfülle euch mit aller Freude und mit allem Frieden im Glauben* [aufgrund dessen, was ihr im Glauben erfahrt]*, damit ihr reich* [überfließend] *werdet an Hoffnung in der Kraft des Heiligen Geistes.«*
*Da begriff ich!*
Mein ganzes Problem war Zweifel und Unglaube. Ich machte mich unglücklich, indem ich die Lügen des Teufels glaubte. Ich war negativ. Ich konnte keine Freude und keinen Frieden haben, weil ich nicht glaubte. Wenn man ungläubig lebt, ist es unmöglich, Freude und Frieden im Leben zu haben.
*Entscheiden Sie sich, Gott zu glauben und nicht dem Teufel!*
Lernen Sie, aus Glauben zu Glauben zu leben. So wird nach Römer 1,17 Gottes Gerechtigkeit geoffenbart. Der Herr musste mir zeigen, dass ich häufig von Glauben zu Zweifel und zu Unglauben lebte, anstatt von Glauben zu Glauben. Dann kehrte ich jeweils für einen Moment wieder zum Glauben zurück, bloß um später erneut in Zweifel und Unglauben zu verfallen. Zwischen diesen Polen bewegte ich mich fortwährend hin und her. Und genau deswegen hatte ich in meinem Leben so viel Ärger und Elend.
Wissen Sie noch, was Jakobus 1,7-8 sagt? Der Mensch mit zwei Seelen ist schwankend auf all seinen Wegen und empfängt

niemals, was er sich vom Herrn wünscht. Entschließen Sie sich, kein Mensch mit zwei Seelen zu sein – leben Sie nicht im Zweifel! Gott plant für Sie ein gutes, gelingendes Leben. Lassen Sie nicht zu, dass der Teufel Ihnen dieses Leben durch seine Lügen stiehlt! Stattdessen reißen Sie »*alle hohen Gedankengebäude nieder, die sich gegen die* [wahre] *Erkenntnis Gottes auftürmen. Wir nehmen alles Denken gefangen, so dass es Christus* [dem Gesalbten oder Messias] *gehorcht«* (2. Korinther 10,5).

Kapitel

# 12
# Ängstliches, sorgenvolles Denken

»Erhitze dich nicht ...«
Psalm 37,8 b (Zürcher Bibel)

Ängstlichkeit und Sorgen sind alle beide Angriffe auf unser Denken, die darauf abzielen, uns vom Dienst für den Herrn abzulenken. Auch nutzt der Feind diese beiden Folterinstrumente, um unseren Glauben niederzudrücken, damit dieser sich gar nicht erst erheben und uns helfen kann, im Sieg zu leben.

Manche Menschen haben solche Probleme mit Sorgen, dass man ohne weiteres sagen kann, sie sind ans Sorgenmachen gebunden. Wenn sie selbst nichts haben, worüber sie sich Sorgen machen können, dann sorgen sie sich halt über die Situation von jemand anderem. Da ich selbst dieses Problem hatte, bin ich hochqualifiziert, den damit einhergehenden Zustand zu beschreiben.

Da ich mir ständig über irgendetwas Sorgen machte, konnte ich nie den Frieden genießen, den ich dank Jesu Sterben eigentlich haben sollte.

*Es ist absolut unmöglich, sich Sorgen zu machen und gleichzeitig in Frieden zu leben.*

Frieden ist nicht etwas, das man einer Person gewissermaßen auferlegen kann. Frieden ist eine Frucht des Geistes (Galater 5,22), und Frucht entsteht aus dem Bleiben am Weinstock (Johannes 15,4). Dieses Bleiben oder Verharren hat mit dem Eintreten in die Ruhe Gottes zu tun, von der im vierten Kapitel des Hebräerbriefes wie auch an anderen Stellen des Wortes Gottes die Rede ist.

## Was ist Sorge?

Webster definiert »sich sorgen« bzw. »Sorge« (engl. »*worry*«) so: »Sich unwohl oder unruhig fühlen ... Jemandem Angst, Leid oder Unruhe einflößen[1] ... Eine Quelle nagender Beunruhigung.«[2] Eine weitere Definition, die mir zu Ohren kam, lief darauf hinaus, dass man sich selber mit zerstörenden Gedanken quält.

Als ich letzteres hörte, machte ich sofort für mich fest, dass ich da darüberstehe, und ich glaube, das tut jeder Christ. Ich denke, dass gläubige Menschen mehr Weisheit besitzen, als einfach herumzusitzen und sich selbst zu quälen.

Sorgen machen gewiss niemals etwas besser – also kann man es doch lieber gleich bleiben lassen, sich welche zu machen.

Es gab noch einen weiteren Teil der Definition, der mir etwas zu sagen hatte: »Mit den Zähnen an der Kehle packen und durchschütteln oder zerfleischen, wie es Tiere mit ihrer Beute tun; oder durch wiederholtes Beißen und Zuschnappen schikanieren.«[3]

Im Nachdenken über diese Definition ging mir auf, dass der Teufel Sorgen benutzt, um genau das mit uns zu machen. Selbst nachdem wir uns auch nur ein paar Stunden mit Sorgen herumzuschlagen hatten, fühlen wir uns genau so: als wenn uns jemand an der Kehle gehabt und so lange durchgeschüttelt hätte, bis wir total erledigt, ja zerfleischt waren. Die immer wiederkehrenden Sorgengedanken, die uns nicht aus ihrem Würgegriff lassen, gleichen dem wiederholten Beißen und Zuschnappen eines Raubtieres.

Sorgen sind definitiv ein satanischer Angriff auf unser Denken. Es gibt bestimmte Dinge, die einem gläubigen Menschen hinsichtlich seines Denkens aufgegeben sind, und der Feind legt es darauf an, dass genau diese Dinge nicht geschehen. Folgerich-

tig versucht er, uns im mentalen Bereich so sehr mit falschem Denken dieser oder jener Art auszulasten, dass unser Verstand niemals dahingelangt, sich für das gebrauchen zu lassen, wofür Gott ihn geschaffen hat. Was die richtigen Dinge sind, wofür wir unserem Verstand gebrauchen sollen, darauf möchte ich in einem späteren Kapitel zurückkommen. Jetzt und hier wollen wir mit unserer Untersuchung der Sorge fortfahren, bis uns voll und ganz klar geworden ist, wie nutzlos Sorgen tatsächlich sind.
Eine wunderbare Lektüre für den Fall eines »Sorgenangriffes« ist Matthäus 6,25-34. Wir wollen uns jeden dieser Verse einzeln anschauen, um zu sehen, was der Herr uns zu diesem so überaus wichtigen Thema zu sagen hat.

## Ist das Leben nicht mehr als materielle Dinge?

»*Deshalb sage ich euch: Seid nicht besorgt für [in Angst um] euer Leben, was ihr esst und was ihr trinken sollt, noch für euren Leib, was ihr anziehen sollt. Ist nicht das Leben mehr [höher] als die Speise und der Leib mehr [weitaus bedeutender und herrlicher] als die Kleidung?*«

Matthäus 6,25 (ELB)

Gott hat sich unser Leben als so kostbar gedacht, dass wir es unendlich genießen können. In Johannes 10,10 sagt Jesus: »*Der Dieb kommt nur, um zu stehlen, zu schlachten und zu vernichten; ich bin gekommen, damit sie das Leben haben und es in Fülle [im Überfluss] haben.*« Auf vielerlei Weise legt Satan es darauf an, uns dieses Leben zu rauben, und Sorge ist eine seiner Methoden dazu.

In Matthäus 6,25 wird uns gesagt, es gibt nichts im Leben, für das es sich lohnen würde, sich Sorgen zu machen – nicht einen einzigen Bereich oder Aspekt des Lebens! Die Lebensqualität, die Gott uns zugedacht hat, ist so beschaffen, dass sie all die lebensnotwendigen Dinge einschließt. Wenn wir uns aber um die materiellen Dinge sorgen, büßen wir nicht nur sie ein, sondern auch das Leben, das er uns zugedacht hat.

## Seid ihr nicht mehr wert als die Vögel?

*»Seht euch die Vögel des Himmels an: Sie säen nicht, sie ernten nicht und sammeln keine Vorräte in Scheunen; euer himmlischer Vater ernährt sie. Seid ihr nicht viel mehr wert als sie?«*
Matthäus 6,26

Es könnte uns allen gut tun, etwas Zeit mit der Beobachtung von Vögeln zu verbringen. Schließlich sagt uns der Herr, dass wir das tun sollen.

Es muss ja nicht jeden Tag sein, aber wenigstens von Zeit zu Zeit sollten wir hinschauen und uns klarmachen, wie gut unsere gefiederten Freunde versorgt werden. Sie wissen buchstäblich nicht, woher sie ihre nächste Mahlzeit nehmen werden; aber ich habe noch nie einen Vogel gesehen, der mit einem sorgenbedingten Nervenzusammenbruch irgendwo auf einem Ast gehockt hätte.

Das, was der Meister uns an dieser Stelle sagen will, ist sehr schlicht und einfach: *»Seid ihr nicht viel mehr wert«* als die Vögel?

Selbst wenn Sie mit einem schwach ausgeprägten Selbstwertgefühl zu kämpfen haben sollten, leuchtet es Ihnen sicherlich ein, dass Sie mehr wert sind als ein Vogel – aber schauen Sie hin, wie treu Ihr himmlischer Vater schon die Vögel versorgt!

## Was gewinnt ihr durch Sorgen?

*»Wer von euch kann mit all seiner Sorge sein Leben auch nur um eine kleine Zeitspanne verlängern?«*
Matthäus 6,27

Es zeigt sich von selbst: Sorgen sind nutzlos. Sie führen Sie zu absolut nichts Gutem. Wenn es sich aber so verhält, warum sollte man sich dann Sorgen machen und ängstlich sein?

## Was sorgt ihr euch?

»*Und was sorgt ihr euch um eure Kleidung? Lernt von den Lilien, die auf dem Feld wachsen: Sie arbeiten nicht und spinnen nicht. Doch ich sage euch: Selbst Salomo war in all seiner Pracht [Exzellenz, Würde und Großzügigkeit] nicht gekleidet wie eine von ihnen. Wenn aber Gott schon das Gras so prächtig kleidet, das heute auf dem Feld steht und morgen ins Feuer geworfen wird, wie viel mehr dann euch, ihr Kleingläubigen?*«

Matthäus 6,28-30

Der Herr benutzt eine seine Schöpfungen als Illustration, um zu verdeutlichen, dass wir ganz sicher davon ausgehen können, er werde für uns sorgen, wenn schon eine Blume, die nichts tut, so gut genährt wird und so gut aussieht, dass sie selbst Salomo in seiner majestätischen Herrlichkeit überstrahlt.

## Macht euch also keine Sorgen!

»*Macht euch also keine Sorgen und fragt nicht: Was sollen wir essen? Was sollen wir trinken? Was sollen wir anziehen?*«

Matthäus 6,31

Diesen Vers erweitere ich gern ein bisschen, indem ich eine weitere Frage anhänge: »Was werden wir tun?«

Ich glaube, Satan sendet Dämonen aus, die nichts anderes zu tun haben, als diese Frage von morgens bis abends in den Ohren gläubiger Menschen wach zu halten. Sie beschießen uns mit schwierigen Fragen, und die Gläubigen vertun ihre kostbare Zeit dann damit, nach den richtigen Antworten auf diese Fragen zu suchen. Fortwährend zieht der Teufel auf dem Schlachtfeld der Gedanken zu Felde und versucht die Christen in langwierige, kostspielige Gefechte zu verwickeln.

Beachten Sie besonders jenen Teil des 31.Verses, in dem der Herr uns anweist, uns nicht zu sorgen bzw. nicht ängstlich zu sein. Wissen Sie noch? Der Mund redet aus der Fülle des Herzens (Matthäus 12,34). Der Feind weiß, wenn er es nur schafft, unser Denken zur Genüge mit verkehrten Dingen anzufüllen, dann werden diese Dinge irgendwann auch aus unserem Mund hervorgehen. Unsere Worte aber sind sehr wichtig, weil sie unseren Glauben bekräftigen – oder fallweise auch unseren Mangel an Glauben.

## Sucht Gott und nicht seine Gaben

»*Denn nach diesem allen trachten die Nationen [Heiden]; denn euer himmlischer Vater weiß, dass ihr dies alles benötigt. Trachtet aber zuerst nach dem Reich Gottes [zielt darauf ab, ringt darum] und nach seiner Gerechtigkeit [seiner Art, richtig zu handeln und richtig zu sein], und dies alles wird euch hinzugefügt werden.*«

Matthäus 6,32-33 (ELB)

Es ist klar, dass Gottes Kinder nicht sein sollen wie die Welt! Die Welt rennt den materiellen Dingen nach, wir aber sollen den Herrn suchen; und er hat versprochen: wenn wir das tun, fügt er uns all das hinzu, wovon er weiß, dass wir es nötig haben.

*Wir müssen es lernen, Gottes Angesicht zu suchen, nicht seine gebende Hand!*

Nichts tut unser himmlischer Vater lieber, als seinen Kindern gute Gaben zu geben – aber nur dann, wenn wir es nicht darauf anlegen.

Gott weiß, was wir brauchen, ehe wir darum bitten. Wenn wir ihm schlicht und einfach unsere Bitten vortragen (Philipper 4,6), wird er sie zu seiner eigenen, rechten Zeit erfüllen. Sorgen helfen uns kein Stückchen weiter. Vielmehr behindern sie sogar unser Vorankommen.

## Lebt einen Tag nach dem anderen

*»Sorgt euch also nicht um morgen; denn der morgige Tag wird für sich selbst sorgen. Jeder Tag hat genug eigene Plage.«*
Matthäus 6,34

Ich beschreibe Sorge und Ängstlichkeit gern als den Versuch, heute herauszufinden, was morgen sein wird. Lernen wir es doch, die Zeit, die Gott uns gibt, für das zu nutzen, was er vorgesehen hat.
*Das Leben ist dazu da, gelebt zu werden – hier und jetzt!*
Es ist traurig, dass nur sehr wenige Menschen wissen, wie man das Potential eines jeden Tages voll und ganz ausschöpft. Aber Sie können einer dieser Menschen sein. Jesus sagt, Satan, der Feind, komme, um unser Leben zu stehlen (Johannes 10,10) – gestatten Sie ihm nicht länger, das zu tun! Verschwenden Sie den heutigen Tag nicht mit Sorgen über morgen. Sie haben heute genug um die Ohren, was Ihre ganze Aufmerksamkeit erfordert. Gottes Gnade liegt auf Ihnen, mit all dem umzugehen, was heute notwendig ist, und die Gnade für morgen wird nicht kommen, ehe der morgige Tag angebrochen ist.

## Sorgt euch um nichts – ängstigt euch nicht

*Sorgt euch um nichts, sondern bringt in jeder Lage betend und flehend eure [präzisen] Bitten mit Dank vor Gott!*
Philipper 4,6

Hier haben wir eine weitere gute Bibelstelle für den Fall eines »Sorgenangriffs«.
Ich empfehle Ihnen sehr nachdrücklich, Gottes Wort wäh-

rend des Lesens laut auszusprechen. Es ist das zweischneidige Schwert, das wir gegen den Feind zücken müssen (Hebräer 4,12; Epheser 6,17). Ein Schwert, das in der Scheide steckt, ist während eines Angriffs zu nichts nütze.

Gott hat uns sein Wort gegeben – *benutzen Sie es!* Lernen Sie Bibelstellen wie diese auswendig, und wenn der Feind angreift, kontern Sie seinen Angriff mit derselben Waffe, die Jesus benutzte: *dem Wort Gottes!*

## Reißt Phantasiegebilde nieder

»*Wir reißen alle hohen Gedankengebäude nieder, die sich gegen die [wahre] Erkenntnis Gottes auftürmen. Wir nehmen alles Denken gefangen, so dass es Christus [dem Gesalbten oder Messias] gehorcht.*«

2. Korinther 10,5

Kommen Ihnen Gedanken, die mit Gottes Wort nicht in Übereinstimmung stehen, so liegt die beste Methode darin, dem Teufel das Maul zu stopfen, dass Sie Gottes Wort aussprechen.

Das Wort Gottes, das ein Gläubiger aus seinem Glauben heraus ausspricht, ist als Waffe so wirksam wie keine andere, um den Krieg gegen Sorge und Angst zu gewinnen.

## Werft eure Sorge auf Gott

»*Beugt euch also in Demut [degradiert euch selbst, denkt gering von euch] unter die mächtige Hand Gottes, damit er euch erhöht, wenn die Zeit gekommen ist. Werft alle eure Sorge [eure gesamte Last, alle Angst, alles, was euch bedrückt – ein für allemal] auf ihn, denn er kümmert sich um euch.*«

1. Petrus 5,6-7

Wenn der Feind versucht, uns ein Problem einzubrocken, haben wir das Vorrecht, es auf den Herrn zu werfen. Sie und ich können unsere Probleme bei Gott abladen – und keine Sorge, er weiß sie zu nehmen. Und er weiß, was damit zu tun ist. Der Text zeigt uns, dass sich demütigen heißt, sich keine Sorgen zu machen. Jemand, der sich sorgt, denkt immer noch, er könne sein Problem auf irgendeine Weise selbst lösen. Sich sorgen heißt ja nichts anderes, als dass unser Denken wie wild darum kreist, die Lösung einer schwierigen Situation zu finden. Ein stolzer Mensch ist voll von sich selber, ein demütiger ist voll von Gott. Der Stolze macht sich Sorgen, der Demütige wartet.

Gott ist der einzige, der uns erlösen kann; und er will, dass wir das wissen, damit wir auf jede Situation zuallererst so reagieren, dass wir uns auf ihn stützen und in seine Ruhe eingehen.

## Die Ruhe Gottes

»Wirst du, unser Gott, nicht über sie [unsere Feinde] Gericht halten? Wir sind machtlos vor dieser gewaltigen Menge, die gegen uns zieht, und wissen nicht, was wir tun sollen. Nur auf dich sind unsere Augen gerichtet.«

2. Chronika 20,12

Diesen Vers liebe ich. Die Leute, von denen er spricht, mussten dahin kommen, dass sie dreierlei als unverrückbar erkannten:
1. Sie hatten keine Mittel gegen ihre Feinde.
2. Sie wussten sich keinen Rat.
3. Sie hatten es nötig, ihren Blick fest auf Gott gerichtet zu halten.

In den Versen 15 und 17 desselben Kapitels sehen wir, was der Herr ihnen sagte, sobald sie zu dieser Erkenntnis gelangt waren und ihm das auch freimütig bekannt hatten:

»Fürchtet euch nicht, und erschreckt nicht vor diesem großen Heerhaufen; denn nicht eure, sondern Gottes Sache ist der Krieg ...

*Doch werdet ihr nicht kämpfen müssen. Tretet an, bleibt aber stehen, und seht zu, wie der Herr euch Rettung verschafft.«*

Befinden wir uns in der Haltung, dass wir in Jesus bleiben und in die Ruhe Gottes eintreten? Das bedeutet, dass wir anhaltend auf den Herrn warten, unsere Augen fest auf ihn gerichtet und das tun, wozu er uns beauftragt, und im übrigen eine »heilige Furcht« davor haben nach unserem eigenen Willen zu handeln.

Was das Eintreten in Gottes Ruhe angeht, möchte ich folgendes sagen: Diese »Ruhe Gottes« gibt es nicht ohne Widerstand.

Die Geschichte zweier Künstler, die ich einst hörte, soll dies verdeutlichen. Die beiden Maler wurden gebeten, den Frieden darzustellen, so wie sie ihn wahrnahmen. Der eine malte einen stillen, entlegenen Gebirgssee, der andere einen rauschenden, stürzenden Wasserfall, über den eine Birke ragte, in deren Zweigen ein Vogel ruhig in seinem Nest saß.

Welches dieser Bilder stellt den Frieden zutreffend dar? Das zweite, denn es gibt keinen Frieden ohne Widerstand. Das erste Bild steht für Stillstand. Seine Szenerie mag friedlich und ruhig sein, und sicher würden viele sie gerne aufsuchen, um sich zu erholen. Es bietet einen hübschen Anblick, aber es hat nichts mit »der Ruhe Gottes« zu tun.

Jesus sagt: »*Frieden hinterlasse ich euch, meinen [eigenen] Frieden gebe ich euch; nicht einen Frieden, wie die Welt ihn gibt, gebe ich euch*« (Johannes 14,27). Sein Friede ist ein geistlicher Friede, seine Ruhe ein geschützter Ort mitten im Sturm – nicht in dessen Abwesenheit. Jesus ist nicht gekommen, um jedweden Widerstand aus unserem Leben zu entfernen, sondern um uns zu ermöglichen, dass wir anders mit den Stürmen des Lebens umgehen. Wir sollen sein Joch auf uns nehmen und von ihm lernen (Matthäus 11,29). Das heißt, wir sollen lernen, zu sein wie er und mit dem Leben so umzugehen, wie er es tat.

*Jesus hat sich keine Sorgen gemacht, und auch wir brauchen uns keine Sorgen machen!*

Wenn Sie darauf warten, nichts mehr zu haben, worum Sie sich sorgen könnten, ehe Sie mit dem Sorgenmachen tatsächlich aufhören, dann sollte ich Ihnen vielleicht sagen, dass Sie darauf lange werden warten müssen. Vielleicht kommt dieser Zeitpunkt *niemals*. Und das ist keine negative Aussage, sondern nur eine ehrliche. Matthäus 6,34 legte uns nahe, uns keine Sorgen über morgen zu machen, weil jeder Tag genug eigene Schwierigkeiten mit sich bringt. Das hat Jesus selbst gesagt, und er war ganz bestimmt nicht negativ. Im Frieden zu leben und die Ruhe Gottes im Auge des Sturmes zu genießen ehrt den Herrn sehr, weil es beweist, dass seine Art, mit dem Leben umzugehen, funktioniert.

## Sorgen, Sorgen, Sorgen!

Ich habe viele Jahre meines Lebens damit verschwendet, mir Sorgen um Dinge zu machen, die ohnehin außerhalb meines Zugriffs lagen. Heute hätte ich jene Jahre gern noch einmal zur Verfügung, denn ich wüsste jetzt anders mit den Dingen umzugehen. Doch wenn Sie die Zeit, die Gott Ihnen gegeben hat, einmal gelebt haben, ist es unmöglich, sie wieder zurückzuholen und alles anders zu machen.

Im Gegensatz zu mir hat mein Mann sich nie Sorgen gemacht. Es gab eine Zeit, in der ich häufig sauer auf ihn war, weil er sich nicht auf meine Sorgen einließ und nicht mit mir über all die düsteren »Wenn« und »Vielleicht« sprechen wollte, die für mich im Raum standen, falls Gott sich uns nicht zuwandte, um sich unserer Nöte anzunehmen. Es kam z. B. vor, dass ich über Rechnungen und Schecks brütend in der Küche saß und von Minute zu Minute unruhiger wurde, weil die offenen Rechnungen höher waren als unser Guthaben. Und Dave hockte dann seelenruhig nebenan, spielte mit den Kindern und schaute Fernsehen, während die Kinder auf ihm herumtobten und ihm Lockenwickler in die Haare drehten.

Ich weiß noch, wie ich in durchaus unfreundlichem Tonfall zu ihm sagte: »Warum kommst du nicht auch mal her und unternimmst was, statt da rumzuspielen, während ich mir Mühe gebe, mit dem Schlamassel hier fertigzuwerden?«

Als er dann aber antwortete: »Was sollte ich denn deiner Meinung nach tun?«, fiel mir auch nichts weiter ein, aber es ärgerte mich kolossal, dass er die Stirn hatte, sich einen schönen Tag zu machen, während wir vor einem finanziellen Desaster standen.

Dave beruhigte mich, indem er mich daran erinnerte, dass Gott stets für all unsere Bedürfnisse aufgekommen war, dass wir unseren Teil taten (also den Zehnten und Opfer gaben, sowie beteten und vertrauten) und dass Gott auch weiterhin seinen Teil tun werde. (Ich sollte der Wahrheit die Ehre geben und hinzufügen, dass *Dave* vertraute, während ich mir ja Sorgen machte.) Daraufhin beteiligte ich mich an seinem Spiel mit den Kindern, aber es dauerte nur einen Augenblick, bis die vorigen Gedanken mir erneut ins Hirn gekrochen kamen: »Aber was sollen wir bloß machen? Wovon sollen wir all diese Rechnungen bezahlen? Was ist, wenn ...«

Und dann erschien auf dem Bildschirm meiner Phantasie ein Katastrophenszenario nach dem anderen: Hypothekenkündigung durch die Bank, zwangsweise Rückgabe des Autos an den Händler, peinliche Momente mit Verwandten und Freunden, die wir um Geld würden angehen müssen, und so weiter und so fort. Haben Sie diesen »Film« auch schon mal gesehen oder es erlebt, dass Ihnen derlei Gedanken beim besten Willen nicht aus dem Kopf gingen? Natürlich haben Sie – sonst würden Sie wohl kaum dieses Buch lesen.

Nachdem ich mich den Gedanken, die der Teufel mir einblies, eine Weile hingegeben hatte, marschierte ich wieder in die Küche zurück, holte mir aufs Neue den Stapel Rechnungen, den Taschenrechner und das Scheckbuch auf den Tisch und fing von vorne an. Je mehr ich mich in die Unterlagen vertiefte, umso unruhiger wurde ich. Und dann wiederholten wir den besagten ehelichen Dialog, bloß dass ich diesmal Dave und die Kinder anschrie, sie hätten ihren Spaß, während ich die »ganze Verantwortung« auf meine Schultern nähme!

Und dabei war das, was ich auf mich nahm, keineswegs Verantwortung, sondern Sorge – also etwas, wovon Gott ausdrücklich gesagt hatte, ich solle es auf ihn werfen.

Heute schaue ich zurück und sehe ein, dass ich damals, in den frühen Jahren meiner Ehe, so viele Abende vergeudet habe, die Gott mir schenken wollte. Die Zeit, die er uns gibt, ist eine kostbare Gabe. Und ich verschwendete sie an den Teufel! Ihre Zeit gehört Ihnen. Nutzen Sie sie mit Weisheit, denn sie kommt nie mehr zurück.

Tatsächlich erfüllte Gott all unsere Bedürfnisse, und zwar auf vielerlei Weise. Nicht ein einziges Mal ließ er uns im Stich. Gott ist treu!

## Macht euch keine Sorgen – vertraut auf Gott

*»Euer Leben sei frei von Habgier [dazu gehören das Verlangen nach Geld, Geiz, sexuelle Begierde und das Streben nach irdischen Besitztümern]; seid zufrieden mit dem, was ihr habt [den Umständen eures Lebens, wie sie eben sind]; denn Gott hat versprochen: Ich lasse dich nicht fallen und verlasse dich nicht. [Nie, nie und nochmals nie werde ich dich in irgendeiner Weise im Stich lassen, deinen Bedürfnissen nicht gerecht werden, dich vernachlässigen oder dich auf meiner Prioritätenliste nach unten rutschen lassen – ganz gewiss nicht!]«*

Hebräer 13,5

Dies ist eine hervorragende Bibelstelle, mit der Sie sich selbst ermutigen können, wenn Sie in Sorge darum sind, ob Gott sich Ihnen zuwenden und Ihre Bedürfnisse erfüllen wird oder nicht.

In diesem Vers sagt uns der Herr, dass wir es nicht nötig haben, über Geld nachzudenken und uns zu fragen, ob es wohl für unsere Bedürfnisse ausreichen wird – das sind Dinge, um die er sich für uns kümmert. er hat versprochen, dass er uns niemals vergessen oder vernachlässigen wird.

Tun Sie Ihren Teil, aber versuchen Sie nicht, auch Gottes Teil zu tun. Diese Last ist zu schwer zu tragen, und wenn Sie nicht aufpassen, brechen Sie unter ihr zusammen.

Machen Sie sich keine Sorgen. *»Vertrau auf den Herrn* [stütze dich auf ihn, verlass dich unbeirrbar auf ihn] *und tu das Gute, bleib wohnen im Land und bewahre Treue! Freu dich innig am Herrn! Dann gibt er dir, was dein Herz begehrt«* (Psalm 37,3-4).

Wenn das keine Verheißung ist!

Kapitel

# Richtendes, kritisches, argwöhnisches Denken

*»Richtet nicht, damit ihr nicht gerichtet werdet!«*

Matthäus 7,1

In das Leben von Menschen kommt viel Leid aufgrund von richtenden, kritischen und argwöhnischen Haltungen. Diese Feinde zerstören massenweise Beziehungen. Und auch hier wieder gilt: der Verstand ist das Schlachtfeld.

Gedanken – und wie oft sagen wir unbedacht: »Ich denke ...« – können ein Werkzeug sein, das der Teufel benutzt, um einen Menschen in Einsamkeit zu halten. Kaum jemand ist gerne mit einem anderen zusammen, der es nicht lassen kann, zu allem und jedem seine Meinung zu äußern.

Ein Beispiel: ich kannte einmal eine Frau, die mit einem sehr reichen Geschäftsmann verheiratet war. Der Mann war meistens ziemlich schweigsam, und die Frau wollte ihn dazu bringen, dass er mehr redete. Er wusste vieles über viele Dinge. Sie wurde böse auf ihn, wenn sie sich unter Leuten befanden und jemand ein Gespräch über ein Thema anfing, zu dem er von seinem Wissen her viel Sinnvolles hätte beitragen können, und er tat es partout nicht.

Eines Abends, nachdem sie von einer Party nach Hause gekommen waren, schimpfte sie mit ihm und sagte: »Warum hast du denn bloß nichts gesagt und denen gezeigt, was du alles über das weißt, wovon sie gesprochen haben? Du hast einfach nur dagesessen und dich benommen, als wüsstest du rein gar nichts!«

»Was ich weiß, das weiß ich schon«, antwortete er. »Ich versuch' lieber ruhig zu sein und zuzuhören, damit ich mitkriege, was andere wissen.«

Ich könnte mir vorstellen, dass genau darin der Grund seines Wohlstandes lag. Er war nicht nur reich, sondern auch klug! Nur wenige Leute bringen es ohne Klugheit zu Reichtum. Und nur wenige Leute haben Freunde, wenn sie es in ihren Beziehungen an Klugheit fehlen lassen.

Richtend, besserwisserisch und kritisch aufzutreten ist ein sicherer Weg, um Beziehungen kaputtzumachen. Klar, Satan will, dass Sie und ich einsam sind und abgelehnt werden, also greift er unser Denken in diesen Bereichen an. Ich hoffe, das vorliegende Kapitel wird uns helfen, sowohl falsche Denkmuster zu erkennen als auch zu lernen, wie wir mit Argwohn umgehen sollten.

## Was ist Richten?

Vines expositorisches NT-Wörterbuch gibt als Teilbedeutung eines der griechischen Wörter, die mit »Gericht« übersetzt werden, an: »eine Entscheidung, die man hinsichtlich der Fehler anderer Menschen trifft«, und konstatiert einen Zusammenhang mit dem Wort »Verdammnis«.[1] Nach derselben Quelle hat eines der griechischen Wörter, die mit »richten« wiedergegeben werden, die Teilbedeutung »sich eine Meinung bilden« (urteilen) und hängt mit dem Wort »Strafe« zusammen.[2]

Gott ist der einzige, der das Recht hat zu verdammen oder zu bestrafen. Wenn wir also Urteile übereinander aussprechen, setzen wir uns im Leben dessen, über den wir den Stab brechen, in gewisser Weise an die Stelle Gottes.

Ich weiß ja nicht, wie es Ihnen geht, aber mir flößt das gehörige »Gottesfurcht« ein. Ich traue mir schon einiges zu, aber ich habe keinerlei Interesse daran, Gott zu spielen! Mit diesen Bereichen hatte ich in meiner Persönlichkeit früher massive Probleme. Umso mehr glaube ich, Ihnen damit helfen zu können, dass ich das eine oder andere weitergebe, das Gott mir beigebracht hat.

Kritiksucht, Besserwisserei und Richtgeist scheinen miteinander verwandt zu sein, weswegen wir sie als einen einzigen großen Problemkomplex behandeln wollen.

Ich war kritisch, denn ich schien immer nur das wahrzunehmen, was verkehrt war, und nicht das Gute und Richtige. Zu diesem Fehler neigen manche Menschen mehr als andere. Einige der jovialeren Persönlichkeitstypen weigern sich, irgendetwas anderes zu sehen als die heiteren und schönen Dinge des Lebens. Sie achten tatsächlich nicht besonders auf die Dinge, die ihnen den Spaß am Leben rauben könnten. Dagegen sieht ein eher melancholischer oder dominanter Mensch oft zuerst das, was verkehrt läuft, und man kann im allgemeinen sagen, dass Menschen mit diesem Persönlichkeitstyp nicht sehr zurückhaltend darin sind, anderen ihre negativen Meinungen und Sichtweisen mitzuteilen.

Uns muss klar sein, dass wir unsere ganz eigene Art haben, die Dinge zu betrachten. Allzu gern sagen wir Menschen, was wir denken, und genau darum geht es: Was ich denke, mag für mich richtig sein, aber damit ist es noch nicht notwendigerweise auch für Sie richtig, und umgekehrt gilt natürlich dasselbe. Sicher wissen wir alle, dass das Gebot »Du sollst nicht stehlen« für jeden Menschen richtig ist, aber hier spreche ich von den tausend und abertausend Dingen des alltäglichen Lebens, von denen man nicht allgemeingültig sagen kann, ob sie richtig oder falsch sind, sondern bei denen es immer auf die persönliche Entscheidung des einzelnen ankommt. Und ich füge hinzu, dass jeder das Recht hat, diese Entscheidungen für sich allein und ohne Beeinflussung von außen zu treffen.

Mein Mann und ich gehen mit vielen Dingen extrem unterschiedlich um, z. B. mit der Frage, wie man ein Haus einrichten und ausschmücken sollte. Nicht dass wir alles ablehnen würden, was dem anderen gefällt, aber wenn wir irgendwelche Einrichtungsgegenstände zusammen einkaufen gehen, kommt es mir so vor, als wenn Dave grundsätzlich etwas anderes mögen würde als ich. Warum? Schlicht und einfach, weil wir zwei verschiedene Menschen sind. Seine Ansicht ist ebenso gut wie meine, meine ebenso gut wie seine – sie unterscheiden sich einfach, das ist alles.

Ich habe Jahre gebraucht, um zu verstehen, dass ich nicht sagen konnte, mit Dave stimme etwas nicht, nur weil er nicht meiner Meinung war. Und unnötig zu sagen, dass ich ihm immer wieder meinen Argwohn zu verstehen gab, mit ihm stimme etwas nicht, weil er meine Ansichten nicht teilte. Keine Frage, dass meine Haltung etliche Reibereien zwischen uns hervorrief und unsere Beziehung beschädigte.

## Stolz: ein Problem des »Ich«

*»Ich (Paulus) sage einem jeden von euch: Strebt nicht über das hinaus, was euch zukommt [bildet euch nicht ein, wunder wie wichtig zu sein], sondern strebt danach, besonnen zu sein, jeder nach dem Maß des Glaubens, das Gott ihm zugeteilt hat.«*

*Römer 12,3*

Richtgeist und Kritiksucht erwachsen als Frucht aus einem tiefer liegenden Problem: Stolz. Wo das »Ich« in uns größer wird, als es sein sollte, entstehen immer Probleme von der Art, über die wir hier sprechen. Mehrmals warnt uns die Bibel vor Hochmut.

Immer wenn wir in einem Bereich Hervorragendes vollbringen, dann nur, weil Gott uns dafür die entsprechende Gnadengabe hat zukommen lassen. Sind wir hochmütig oder hegen eine überzogene Meinung über uns selbst, so werden wir auf andere herabschauen und sie als »geringer« einstufen, als wir selbst es zu sein meinen. Eine solche Haltung, ein solches Denken findet Gott überaus widerwärtig, und es öffnet dem Feind Tür und Tor in unserem Leben.

## Heilige Furcht

»*Wenn einer sich zu einer Verfehlung hinreißen lässt, meine Brüder, so solltet ihr, die ihr vom Geist erfüllt seid [die ihr auf den Geist eingeht und euch von ihm beherrschen lasst], ihn im Geist der Sanftmut wieder auf den rechten Weg bringen. Doch gib acht, dass du nicht selbst in Versuchung gerätst. Einer trage [ertrage] des anderen Last, so werdet ihr das Gesetz Christi [des Messias] erfüllen. Wer sich einbildet, etwas zu sein [nämlich zu bedeutend, um sich niederzubeugen und die Last eines anderen auf sich zu nehmen], obwohl er nichts ist [nicht besser als andere, außer in seiner Selbstwahrnehmung], der betrügt sich.*«

Galater 6,1-3

Eine sorgfältige Untersuchung dieses Bibeltextes macht uns rasch deutlich, wie wir mit den Schwächen umgehen sollen, die wir bei anderen beobachten mögen. Der Text streicht die mentale Haltung heraus, die wir einnehmen müssen: eine »heilige Furcht« vor jedwedem Stolz und große Zurückhaltung im Beurteilen oder Kritisieren anderer Menschen.

## Wer sind wir, um zu richten?

»*Wie kannst du den Diener eines anderen richten? Sein Herr entscheidet, ob er steht oder fällt. er wird aber stehen; denn der Herr bewirkt, dass er steht*«.

Römer 14,4

Stellen Sie sich die Sache einmal so vor: Sagen wir; Ihre Nachbarin klingelt bei Ihnen und will Ihnen Anweisungen erteilen, was Ihre Kinder zur Schule anziehen und welche Fächer sie im Unterricht belegen sollten. Wie würden Sie darauf reagieren? Oder nehmen wir einmal an, Ihre Nachbarin kommt rasch vorbei, um Ihnen zu sagen, dass ihr die Arbeit Ihrer Putzfrau – mit der Sie selbst immer zufrieden waren – nicht gefällt. Was würden Sie dieser Nachbarin antworten?

Genau auf diesen Punkt will unsere Bibelstelle hinaus. Jeder und jede von uns hat Schwächen, aber wir gehören zu Gott, und er ist in der Lage, uns trotz unserer Schwächen stehenzulassen und zu rechtfertigen. Gott allein und nicht den anderen schulden wir Rechenschaft – deswegen sollen wir uns nicht gegenseitig in kritischer Manier beurteilen.

Der Teufel ist sehr eifrig darin, Dämonen auszuschicken, die den Leuten verurteilende, kritische Gedanken in die Köpfe pflanzen. Ich weiß noch, welchen Spaß ich einst daran hatte, auf einer Parkbank oder im Einkaufszentrum zu sitzen, die Leute zu beobachten, die an mir vorbeigingen, und mir innerlich über jeden und jede von ihnen eine Meinung zu bilden, und zwar basierend auf Kleidung, Frisuren, Begleitern usw. Nun können wir es nicht immer verhindern, Meinungen zu haben, aber wir müssen sie nicht gleich rauslassen. Ich glaube, wir können sogar dahin wachsen, dass wir gar nicht mehr so viele Meinungen haben und diejenigen, die wir hegen, nicht von kritischer Art sind.

Ich sage mir oft: »Joyce, das geht dich nichts an.« In Ihrem Denken reift ein riesiges Problem heran, wenn Sie Ihre Meinungen gewohnheitsmäßig so lange hin- und herbewegen, bis sie zu Urteilen werden. Je mehr Sie das Problem bedenken, umso größer wird es, und irgendwann sprechen Sie darüber mit anderen oder sogar mit demjenigen, den Sie beurteilen. An diesem Punkt ist das Ganze dann explosiv geworden und birgt in sich genug Sprengkraft, um sowohl im Bereich Ihrer Beziehungen als auch im Geistlichen beträchtlichen Schaden anzurichten. Vielleicht ersparen Sie sich künftige Probleme, indem Sie einfach lernen zu sagen: »Das geht dich jetzt nichts an.«

In meiner Familie waren Richtgeist und Kritiksucht gang und gäbe, ich bin also mit diesen Geisteshaltungen groß geworden. Wenn die Dinge so liegen – und vielleicht ist es Ihnen ja ähnlich ergangen –, dann gleichen wir einem Menschen, der mit gebrochenem Bein Ball zu spielen versucht. Ich versuchte mit Gott »Ball zu spielen«: Ich wollte alles so machen, wie es ihm gefiel, wollte denken und handeln wie er, aber ich konnte nicht. Viele üble Jahre mussten ins Land gehen, ehe ich etwas von den Bollwerken in meinem Denken begriff, die niedergerissen werden mussten, ehe ich mein Verhalten ändern konnte.

*Denken Sie daran: Ihr Verhalten wird sich nicht ändern, solange Ihr Denken sich nicht geändert hat.*

Die Perikope Matthäus 7,1-6 ist eine der klassischen Bibelstellen zum Thema Richten und Kritisieren. Wenn Sie mit Ihrem Denken in diesem Bereich Probleme haben, dann lesen Sie diese und andere Schriftstellen. Danach lesen Sie sie zum zweiten Mal laut und benutzen Sie sie als Waffe gegen den Feind, der in Ihrem Denken ein Bollwerk zu errichten versucht. Vielleicht kämpft er auch aus einer Festung heraus, die dort schon seit vielen Jahren steht.

Wir wollen uns den besagten Text anschauen, und während wir ihn durchgehen, werde ich zu jedem Teil der Perikope ein paar Worte sagen.

## Gericht säen und ernten

*»Richtet nicht, damit ihr nicht gerichtet werdet! Denn wie ihr richtet, so werdet ihr gerichtet werden, und nach dem Maß, mit dem ihr [gewöhnlich] messt und zuteilt, wird euch zugeteilt werden.«*
Matthäus 7,1-2

Diese Bibelstelle sagt uns klipp und klar, wir werden ernten, was wir säen (vgl. Galater 6,7). Das Prinzip von Saat und Ernte gilt nicht nur im Landbau und im Finanzwesen, sondern auch im Bereich des Denkens. Genau wie eine Getreidesorte oder ein Investment können wir auch eine innere Haltung säen und dann ernten.

Ein mir bekannter Pastor sagt oft, wenn er davon höre, dass jemand über seine Person unfreundlich oder richtend geredet habe, frage er sich: »Sät der andere, oder ernte ich?« Oft ernten wir in unserem eigenen Leben, was wir zuvor in das Leben eines anderen Menschen hineingesät haben.

## Arzt, heile dich selbst!

»*Warum siehst du den Splitter im Auge deines Bruders, aber den Balken in deinem Auge bemerkst du nicht? Wie kannst du zu deinem Bruder sagen: Lass mich den Splitter aus deinem Auge herausziehen! – und dabei steckt in deinem Auge ein Balken? Du Heuchler! Zieh zuerst den Balken aus deinem Auge, dann kannst du versuchen, den Splitter aus dem Auge deines Bruders herauszuziehen*«.

Matthäus 7,3-5

Dem Teufel gefällt es sehr, wenn er uns in unseren Gedanken damit beschäftigen kann, über die Fehler anderer zu Gericht zu sitzen. Auf diese Weise kommen wir niemals dazu, zu erkennen, geschweige uns mit dem zu befassen, was bei uns selbst im Argen liegt.

Wir können andere Menschen nicht ändern, das kann nur Gott. Auch uns selbst können wir nicht verändern, aber wir können mit dem Heiligen Geist zusammenarbeiten und ihm gestatten, dieses Werk zu tun. Der erste Schritt zu jedweder Befreiung besteht jedoch darin, der Wahrheit ins Gesicht zu schauen, die der Herr uns zu zeigen versucht.

Wenn wir uns gedanklich und im Gespräch mit all dem befassen, was bei den anderen verkehrt ist, täuschen wir uns normalerweise sehr, was unsere eigene Haltung angeht. Deshalb hat Jesus uns befohlen, uns nicht über die Fehler anderer den Kopf zu zerbrechen, solange bei uns selbst so vieles daneben ist. Gestatten Sie Gott, dass er sich zuerst mit Ihnen beschäftigt, dann werden Sie auch lernen, wie Sie Ihrem Bruder in biblischer Weise dabei helfen können, in seinem christlichen Lebenswandel zu wachsen.

## Liebt einander

*»Gebt das Heilige nicht den Hunden, und werft eure Perlen nicht den Schweinen vor, denn sie könnten sie mit ihren Füßen zertreten und sich umwenden euch zerreißen.«*

Matthäus 7,6

Nach meiner Auffassung hat diese Schriftstelle mit unserer gottgegebenen Fähigkeit zu tun, einander zu lieben. Wenn es so ist, dass Sie und ich von Gott die Befähigung und das Gebot haben, andere Menschen zu lieben, sie aber statt dessen richten und kritisieren, dann haben wir das Heilige (die Liebe) genommen und es den Hunden und Schweinen (dämonischen Geistern) hingeworfen. Wir haben diesen Geistern die Tür geöffnet, heilige Dinge zu zertrampeln, bloß damit sie sich dann zu uns wenden und uns in Stücke reißen.

Es muss uns klar sein, dass der »Wandel in der Liebe« für uns ein Schutz gegen dämonische Angriffe ist. Ich glaube nicht, dass der Teufel einem Menschen, der wirklich in der Liebe lebt, allzu viel Schaden zufügen kann.

Als ich mit unserem vierten Kind schwanger wurde, war ich Christin, mit dem Heiligen Geist getauft, zum geistlichen Dienst berufen und hingebungsvoll mit dem Studium der Bibel beschäftigt. Ich hatte gelernt, im Glauben für Heilung einzustehen. Und trotzdem war ich in den ersten drei Schwangerschaftsmonaten sehr, sehr krank. Ich verlor an Körpergewicht und Kraft. Ich lag die meiste Zeit auf dem Sofa. Mir war ständig übel, und ich war so erschöpft, dass ich mich kaum bewegen konnte.

Diese Situation brachte mich total durcheinander, denn während meiner drei anderen Schwangerschaften war es mir wunderbar ergangen. Und dabei hatte ich seinerzeit nicht viel von Gottes Wort gewusst. Zwar war ich Kirchgängerin gewesen, aber ich hatte in keinerlei Hinsicht meinen Glauben aktiv eingesetzt. Und jetzt war ich sehr vertraut mit den Verheißungen Gottes – und war krank. Ich konnte noch so viel beten oder den Teufel in die Schranken weisen, es half alles nichts!

Als ich eines Tages im Bett lag und hörte, wie mein Mann und die Kinder sich im Garten vergnügten, fragte ich Gott aggressiv: »Was um alles in der Welt stimmt denn mit mir nicht? Wieso geht es mir so schlecht? Und warum wird es nicht besser?« Da drängte mich der Heilige Geist, Matthäus 7 zu lesen. Ich fragte den Herrn, welcher Abschnitt des Kapitels denn mit meiner Situation zu tun habe, spürte aber nur, dass ich das Kapitel wieder und wieder lesen sollte. Endlich öffnete Gott mir das Gedächtnis für ein Ereignis, das sich ein paar Jahre zuvor zugetragen hatte.

Damals hatte ich einen Hausbibelkurs geleitet und unterrichtet, an dem auch eine junge Frau teilnahm, die wir einmal Jane nennen wollen. Jane beteiligte sich treu an dem Kurs, bis sie schwanger wurde. Dann hatte sie große Mühe, regelmäßig dabei zu sein, weil sie ständig müde war und sich schlecht fühlte.

Während ich so in meinem Bett lag, fiel mir wieder ein, wie ich und eine andere »gläubige Schwester« uns das Maul über Jane zerrissen hatten, weil sie sich nicht »im Glauben gegen ihre Umstände« stellte und sich keine Mühe gab, trotzdem treu zu unserem Bibelkreis zu kommen. Irgendwelche Hilfe hatten wir ihr nie angeboten. Wir hatten uns einfach die Meinung gebildet, dass sie ein Schwächling sei und ihre Schwangerschaft als Vorwand für Faulheit und Selbstmitleid benutze.

Und jetzt befand ich mich in genau denselben Umständen wie Jane zwei Jahre zuvor. Gott zeigte mir, dass ich ungeachtet meiner ersten drei glatt verlaufenen Schwangerschaften durch meine verurteilende und kritisierende Haltung dem Teufel eine riesengroße Tür geöffnet hatte. Ich hatte meine Perlen, mein Heiliges – meine Fähigkeit, Jane zu lieben –, genommen und es den Hunden und Schweinen hingeworfen, und jetzt hatten die sich umgedreht und waren dabei, mich selbst in Stücke zu reißen. Ich kann Ihnen sagen, ich beeilte mich, Buße zu tun. Sobald ich das getan hatte, kehrte meine Gesundheit zurück, und der Rest meiner Schwangerschaft verlief völlig glatt.

Diese Erfahrung lehrte mich eine wichtige Lektion über die Gefahren, die darin liegen, wenn wir andere richten und kritisieren. Ich wünschte, ich könnte sagen, dass ich nach jenem Erlebnis nie wieder einen ähnlichen Fehler gemacht hätte. Leider muss ich zugeben, seither noch etliche ähnliche Fehler begangen zu haben. Jedes Mal, wenn das passiert, muss Gott sich meiner annehmen, und ich bin dankbar, dass er es tut.

Fehler machen wir alle. Alle haben wir Schwächen. Die Bibel sagt, wir sollen keinen hartherzigen, kritischen Geist anderen gegenüber haben, sondern einander vergeben und uns gegenseitig Barmherzigkeit erweisen, so wie Gott sie uns um Christi willen erwiesen hat (Epheser 4,32).

## Richten führt zur Verdammnis

*»Darum bist du unentschuldbar – wer du auch bist, Mensch –, wenn du richtest. Denn worin du den andern richtest, darin verurteilst du dich selber, da du, der Richtende, dasselbe tust.«*

Römer 2,1

Mit anderen Worten: wir selbst tun haargenau dasselbe, worüber wir bei anderen den Stab brechen.

Der Herr gab mir einmal ein sehr gutes Beispiel, das mir half, dieses Prinzip zu begreifen. Ich dachte darüber nach, wie es wohl kommen mochte, dass wir irgend etwas taten und es für völlig korrekt hielten, während wir andere richteten, die dasselbe machten. Der Herr sagte: »Joyce, dich selbst siehst du durch eine rosarote Brille an, alle anderen aber durch ein Vergrößerungsglas.«

Wir neigen dazu, unser eigenes Verhalten zu entschuldigen; wenn aber jemand anders sich genauso verhält, sind wir oft gnadenlos. Andere so zu behandeln, wie wir auch von ihnen behandelt werden möchten (Matthäus 7,12), ist eine gute Lebensregel, deren Befolgung viel Richten und Kritisieren schon im Keim erstickt.

Richtendes Denken ist ein Ausfluss negativen Denkens, verschwenden wir doch unsere Gedanken daran, was mit einem Menschen nicht stimmt, anstatt seine positiven Seiten zu sehen. *Seien Sie positiv, nicht negativ!* Das wird anderen gut tun, aber den größten Segen werden Sie selbst davon haben.

## Sein Herz bewahren

*»Mehr als alles andere hüte dein Herz; denn von ihm geht das Leben aus.«*

Sprüche 4,23

Bewahren Sie Ihr Herz, wenn Sie möchten, dass Leben zu Ihnen und von Ihnen zu anderen Menschen fließt.

Gewisse Arten von Gedanken sind für einen gläubigen Menschen »undenkbar«, und dazu gehören auch richtende und kritisierende. Alles, was Gott uns lehren möchte, dient zu unserem eigenen Guten, unserem Glück. Seinem Weg zu folgen macht fruchtbar; Satans Weg zu folgen verdirbt uns und andere.

## Sei nicht misstrauisch!

*Sie [die Liebe] erträgt alles, glaubt alles, hofft alles, hält allem stand.*
1. Korinther 13,7

Ich muss ehrlich sagen, dass es mich stets hart auf die Probe gestellt hat, dieser Bibelstelle entsprechen zu wollen. Ich wurde zum Misstrauen erzogen. Ja, man brachte mir bei, jedem zu misstrauen, vor allem dann, wenn jemand vorgab, nett zu sein – denn so einer würde immer irgendetwas von mir wollen.

Über meine Erziehung zum Misstrauen gegenüber anderen und ihren Motiven hinaus machte ich mehrmals sehr enttäuschende Erfahrungen mit Menschen, und das nicht nur, bevor ich eine aktive Christin wurde, sondern auch danach. Um eine neue innere Einstellung zu entwickeln, hat es mir sehr geholfen, über das Wesen der Liebe zu meditieren und zu erkennen, dass die Liebe immer das Beste glaubt.

Wenn Ihr Denken vergiftet worden ist oder Satan darin Bollwerke errichten konnte, sollte es Gottes Wort gemäß erneuert werden. Das geschieht, indem wir das Wort lernen und darüber meditieren (es innerlich bewegen, es aussprechen, darüber nachdenken).

Wir haben den wunderbaren Heiligen Geist in uns, der uns aufmerksam macht, sobald unsere Gedanken sich in die verkehrte Richtung bewegen. Das tut Gott für mich, wenn ich misstrauische statt liebevolle Gedanken hege. Der natürliche Mensch denkt: »Wenn ich Menschen vertraue, werden sie mich bloß ausnutzen.« Das mag ja sein, aber mein eigener Nutzen wird jede negative Erfahrung bei weitem überwiegen.

*Vertrauen und Glauben füllen das Leben mit Freude und lassen Beziehungen sich optimal entwickeln.*

Misstrauen dagegen verkrüppelt eine Beziehung und zerstört sie gewöhnlich irgendwann.

Die Grundwahrheit ist: Gottes Art, mit den Dingen umzugehen, funktioniert, unsere eigenen Methoden nicht. Gott verdammt Richten, Kritisieren und Misstrauen, und genauso sollten auch wir damit umgehen. Lieben Sie, was Gott liebt, und hassen Sie, was er hasst. Geben Sie dem Raum, was er erlaubt, und unterbinden Sie, was er nicht erlaubt.

Eine ausgewogene Haltung führt immer am weitesten. Das bedeutet keineswegs, dass wir in unserem Umgang mit anderen Menschen nicht Weisheit und Unterscheidungsvermögen walten lassen sollten. Wir müssen nicht jedem, dem wir begegnen, unser Innerstes öffnen und so jeder Zufallsbekanntschaft ermöglichen, uns zu beschädigen. Andererseits haben wir es nicht nötig, jeden negativ und misstrauisch zu beäugen, immer in der Erwartung, dass andere uns nur ausnutzen wollen.

## Vertrauen Sie Gott bedingungslos und den Menschen mit Umsicht

»Während er zum Paschafest in Jerusalem war, kamen viele zum Glauben an seinen Namen [ergriffen seine Partei], als sie die Zeichen [Wunder] sahen, die er tat. Jesus [seinerseits] aber vertraute sich ihnen nicht an, denn er kannte sie [die Menschen] alle und brauchte von keinem ein Zeugnis über den Menschen; denn er wusste, was im Menschen ist [konnte in den Herzen der Menschen lesen].«

Johannes 2,23-25

Ich hatte einmal mit einer enttäuschenden Gemeindesituation zu tun, als Gott meine Aufmerksamkeit auf Johannes 2,23-25 lenkte. Dieser Text handelt von Jesu Beziehung zu seinen Jüngern. Unverhohlen sagt er, dass Jesus sich ihnen nicht anvertraute. Es heißt nicht, er habe sie argwöhnisch betrachtet oder ihnen nicht getraut. Der Text erläutert lediglich, dass er sich ihnen nicht unausgewogen anvertraute, und zwar weil er die menschliche Natur (wie sie uns allen zu Eigen ist) durchschaute.

Das vermittelte mir eine gute Lehre. In der besagten Gemeindesituation war ich übel verletzt worden, weil ich mich auf einen Kreis von Frauen zu sehr eingelassen und das Gebot der Ausgewogenheit nicht hinreichend beachtet hatte. Jedes Mal, wenn wir aus dem Gleichgewicht geraten, öffnen wir dem Teufel die Tür.

In 1. Petrus 5,8 heißt es: »*Seid nüchtern* [ausgewogen, gemäßigt] *und wachsam! Euer Widersacher, der Teufel, geht wie ein* [vor geiferndem Hunger] *brüllender Löwe umher und sucht, wen er verschlingen kann.*«

Ich begriff, dass ich mich auf die Frauen in jener Gruppe gestützt und ihnen in einer Weise vertraut hatte, wie sie nur Gott gebührt. Jede menschliche Beziehung hat irgendwo ihre Grenze. Gehen wir über diese von der Weisheit gewiesene Grenze hinaus, so werden sich düstere Wolken zusammenbrauen, und wir werden Verletzungen davontragen.

Ihr ultimatives Vertrauen sollte immer nur dem Herrn gehören. Dann ermöglichen Sie es dem Heiligen Geist, Ihnen anzuzeigen, wo Sie Gefahr laufen, aus der Ausgewogenheit zu fallen.

Manche Leute meinen, sie könnten die Dinge unterscheiden und einordnen, wo sie doch bloß argwöhnisch sind. Es gibt eine echte Geistesgabe, die man als Geisterunterscheidung bezeichnet (1. Korinther 12,10). Sie vermag Gutes und Schlechtes auseinander zuhalten, nicht nur das Schlechte zu erkennen. Misstrauen erwächst aus einem nicht erneuerten Denken, Unterscheidungsvermögen dagegen aus dem erneuerten Geist.

Beten Sie um echte Geistesgaben, die sich kategorisch unterscheiden von dem Fleisch, das sich als Geist tarnt. Wahres geistliches Unterscheidungsvermögen führt ins Gebet und nicht ins Geschwätz. Erkennt jemand mittels einer echten Geistesgabe ein tatsächliches Problem, so wird er biblisch damit umgehen und nicht auf fleischliche Weise, durch die das Problem nur ausgebreitet und verschlimmert wird.

## Freundliche Worte sind süß und heilsam

*»Das Herz des Weisen macht seinen Mund klug, es mehrt auf seinen Lippen die Belehrung. Freundliche Worte sind wie Wabenhonig, süß für den Gaumen, heilsam für den Leib«.*

Sprüche 16,23-24

Worte und Gedanken sind wie Mark und Bein – sie gehören so eng zusammen, dass es schwer fällt, sie zu trennen (Hebräer 4,12).

Unsere Gedanken sind stille Worte, die nur wir selbst und der Herr hören, aber diese Worte beeinflussen unseren inneren Menschen, unsere Gesundheit, unsere Freude und unsere Haltung. Das, woran wir oft denken, geht aus unserem Mund hervor. Und so traurig es ist, manchmal machen wir uns damit selbst zum Narren. Richten, Kritisieren und Misstrauen bringen niemals Freude mit sich.

Jesus sagt, er sei gekommen, damit wir das Leben hätten und uns seiner erfreuen könnten (Johannes 10,10). Fangen Sie an, sich in den Denkbahnen Christi zu bewegen, und Sie werden eine ganz neue Lebensqualität entdecken.

Kapitel

# 14

## Passives Denken

»Mein Volk kommt um, weil ihm die Erkenntnis fehlt.«

Hosea 4,6

Diese Feststellung trifft gewiss zu, wenn es um den Bereich der Passivität geht. Den meisten Christen ist noch nicht einmal der Ausdruck geläufig, geschweige denn, dass sie die Symptome zu deuten wüssten.

Passivität ist das Gegenteil von Aktivität. Sie stellt ein gefährliches Problem dar, lehrt Gottes Wort doch, dass wir auf der Hut, umsichtig und aktiv sein sollen (1. Petrus 5,8). Wir sollen das Feuer anfachen, das in uns brennt, und die Gaben anstacheln, die wir empfangen haben (2. Timotheus 1,6).

Nachdem ich verschiedene Definitionen des Begriffs »Passivität« gelesen habe, verstehe ich darunter einen Mangel an Empfindsamkeit und Verlangen, allgemeine Apathie, Lauheit und Trägheit. Hinter der Passivität stehen böse Geister. Der Teufel weiß, dass Inaktivität, das Nichtausführen des Willens Gottes, die ultimative Niederlage eines gläubigen Menschen heraufbeschwört. Der Feind kann den Krieg nicht gewinnen, solange ein Mensch gegen ihn angeht, indem er seinen Willen einsetzt, um ihm zu widerstehen. Wer sich aber der Passivität überlässt, bekommt ernste Schwierigkeiten.

So viele gläubige Menschen sind derart gefühlsbestimmt, dass das Ausbleiben von Gefühlen genügt, um sie davon abzuhalten, das zu tun, was ihnen aufgetragen worden ist. Sie preisen Gott, wenn sie sich danach fühlen. Sie geben, wenn ihnen danach ist. Sie halten ihr Wort, wenn sie mögen – und wenn nicht, dann eben nicht.

## Es gibt kein Vakuum

»*Gebt dem Teufel keinen Raum!*«
Epheser 4,27

Der Raum, den wir dem Teufel geben, ist oft leerer Raum. Ein leerer, passiver Verstand füllt sich allzu leicht mit verkehrten Gedanken jedweder Art.

Ein Gläubiger, dessen Verstand passiv ist und der diesen verkehrten Gedanken keinen Widerstand leistet, nimmt sie oft als seine eigenen Gedanken. Ihm ist nicht klar, dass ein böser Geist sie seinem Denken eingegeben hat, nachdem es in seinem Kopf Leerräume gab, die man füllen konnte.

Eine Methode, falsche Gedanken von unserem Verstand fernzuhalten, besteht darin, ihn mit richtigen Gedanken zu füllen. Wir können den Teufel des Hauses verweisen, und er wandert dann auch eine Weile in der Wüste herum. Doch danach kommt er zurück und findet sein altgewohntes Haus leer vor, und die Bibel sagt in Lukas 11,24-26, er kommt nochmals und bringt andere Geister mit sich, so dass der Zustand des betroffenen Menschen am Ende schlimmer ist als zuvor. Deshalb treiben wir niemals einen bösen Geist aus einem Menschen aus, ehe wir dem Betreffenden nicht gesagt haben, wie er den freiwerdenden Raum füllen soll.

Ich behaupte nicht, jeder Mensch, der etwas Schlechtes denkt, habe einen bösen Geist. Aber häufig steht hinter schlechten Gedanken ein böser Geist. Wir können Phantasien immer wieder von uns weisen, aber solange wir nicht gelernt haben, den freiwerdenden Raum mit richtigem Denken zu füllen, kommen sie immer stehenden Fußes zurück. Nur wenn die Leere neu gefüllt worden ist, findet der Feind bei seiner Rückkehr keinen Platz mehr in einem Menschen. Es gibt aggressive Sünden, Sünden der Tat. Und es gibt passive Sünden, Sünden des Nichthandelns. Mit anderen Worten: es gibt falsche Dinge, die wir tun, und richtige Dinge, die wir nicht tun. So kann beispielsweise eine Beziehung dadurch kaputtgehen, dass man gedankenlose Worte ausspricht. Aber ebenso kann sie zerstört werden, weil freundliche Worte der Anerkennung, die angebracht gewesen wären, nie gesagt worden sind. Ein passiver Mensch meint, er mache nichts falsch, weil er ja gar nichts macht. Konfrontiert man ihn mit seinem Irrtum, so sagt er: »Ich hab' doch gar nichts gemacht!« Das ist eine zutreffende Analyse, aber sein Verhalten war trotzdem verkehrt; denn genau daraus, dass er nichts gemacht hat, ist ja das Problem erwachsen.

## Passivität überwinden

Dave, mein Mann, hatte vor Jahren einige Probleme mit Passivität. Er war in verschiedener Hinsicht aktiv: ging jeden Tag zur Arbeit, spielte samstagabends Golf und schaue sonntags Fußball. Aber es war sehr schwer, ihn noch zu irgendetwas anderem zu motivieren. Wollte ich ein Bild aufgehängt haben, dann konnte es drei, vier Wochen dauern, bis er das auf die Reihe bekam. Daraus erwuchsen große Spannungen zwischen uns. Ich hatte den Eindruck, er machte, was er wollte, und nichts sonst.

Dave hatte den Herrn lieb, und als er ihn mit diesem Problem aufsuchte, brachte Gott ihn dazu die Gefahren seiner Passivität zu erkennen. Er erkannte, dass hinter seinem Nichtstun böse Geister standen. Es gab bestimmte Bereiche, in denen er keine Probleme hatte, weil er in ihnen Herr seines Willens geblieben war; in anderen Bereichen aber hatte er durch Nichthandeln im Prinzip seinen Willen dem Feind ausgeliefert. In diesen Bereichen war er niedergedrückt und hatte sich in eine Position manövriert, in der ihm jeder Antrieb abging und er einfach »keine Lust« hatte, in Gang zu kommen und bestimmte Aufgaben zu erfüllen.

Auch das Studium des Wortes Gottes und das Gebet waren Bereiche, in denen er sich passiv verhielt. Da ich wusste, dass er keineswegs Gott um seine Führung bat, fiel es mir schwer, ihm zuzuhören. Ich hatte sowieso schon ein Rebellionsproblem, und Sie sehen an dieser Konstellation, wie der Teufel unsere gegenseitigen Schwächen ausnutzte. Es sind vielfach solche Probleme, die Ehescheidungen verursachen, wobei den Betroffenen oft gar nicht klar ist, wo die Wurzel ihres Übels liegt.

Ich war eigentlich zu aggressiv. Ich rannte in meiner fleischlichen Gesinnung immer ein paar Schritte vor Gott her, machte mein Ding und erwartete, dass der Herr es segnete. Dave dagegen tat eigentlich gar nichts, außer dass er auf Gott wartete, und das brachte mich schwer aus der Fassung. Heute lachen wir darüber, wie wir damals waren, aber seinerzeit war es alles andere als lustig, und hätte Gott nicht unsere Aufmerksamkeit gewonnen, so wären wir vielleicht auch Bestandteil der Scheidungsstatistik geworden.

Dave sagte mir immer, ich würde ständig vor Gott herlaufen, und ich antwortete ihm, er hänge zehn Meilen hinter Gott zurück. Ich war zu aggressiv, Dave zu passiv.

Ist ein gläubiger Mensch inaktiv in einem Bereich, in dem Gott ihm Fähigkeiten oder Talente gegeben hat, so wird dieser Bereich verkümmern oder lahm gelegt werden. Je länger ein Mensch nichts tut, umso weniger will er noch irgendetwas tun. Dafür ist körperliches Training eines der besten Beispiele.

Ich führe gerade ein gutes Trainingsprogramm durch und je mehr ich trainiere, umso leichter fällt es mir. Als ich damit anfing, ging es sehr schwer. Jedes Mal, wenn ich das Programm durchzog, hatte ich Schmerzen, weil ich vorher über lange Zeit körperlich inaktiv und passiv gewesen war. Je länger ich nichts tat, umso schlimmer wurde mein körperlicher Zustand. Da ich meine Muskulatur nicht benutzte, wurde ich immer schwächer und schwächer.

Auch Dave fing an sein Problem zu erkennen. Er schlug sich mit bösen Geistern herum, die ihn wegen seiner lang anhaltenden Untätigkeit bedrückten. Als ihm der Heilige Geist diese Wahrheit offenbarte, traf er den Entschluss, aufs Neue aktiv und aggressiv zu sein und mit Faulheit sowie der langen Bank zu brechen.

Nur war es das eine, diese Entscheidung zu treffen, und etwas anderes, sie auch umzusetzen. Das fiel ihm nicht leicht, weil jeder der Bereiche, in denen er sich zur Passivität hatte hinreißen lassen, jetzt erst durch »Training« wieder aufgebaut werden musste.

Er begann, morgens um fünf aufzustehen, um die Bibel zu lesen und zu beten, ehe er zur Arbeit ging. *Damit war die Schlacht eröffnet!* Der Teufel will keinen Fußbreit Boden aufgeben, den er einmal eingenommen hat, schon gar nicht kampflos. Dave stand auf, um Zeit mit Gott zu haben, und schlief dann auf dem Sofa wieder ein. Aber obwohl das an manchen Tagen passierte, kam er trotzdem voran, einfach weil er aus dem Bett stieg und sich ein Gebetsleben aufzubauen versuchte.

Mir fiel auf, dass Dave jetzt sofort aktiv wurde, wenn ich ihn bat, ein Bild aufzuhängen oder irgendwas im Haus zu reparieren. Er fing wieder an, seinen eigenen Gedanken nachzugehen und seine eigenen Entscheidungen zu fällen. Oft hatte er aus seiner Natur heraus keine Lust und wollte nach wie vor nichts tun. Aber er brach mit seinen Gefühlen und fleischlichen Wünschen. Und je mehr er aufgrund dessen, was er als richtig erkannt hatte, handelte, umso größer wurde die Freiheit, an der er sich erfreute.

Ich will ehrlich sein und Sie wissen lassen, dass es kein leichter Weg für ihn war. Keineswegs war er nach ein paar Tagen oder auch Wochen schon frei. Passivität ist eine der am schwersten zu überwindenden Befindlichkeiten, weil, wie schon gesagt, die Gefühle fehlen, die die Anstrengung unterstützen könnten.

Dave hielt mit Gottes Hilfe durch, und heute ist er absolut nicht mehr passiv. Er verwaltet *Life In The Word*, leitet unsere gesamte Radio- und Fernsehproduktion und verantwortet sämtliche finanziellen Aspekte unseres Dienstes. Er begleitet mich auf all meinen Reisen und organisiert unseren Reisedienst. Und er ist ein exzellenter Familienmann. Er betet regelmäßig und studiert treu die Bibel. Kurzum, er ist ein respektabler, bewundernswerter Mann. Nach wie vor spielt er Golf und schaut seine Sportsendungen, aber er tut eben auch die anderen Dinge, die von ihm erwartet werden. Wer ihn heute kennt und sieht, was er alles schafft, würde sich niemals vorstellen können, wie passiv er einst war.

Der Zustand der Passivität ist überwindbar. Aber ehe wir ihn handelnd überwinden können, müssen wir ihn denkend überwinden. Dave konnte nicht vorankommen, solange er keine Entscheidung getroffen und seine Denkart verändert hatte.

## Richtiges Handeln folgt aus richtigem Denken

*»Gleicht euch nicht dieser Welt [diesem Zeitalter] an [ihren Moden und ihren äußerlichen, oberflächlichen Gebräuchen], sondern wandelt euch und erneuert euer Denken [ganz und gar, durch neue Ideale und eine neue Haltung] ...«*

Römer 12,2

Quer durch Gottes Wort treffen wir auf ein dynamisches Prinzip, und kein Mensch wird je siegreich leben, solange er dieses Prinzip nicht versteht und anwendet: *Richtiges Handeln folgt aus richtigem Denken.*

Lassen Sie es mich anders sagen: *Sie werden Ihr Verhalten nicht ändern können, solange Sie Ihre Gedanken nicht verändert haben.*

In der göttlichen Ordnung der Dinge kommt zuerst das richtige Denken, dem das richtige Handeln folgt. Ich glaube, richtiges Handeln oder korrektes Verhalten ist eine »Frucht« richtigen Denkens. Die meisten Gläubigen haben zu kämpfen, wenn es um richtiges Handeln geht, aber Kampf bringt keine Frucht hervor. Frucht entsteht da, wo wir am Weinstock bleiben (Johannes 15,4). Und am Weinstock bleiben schließt ein, dass wir gehorsam sind (Johannes 15,10).

Wenn ich über dieses Prinzip lehre, greife ich immer auf

Epheser 4,22-24 zurück. Vers 22 lautet: »*Legt den alten Menschen ab* [macht euch los von eurem nicht erneuerten alten Ich], *der in Verblendung und Begierde zugrunde geht, ändert euer früheres Leben* ...«

Diesen Gedanken führt Vers 24 weiter, in dem es heißt: »*Zieht den neuen Menschen an* [das erneuerte, wiederhergestellte Ich], *der nach dem Bild Gottes* [gottgemäß, gottähnlich] *geschaffen ist in wahrer Gerechtigkeit und Heiligkeit.*«

Wir sehen also, dass wir in Vers 22 grundsätzlich aufgefordert werden, mit verkehrtem Verhalten zu brechen, und Vers 24 sagt uns, wir sollen beginnen, uns richtig zu verhalten. Dazwischen aber steht Vers 23; ich nenne ihn den »Brückenvers«, weil er uns sagt, wie wir von Vers 22 (unkorrektem Verhalten) zu Vers 24 (richtigem Verhalten) gelangen: »*... und erneuert euren Geist und Sinn!*«

Es ist unmöglich, von falschem Verhalten zu richtigem Verhalten zu kommen, ohne dass wir *zuerst* unser Denken verändern. Ein passiver Mensch mag das Richtige tun wollen, aber er wird es niemals tun, solange er nicht willentlich sein Denken aktiviert und es mit Gottes Wort und Gottes Willen in Einklang bringt.

Mir fällt ein Beispiel dafür ein, das mit einem Mann zu tun hat, der bei einem meiner Seminare mit sich beten lassen wollte. Er hatte ein Problem mit sexueller Begierde. Er liebte seine Frau wirklich und wollte seine Ehe nicht zerstören, aber wenn er keine Lösung für diese Problem fand, würde seine Ehe zweifellos in die Brüche gehen.

»Joyce, ich habe ein Problem mit der Lust«, sagte er. »Ich kann einfach nicht die Finger von anderen Frauen lassen. Würden Sie bitte beten, dass ich frei werde? Es ist schon oft für mich gebetet worden, aber ich scheine einfach nicht davon loszukommen.«

Der Heilige Geist drängte mich, ihm folgendes zu sagen: »Ja, ich werde für Sie beten, aber Sie müssen für das geradestehen, was Sie auf Ihrem gedanklichen Bildschirm an Bildern zulassen. Wenn Sie wirklich frei werden wollen, geht es nicht an, dass Sie sich pornographische Phantasien ausmalen oder sich vorstellen, wie Sie mit anderen Frauen zusammen sind.«

Genau wie dieser Mann sind auch andere stehenden Fußes zu der Einsicht gekommen, warum sie nie einen Durchbruch erleben, obwohl sie doch frei sein wollen: *Sie wollen ihr Verhalten ändern, aber nicht ihr Denken.*
Das Denken ist häufig ein Bereich, in dem Menschen »mit der Sünde spielen«. Jesus sagt in Matthäus 5,27-28: »*Ihr habt gehört, dass gesagt worden ist: Du sollst nicht die Ehe brechen. Ich aber sage euch: Wer eine Frau auch nur lüstern ansieht, hat in seinem Herzen schon Ehebruch mit ihr begangen.*« Der Weg zu sündhaftem Handeln ist mit sündhaften Gedanken gepflastert.

Meinen ersten Hausbibelkurs besuchte eine Frau, die ihr Leben dem Herrn gegeben hatte und sich danach sehnte, ihre Ehe und Familie gestärkt zu sehen. In ihrem Leben war alles in Unordnung: das Haus, die Ehe, das Geld, die Gesundheit usw. Sie sagte offen, sie liebe ihren Mann nicht, ja sie verabscheue ihn sogar. Da sie aber wusste, dass Gott diese Haltung nicht gefiel, *wollte* sie ihren Mann lieben und konnte es scheinbar dennoch nicht ertragen, auch nur in seiner Nähe zu sein.

Wir beteten, sie betete, alle Welt betete! Wir öffneten ihr die Bibel und gaben ihr Kassetten zum Anhören. Wir taten alles, was uns nur einfiel, und obwohl sie anscheinend unseren Ratschlägen folgte, kam sie nicht voran. *Was stimmte nicht?* Während einer Seelsorgesitzung kam heraus, dass sie ihr Leben lang eine Tagträumerin gewesen war. Andauernd malte sie sich eine Märchenexistenz aus, in der sie selbst die Prinzessin war und der Traumprinz mit Blumen und Gebäck von der Arbeit kam und sie mit seiner Liebe so überschüttete, dass sie hin und weg war.

Mit solchen Gedanken brachte sie ihre Tage zu, und wenn dann ihr erschöpfter, übergewichtiger, schwitzender, verdreckter Ehemann (komplett mit Zahnlücke) von der Arbeit kam, ekelte sie sich vor ihm.

Bitte denken Sie einen Augenblick über diese Situation nach. Die Frau war wiedergeboren, aber ihr Leben befand sich dennoch in Unordnung. Sie wollte Gott gehorchen und für ihn leben, und sie wollte auch ihren Mann liebhaben, weil sie wusste, dass das Gottes Wille war. Es ging ihr um Sieg in ihrem Leben und ihrer Ehe, aber ihr Denken machte ihr einen Strich durch die Rechnung. Sie hatte keine Chance, die Abneigung ihrem Mann gegenüber zu überwinden, solange sie ihr Denken nicht auf solide Beine stellte. Gedanklich bewegte sie sich in einer Welt, die es nicht gab und niemals geben würde. Deshalb war sie völlig außerstande, mit der Wirklichkeit umzugehen. Sie hatte einen passiven Verstand, und nachdem sie ihr Denken nicht am Wort Gottes ausrichtete, projizierten die bösen Geister ihre Gedanken in sie hinein. Solange sie meinte, das seien ihre eigenen Gedanken, und diese Gedanken auch noch genoss, konnte sie niemals den Sieg erlangen. Aber sie veränderte ihr Denken, und da begann sich auch ihr Leben zu ändern. Sie veränderte ihre innere Haltung ihrem Mann gegenüber, und er begann seine äußere Erscheinung und sein Verhalten gegen sie zu verändern.

## Denkt an das, was droben ist

*»Wenn ihr nun mit dem Christus auferweckt worden seid [zu einem neuen Leben, in dem ihr an seiner Auferstehung von den Toten teilhabt], so sucht, was droben ist [die reichen ewigen Schätze], wo der Christus ist, sitzend zur Rechten Gottes. Sinnt auf das, was droben ist [auf die höheren Dinge], nicht auf das, was auf der Erde ist.«*

Kolosser 3,1-2 (ELB)

Wieder erkennen wir dasselbe Prinzip: Möchten Sie sich in dem Auferstehungsleben bewegen, das Jesus ermöglicht hat, dann trachten Sie nach diesem neuen, kraftvollen Leben, indem Sie Ihre Gedanken auf die himmlischen Dinge und nicht auf die irdischen richten und gerichtet halten.

Der Apostel Paulus sagt schlicht und einfach, wenn Sie und ich ein gutes Leben wollen, müssen wir unsere Gedanken auf gute Dinge richten.

Viele gläubige Menschen wollen das gute Leben, aber sie hängen passiv herum und sehnen sich danach, dass ihnen etwas Gutes widerfährt. Oft beneiden sie andere, die im Sieg leben, und ärgern sich, dass ihr eigenes Leben so schwierig ist. Wenn Sie den Sieg über Ihre Probleme ersehnen, wenn Sie sich wirklich im Auferstehungsleben bewegen wollen, *hilft Ihnen kein Wunschdenken, sondern nur Entschlossenheit.* Dann dürfen Sie nicht passiv bleiben, sondern müssen aktiv werden. Richtiges Handeln beginnt mit richtigem Denken. Seien Sie nicht passiv in Ihrem Denken. Fangen Sie heute damit an, sich für die richtigen Gedanken zu entscheiden.

Kapitel

# Die Gesinnung Jesu

*»Denn wer begreift den Geist [den Rat und die Ziele] des Herrn? Wer kann ihn belehren? Wir aber haben den Geist Christi [des Messias].«*

1. Korinther 2,16

Ich glaube, dass Sie sich mittlerweile fest entschlossen haben, richtige Gedanken zu denken. Deshalb wollen wir uns diejenigen Arten des Denkens anschauen, die vor dem Herrn als richtig gelten können. Gewiss gibt es viele Arten von Gedanken, von denen man sich nicht vorstellen kann, dass sie für Jesus »denkbar« gewesen wären, als er auf der Erde war. Wenn wir seinen Fußstapfen folgen wollen, müssen wir anfangen zu denken, wie er gedacht hat.

Dazu kommt Ihnen wahrscheinlich spontan der Gedanke: »Aber Joyce, das ist ja ganz und gar unmöglich, denn Jesus war vollkommen! Ich kann vielleicht mein Denken verbessern, aber so denken wie er, das werde ich niemals können.«

Nun, die Bibel sagt uns, dass wir Christi Sinn haben – und ein neues Herz und einen neuen Geist.

## Ein neues Herz, ein neuer Geist

*»Ich schenke euch ein neues Herz und lege einen neuen Geist in euch. Ich nehme das Herz von Stein aus eurer Brust und gebe*

*euch ein Herz von Fleisch. Ich lege meinen Geist in euch und bewirke, dass ihr meinen Gesetzen folgt und auf meine Gebote achtet und sie erfüllt.«*

Hesekiel 36,26-27

Als Christen haben Sie und ich ein neues Wesen, und zwar das Wesen Gottes, das in der Wiedergeburt in uns hineingelegt worden ist.

Die zitierte Bibelstelle zeigt, dass Gott wusste: wenn wir seine Verordnungen beachten und nach seinen Gesetzen leben sollten, dann musste er uns seinen Geist und ein neues Herz (was ein neues Denken einschließt) geben. Römer 8,6 spricht von der Gesinnung des Fleisches und von der Gesinnung des Geistes (fleischlichem und geistlichem Denken) und sagt uns, dass es den Tod zur Folge hat, wenn wir der Gesinnung des Fleisches folgen, hingegen zum Leben führt, wenn wir uns der Gesinnung des Geistes unterordnen.

Es würde uns enorm voranbringen, wenn wir einfach nur lernen würden, Leben und Tod auseinander zu halten.

Wenn Ihnen etwas den Tod einbringt, dann sollten Sie es keinen Augenblick länger tun. Wenn bestimmte Gedankengänge Sie mit dem Tod erfüllen, dann wissen Sie ohne weiteres, dass es sich dabei nicht um das Denken des Geistes handelt.

Ich will das verdeutlichen. Sagen wir mal, ich denke über eine Ungerechtigkeit nach, die ich durch einen anderen Menschen erlitten habe, und werde darüber böse. Ich fange an zu sinnen, wie wenig ich diesen Menschen leiden kann. Wenn ich Unterscheidungsvermögen habe, werde ich bemerken, dass mich diese Gedanken mit dem Tod erfüllen. Ich werde unruhig, angespannt, genervt, vielleicht fühle ich mich sogar körperlich unwohl. Kopf- und Magenschmerzen oder ungewöhnliche Müdigkeit können Früchte meines falschen Denkens sein. Wenn ich andererseits daran denke, wie gesegnet ich bin und wie gut Gott zu mir gewesen ist, werde ich wahrnehmen, wie Leben in mich hineinströmt.

Es hilft einem gläubigen Menschen sehr, wenn er lernt, in sich selbst Leben und Tod auseinander zu halten. Jesus hat Vorsorge dafür getroffen, dass wir mit dem Leben erfüllt werden, indem er uns seinen Sinn gegeben hat. Wir können uns entscheiden, im Strom der Gedanken Jesu zu schwimmen.

Die folgenden Seiten dieses Kapitels enthalten eine Auflistung von Dingen, die wir tun können, um in diesem Strom zu schwimmen.

## 1. Positive Gedanken denken

»Gehen zwei den gleichen Weg, ohne dass sie sich verabredet haben?«

Amos 3,3

Wenn ein Mensch in den Bahnen Christi denkt – wie werden seine Gedanken dann aussehen? Positiv, das ist sicher. Die absolute Notwendigkeit positiven Denkens haben wir uns in einem der vorigen Kapitel bereits klargemacht. Vielleicht wäre es gut, wenn Sie an dieser Stelle noch einmal zum fünften Kapitel zurückblättern würden, um ihre Erinnerung daran aufzufrischen, wie wichtig es ist, positiv zu sein. Ich habe das auch gerade gemacht und bin beim erneuten Durchlesen des Kapitels gesegnet worden, obwohl ich es ja selbst geschrieben habe.

Über die Kraft einer positiven Einstellung kann man nie genug sagen. Gott ist positiv, und wenn Sie und ich uns in seinem Strom bewegen wollen, müssen wir auf dieselbe Wellenlänge kommen und anfangen, positiv zu denken. Damit meine ich nicht psychische Gedankenkontrolle, sondern ich spreche davon, einfach ein rundum positiver Mensch zu sein.

Nehmen Sie einen positiven Blickwinkel und eine positive Haltung ein. Hegen Sie positive Gedanken und Erwartungen. Führen Sie positive Gespräche.

Ganz gewiss legte Jesus eine positive Sichtweise und Haltung an den Tag. Er hatte viele Schwierigkeiten und persönliche Angriffe zu bewältigen: Er wurde belogen, von seinen Jüngern verlassen, als er sie am allermeisten gebraucht hätte, verspottet. Er war einsam, wurde missverstanden und was der entmutigenden

Dinge mehr waren. Doch inmitten all dieser Negativfaktoren blieb er positiv. Immer hatte er ein aufbauendes, Mut machendes Wort, und allen, die in seine Nähe kamen, gab er Hoffnung. Der Sinn Christi in uns ist positiv, woraus folgt: wann immer wir ins Negative abgleiten, befinden wir uns außerhalb der Gesinnung Christi. Millionen Menschen leiden unter Depressionen, und ich glaube nicht, dass man depressiv sein kann, ohne negativ zu sein – es sei denn, die Ursache wäre medizinischer Art. Doch selbst wenn das der Fall ist, macht eine negative Einstellung das Problem und seine Symptome nur noch schlimmer.

Psalm 3,4 zufolge ist Gott unsere Ehre und der, der unseren Kopf emporhebt. Alles möchte er emporheben: unsere Hoffnungen, Haltungen, Stimmungen, unseren Kopf, unsere Hände und unser Herz – unser ganzes Leben. Er ist unser göttlicher Erneuerer![1]

Gott möchte uns emporheben, und der Teufel möchte uns niederdrücken. Satan benutzt die negativen Ereignisse und Situationen unseres Lebens, um uns zu deprimieren. Im Wörterbuch kann man unter »deprimieren« lesen: »Im Geist niederdrücken: *Traurig machen.*«[2] Webster führt aus, »deprimiert« sei etwas dann, wenn es »unter das Niveau der Umgebung abgesunken ist: eine *Mulde* oder *Senke.*«[3] »Deprimieren« bzw. »deprimiert werden« meint absenken/-sinken, niederdrücken/-gedrückt werden oder unter »Normalnull« halten/verharren. Gelegenheiten, negative Gedanken zu denken, gibt es regelmäßig, aber sie drücken uns nur noch immer tiefer hinab. Negativ zu sein löst keines unserer Probleme, sondern häuft uns nur noch mehr davon auf.

## Depression überwinden

Psalm 143,3-10 beschreibt, was Depression ist und wie man sie überwinden kann. Wir wollen diesen Textabschnitt im Einzelnen anschauen, um zu sehen, mit welchen Schritten wir diesen Angriff des Feindes abwehren können:

## 1. Identifizieren Sie Art und Ursache des Problems

*»Der Feind verfolgt mich, tritt mein Leben zu Boden, er lässt mich in der Finsternis wohnen wie längst Verstorbene.«*

Psalm 143,3

»In der Finsternis wohnen wie einer, der seit langem tot ist« – das klingt in meinen Ohren wahrhaftig wie die Schilderung eines depressiven Menschen.

Beachten Sie bitte: Ursache oder Quelle solcher Depression als Angriff auf unsere Seele ist Satan.

## 2. Erkennen Sie, dass die Depression Ihnen das Leben und das Licht stiehlt

*»Mein Geist verzagt in mir [verdüstert sich rundum], mir erstarrt das Herz in der Brust.«*

Psalm 143,4

Depression unterdrückt die geistliche Freiheit und Kraft eines Menschen.

Unser Geist (in der Kraft und unter der Ermutigung des Geistes Gottes) ist stark und frei. Deshalb versucht Satan seine Kraft und Freiheit zu unterdrücken, indem er ihn mit Düsternis und Schwermut füllt. Bitte sehen Sie ein, dass es ungemein wichtig ist, dem Gefühl namens Depression sofort bei seinem Auftreten Widerstand entgegenzusetzen. Je länger man es bleiben lässt, umso schwerer wird es, ihm zu widerstehen.

## 3. Erinnern Sie sich der guten Zeiten

*»Ich denke an die vergangenen Tage, sinne nach über all deine Taten, erwäge das Werk deiner Hände«*

Psalm 143,5

Dieser Vers zeigt uns die Reaktion des Psalmisten auf seinen Zustand. Sich erinnern, sinnen und erwägen, das sind samt und sonders Funktionen des Denkens. Offensichtlich weiß der Beter, dass seine Gedanken seine Gefühle beeinflussen, also lässt er sich gedanklich auf die Dinge ein, die ihm helfen, den Angriff auf sein Denken abzuwehren.

### 4. Preisen Sie den Herrn inmitten der Problematik

»*Ich breite die Hände aus und bete zu dir; meine Seele dürstet nach dir wie lechzendes Land [nach Wasser]. Sela [= Pause – denken Sie in aller Ruhe über diese Wahrheit nach!].*«

Psalm 143,6

Der Psalmist weiß um die Wichtigkeit des Lobpreises; anbetend hebt er die Hände empor. Er erklärt, worin wirklich seine Not besteht: Er braucht Gott. Nur der Herr kann ihm Zufriedenheit geben.

Viel zu oft werden Leute deprimiert, weil sie etwas brauchen und es an der falschen Stelle suchen. Dadurch werden ihre Probleme nur schlimmer.

In Jeremia 2,13 sagt der Herr: »*Denn mein Volk hat doppeltes Unrecht verübt: Mich hat es verlassen, den Quell des lebendigen Wassers, um sich Zisternen zu graben, Zisternen mit Rissen, die das Wasser nicht halten.*«

Den Durst einer Seele kann nur Gott allein stillen. Lassen Sie sich nicht täuschen: Nichts anderes kann Sie voll und ganz zufrieden stellen. Den falschen Dingen nachzujagen ruft immer nur Enttäuschung hervor, und Enttäuschung öffnet der Depression die Tür.

5. Bitten Sie um Gottes Hilfe

»*Herr, erhöre mich bald, denn mein Geist wird müde; verbirg dein Antlitz nicht vor mir, damit ich nicht werde wie Menschen, die längst begraben sind.*«

Psalm 143,7

Der Psalmist bittet um Hilfe. Im Grunde sagt er: »Herr, mach schnell, denn ohne dich halte ich es nicht viel länger aus.«

6. Hören Sie auf den Herrn

»*Lass mich deine Huld erfahren am frühen Morgen; denn ich vertraue auf dich. Zeig mir den Weg, den ich gehen soll; denn ich erhebe meine Seele zu dir.*«

Psalm 143,8

Der Psalmist weiß, er muss Gott hören. Er braucht eine neue Zusicherung der Liebe und Freundlichkeit Gottes. Er braucht Gottes Zuwendung und Führung.

7. Beten Sie um Befreiung

»*Herr, entreiß mich den Feinden! Zu dir nehme ich meine Zuflucht.*«

Psalm 143,9

Noch einmal erklärt der Psalmist, dass Gott der einzige ist, der ihm helfen kann.

Bitte beachten Sie, dass er über den ganzen Text hinweg seine Aufmerksamkeit auf Gott gerichtet hält und nicht auf sein Problem.

8. Suchen Sie Weisheit, Erkenntnis und Führung Gottes

»Lehre mich, deinen Willen zu tun; denn du bist mein Gott. Dein guter Geist leite mich auf ebenem Pfad.«

Psalm 143,10

Vielleicht deutet der Psalmist hier an, dass er aus dem Willen Gottes gefallen ist und so dem Angriff auf seine Seele Tür und Tor geöffnet hat. Er will wieder in den Willen Gottes kommen, weil er jetzt erkennt, dass dort der einzig sichere Ort für ihn ist.

Dann bittet er darum, dass Gott ihm Festigkeit gebe. Ich glaube, die Bitte, auf ebenem Pfad geleitet zu werden, hat mit seinen aufgewühlten Emotionen zu tun. Er möchte sich in der Ebene bewegen und nicht in einem ständigen Auf und Ab.

## Nehmen Sie Ihre Waffen in die Hand

»Die Waffen, die wir bei unserem Feldzug einsetzen, sind nicht irdisch [haben nichts mit Fleisch und Blut zu tun], aber sie haben durch Gott die Macht, Festungen zu schleifen; mit ihnen reißen wir alle hohen Gedankengebäude nieder, die sich gegen die [wahre] Erkenntnis Gottes auftürmen. Wir nehmen alles Denken gefangen, so dass es Christus [dem Messias oder Gesalbten] gehorcht.«

2. Korinther 10,4-5

Satan benutzt das Mittel der Depression, um Millionen von Menschen in die Grube der Düsternis und Verzweiflung hinabzuzerren. Depression führt häufig in den Selbstmord. Ein suizidaler Mensch ist für gewöhnlich jemand, der sich in eine so negative Haltung hineinmanövriert hat, dass er für die Zukunft absolut keine Hoffnung mehr sieht.

Denken Sie daran: *Negative Gefühle resultieren aus negativen Gedanken.*

Die Gedanken sind das Schlachtfeld, der Ort, an dem der

Krieg gewonnen oder verloren wird. Entscheiden Sie sich heute, positiv zu sein – indem Sie jede negative Vorstellung niederreißen und ihre Gedanken dem Gehorsam gegen Jesus Christus unterwerfen.

## 2. Gottes Sinn haben

»Sein [des Treuen] Sinn [Denken, Verstand] ist fest [sowohl seiner Ausrichtung als auch seinem Wesen nach]; du schenkst ihm Ruhe und Frieden; denn es [das Volk, das Gott treu ist] verlässt sich auf dich.«

Jesaja 26,3

Jesus war in beständiger Gemeinschaft mit seinem himmlischen Vater. Es ist unmöglich, mit jemandem intensive Gemeinschaft zu haben, ohne seinen Sinn auf diese Person auszurichten. Wenn mein Mann und ich zusammen im Auto sitzen und er mir irgendetwas erzählt, aber ich mit den Gedanken ganz woanders bin, dann haben wir nicht wirklich Gemeinschaft miteinander, weil ich ihm nicht meine volle Aufmerksamkeit zuwende. Von daher meine ich mich auf sicherem Boden zu befinden, wenn ich sage, die Gedanken eines Menschen, der den Sinn Christi hat, werden sich immer auf Gott und sein gewaltiges Werk richten.

## Meditieren Sie über Gott und seine Werke

»Wie an Fett und Mark wird satt meine Seele, mit jubelnden Lippen soll mein Mund dich preisen. Ich denke an dich auf nächtlichem Lager und sinne über dich nach, wenn ich wache.«

Psalm 63,6-7

»Ich denke an die Taten des Herrn, ich will denken an deine früheren Wunder.«

Psalm 77,12

»*Ich will nachsinnen über deine Befehle und auf deine Pfade [die Wege des Lebens, die dein Gesetz weist] schauen.*«
Psalm 119,15

»*Ich denke an die vergangenen Tage, sinne nach über all deine Taten, erwäge das Werk deiner Hände.*«
Psalm 143,5

Der Psalmist David spricht sehr oft vom Meditieren über Gott, seine Güte, seine Werke und seine Wege. Es ist enorm aufbauend, an die Güte Gottes und all die wunderbaren Werke seiner Hände zu denken.

Ich sehe mir sehr gern Fernsehsendungen über die Natur, die Tiere, das Leben im Meer usw. an, weil sie die Größe und Verehrungswürdigkeit Gottes aufzeigen, seine unendliche Kreativität und wie er alle Dinge durch die Macht seiner Stärke aufrechterhält (Hebräer 1,3).

Wenn Sie im Sieg leben wollen, ist es notwendig, dass die Meditation über Gott, seine Wege und Werke zum regelmäßigen Bestandteil Ihres gedanklichen Lebens wird.

Einer meiner Lieblingsverse in der Bibel ist Psalm 17,15, wo der Psalmist im Blick auf den Herrn sagt: «*Ich will mich ... satt sehen an deiner Gestalt [und wundervolle Gemeinschaft mit dir haben], wenn ich erwache*».

Ich habe viele unglückliche Tage erlebt, weil ich gleich morgens beim Aufwachen anfing, über alle möglichen falschen Dinge nachzudenken. Jetzt kann ich wahrhaftig sagen, dass ich volle Befriedigung erlebe, seit der Heilige Geist mir hilft, mich aus der Gesinnung Jesu (und des Geistes) heraus zu orientieren, der in mir ist. Früh am Morgen Gemeinschaft mit Gott zu haben ist ein sicherer Kurs, der zu einem erfüllten Leben führt.

## Gemeinschaft mit dem Herrn

»*Denn wenn ich nicht fortgehe, wird der Beistand [Tröster, Ratgeber, Helfer, Fürsprecher, Kraftgeber] nicht zu euch kommen; gehe ich aber, so werde ich ihn zu euch senden [um enge Gemeinschaft mit euch zu haben].*«

Johannes 16,7

Diese Worte sagte Jesus unmittelbar bevor er in den Himmel auffuhr, wo er in Herrlichkeit zur Rechten des Vaters sitzt. Diese Bibelstelle zeigt ganz offenkundig den Willen Gottes, dass wir enge Gemeinschaft mit ihm haben.

Nichts ist uns näher als unsere eigenen Gedanken. Füllen wir also unser Denken mit dem Herrn, so holen wir uns ihn ins Bewusstsein und beginnen eine Gemeinschaft mit ihm zu genießen, die unser tägliches Leben mit Freude, Frieden und Sieg durchsetzt.

Er ist immer bei uns, wie er es versprochen hat (Matthäus 28,20; Hebräer 13,5). Aber wir werden uns seiner Gegenwart nicht bewusst sein, solange wir nicht an ihn denken. Ich kann mit jemandem in einem Raum beieinander sein, aber wenn ich mit meinen Gedanken bei tausend anderen Dingen bin, kann ich aus diesem Raum rausgehen und hinterher nicht einmal mehr wissen, dass der andere überhaupt da war. Genauso ist es auch mit unserem Vorrecht, Gemeinschaft mit dem Herrn zu haben. Er ist immer bei uns, aber wir müssen an ihn denken und uns seiner Gegenwart bewusst sein.

### 3. An Gottes Liebe denken

»*Wir haben die Liebe, die Gott zu uns hat, erkannt und gläubig angenommen [haben sie verstanden und erkannt und sind uns ihrer bewusst, haben sie gesehen und erfahren, halten an ihr fest, glauben an sie und bauen auf sie]. Gott ist die Liebe, und wer in der Liebe bleibt, bleibt in Gott und Gott in ihm.*« 1. Johannes 4,16

Ich habe gelernt, dass für Gottes Liebe dasselbe gilt wie für seine Gegenwart. Wenn wir über seine Liebe zu uns niemals meditieren, erfahren wir sie auch nicht.

In Epheser 3 betet Paulus für die Menschen in der Gemeinde, dass sie die Liebe erfahren mögen, die Gott zu ihnen hat. Die Bibel sagt, er liebt uns. Doch wie vielen Kindern Gottes geht immer noch eine Offenbarung über Gottes Liebe ab?

Ich weiß noch, wie ich mit *Life In The Word Ministries* anfing. Als ich zum ersten Mal eine Versammlung zu leiten hatte, fragte ich den Herrn, was ich lehren sollte, und er antwortete: »Sage meinem Volk, dass ich es liebhabe.«

»Aber das wissen sie doch«, sagte ich. »Ich möchte sie was richtig Kraftvolles lehren und keine Sonntagsschullektion über Johannes 3,16.«

Der Herr sagte zu mir: »Sehr wenige von meinen Leuten wissen, wie sehr ich sie wirklich liebhabe. Denn wenn sie das wüssten, würden sie anders handeln.« Als ich anfing, über die Liebe Gottes zu forschen, merkte ich, wie sehr ich selbst diese Liebe brauchte. Der Herr führte mich in meinen Nachforschungen zu 1. Johannes 4,16, wo es heißt, dass wir um die Liebe Gottes wissen sollen. Das heißt, wir sollen uns ihrer aktiv bewusst sein.

Ich begriff vage, quasi unterbewusst, dass Gott mich liebte. Aber Gottes Liebe will in unserem Leben eine mächtige Kraft sein, eine Kraft, die uns auch noch durch die heftigsten Prüfungen hindurch zum Sieg führt.

In Römer 8,35 ermahnt uns der Apostel Paulus: »*Was kann uns scheiden von der Liebe Christi? Bedrängnis oder Not oder Verfolgung, Hunger oder Kälte, Gefahr oder Schwert?*« Und in Vers 37 fährt er fort: »*Doch all das überwinden wir durch den, der uns geliebt hat.*«

Lange Zeit habe ich mich mit diesem Gebiet beschäftigt und bin mir der Liebe, die Gott zu mir hat, aktiv bewusst geworden, indem ich über sie nachdachte und sie laut bekannte. Ich lernte Bibelstellen über Gottes Liebe auswendig, meditierte über sie und bekannte sie mit meinem Mund. Monatelang tat ich das wieder und wieder, und über diese ganze Zeit hinweg wurde mir die Offenbarung seiner bedingungslosen Liebe zu meiner Person mehr und mehr zur Realität.

Heute ist mir seine Liebe so real, dass ich selbst in harten Zeiten aus dem »bewussten Wissen« Trost schöpfe, dass er mich liebt und ich nicht länger in Ängsten sein muss,.

## Fürchte dich nicht

*»Furcht gibt es in der Liebe nicht, sondern die vollkommene Liebe vertreibt die Furcht.«*

1. Johannes 4,18 a

Gott liebt uns durch und durch, so wie wir sind. Aus Römer 5,8 erfahren wir, dass *»Gott ... seine Liebe zu uns darin erwiesen [hat], dass Christus für uns gestorben ist, als wir noch Sünder waren«*.

Gläubige Menschen, die ihre Orientierung aus der Gesinnung Jesu nehmen, werden keinen Gedanken daran verschwenden, was für fürchterliche Kreaturen sie doch seien. Ihre Gedanken bauen auf der Gerechtigkeit auf. Sie sollten ein Gerechtigkeitsbewusstsein haben und regelmäßig darüber meditieren, wer Sie »in Christus« sind.

## Von der Gerechtigkeit, nicht von der Sünde geprägt

*»Er hat den, der keine Sünde kannte, [buchstäblich] für uns zur Sünde gemacht, damit wir in ihm Gerechtigkeit Gottes würden [mit Gottes Gerechtigkeit angetan, als in Gottes Sinn gerecht anerkannt und angenommen, durch seine Güte in rechter Beziehung zu ihm stehend und als Beispiele seiner Gerechtigkeit betrachtet].«*

2. Korinther 5,21

Eine große Zahl von Gläubigen wird von negativen Gedanken über sich selbst gequält, Gedanken darüber, wie unzufrieden Gott doch wohl angesichts all ihrer Schwächen und Fehler mit ihnen sein müsse.

## Das Schlachtfeld der Gedanken

Wie viel Zeit verschwenden Sie damit, unter Schuld- und Verdammungsgefühlen zu leben? Achtung, ich sagte: Wie viel Zeit verschwenden Sie – denn genau das ist all dieses Denken: Zeitverschwendung! Denken Sie nicht daran, wie fürchterlich Sie waren, ehe Sie zu Jesus kamen. Denken Sie lieber daran, wie Sie in ihm zur Gerechtigkeit Gottes gemacht worden sind. Vergessen Sie nicht: *Aus Gedanken werden Taten.* Wenn Sie jemals Ihr Verhalten verbessern wollen, müssen Sie zuerst Ihr Denken ändern. Denken Sie weiter daran, wie sehr Sie danebenliegen, und Sie werden nur um so mehr verkehrt machen. Jedes Mal, wenn Ihnen ein negativer, verdammender Gedanke in den Sinn kommt, sollten Sie sich daran erinnern, dass Gott Sie liebt und dass Sie in Christus zur Gerechtigkeit Gottes gemacht worden sind.

So werden Sie sich kontinuierlich zum Besseren wandeln und jeden Tag geistlich wachsen. Gott hat einen herrlichen Plan für Ihr Leben. Das sind die Wahrheiten, an die Sie denken müssen.

*Und genau dazu sollten Sie Ihren Verstand einsetzen!*

Denken Sie entschieden in den Bahnen des Wortes Gottes. Gehen Sie nicht jedem Impuls nach, der Ihnen spontan in den Kopf kommt, so als wäre er ihr eigener Gedanke.

*Weisen Sie den Teufel in seine Schranken und beginnen Sie voranzugehen, indem Sie richtige Gedanken denken.*

### 4. Der Ermahnung Raum geben

*»... wer zum Trösten und ermahnen berufen ist, der tröste und ermahne.«*

Römer 12,8

Ein Mensch, der den Sinn Christi hat, denkt über andere wie über sich selbst und seine Umstände positiv und aufbauend.

Die Welt von heute hat den Dienst der Ermahnung bitter nötig. Niemals werden Sie irgendjemanden mit Ihren Worten ermahnen können, sofern Sie nicht zunächst freundliche Gedanken über ihn gedacht haben. Vergessen Sie nicht: Aus Ihrem

Mund wird das hervorgehen, was in Ihrem Herzen ist. Lassen Sie es nicht an liebevollen Gedanken fehlen, ehe Sie zur Ermahnung schreiten.

Senden Sie anderen Menschen Gedanken der Liebe und sprechen Sie ihnen ermutigende Worte zu.

Vines expositorisches NT-Wörterbuch gibt das griechische *parakaleo* so wieder: »In der Hauptbedeutung: jemanden herbeirufen (*para* = »an die Seite« [neben sich]; *kaleo* = »rufen«) ..., (ver-)warnen, (er-)mahnen, jemanden drängen, sich in bestimmter Weise zu verhalten.«[4] Ich verstehe diese Definition so: Es geht darum, jemandem zur Seite zu treten und ihn zu bewegen, dass er sich zu einem bestimmten Verhalten und Handeln durchringt. Die Dienstgabe der Ermahnung, wie Römer 12,8 sie erwähnt, ist bei denen, die über sie verfügen, ohne weiteres zu erkennen. Solche Leute sagen stets jedermann etwas Ermutigendes oder Aufbauendes, etwas, das andere sich besser fühlen lässt und sie ermuntert, weiterzumachen und durchzuhalten.

Nun mögen wir nicht alle die Dienstgabe der Ermahnung besitzen, aber jeder kann lernen, andere zu ermutigen. Die schlichte Regel lautet: Ist es nicht gut, dann denke es nicht und sage es nicht.

Jeder hat ohnehin schon genug Probleme, da müssen wir nicht kommen und ihm noch mehr aufladen, indem wir ihn herunterziehen. Wir sollten uns gegenseitig in Liebe auferbauen (Epheser 4,29). Vergessen Sie nicht: Die Liebe glaubt von jedem immer das Beste (1. Korinther 13,7).

Wenn Sie anfangen, liebevoll über andere zu denken, werden Sie feststellen, dass die anderen sich liebenswürdiger verhalten. Gedanken und Worte sind Behältnisse oder Waffen, die mit kreativer oder zerstörerischer Kraft gefüllt bzw. geladen sein können. Sie können gegen Satan und seine Werke gerichtet werden, sie können ihm aber auch dabei helfen, seinen Zerstörungsplan in die Tat umzusetzen.

Sagen wir mal, Sie haben ein Kind, das einige Verhaltensauffälligkeiten zeigt und unbedingt Veränderung braucht. Sie beten für das Kind und bitten Gott, in seinem Leben zu wirken und alle notwendigen Veränderungen in die Wege zu leiten. Aber was machen Sie jetzt in der Zeit des Wartens auf das Eingreifen Gottes mit Ihren Gedanken und Worten über das Kind? Viele Leute erfahren niemals eine Antwort auf ihre Gebete, weil sie das, worum sie gebeten haben, mit ihren eigenen Gedanken und Worten schon wieder durchkreuzen, noch bevor Gott auch nur Gelegenheit finden konnte, zu ihren Gunsten einzugreifen.

Beten Sie darum, dass Ihr Kind sich verändert, und hegen gleichzeitig alle möglichen negativen Gedanken über das Kind? Oder beten Sie vielleicht um Veränderung und denken dann – oder sagen es womöglich gar zu Dritten: »Dieses Gör wird sich niemals ändern!«? Wenn Sie im Sieg leben wollen, müssen Sie damit beginnen, dass Sie Ihre Gedanken in Übereinstimmung mit Gottes Wort bringen.

*Wir wandeln nicht im Wort, solange unsere Gedanken dem widersprechen, was das Wort sagt. Wir wandeln nicht im Wort, wenn wir nicht im Wort denken.*

Beten Sie für jemanden, so bringen Sie Ihre Gedanken und Worte in Übereinstimmung mit dem, was Sie gebetet haben. Dann werden Sie bald einen Durchbruch sehen.

Ich will Sie nicht dahin bringen, dass Sie aus dem Gleichgewicht geraten. Wenn Ihr Kind in der Schule verhaltensauffällig ist und Ihre Freundin Sie fragt, wie es mit dem Kind denn so gehe, was sollen Sie dann tun, wenn sich tatsächlich noch keinerlei Veränderung gezeigt hat? Sie könnten sagen: »Nun, wir haben noch keinen Durchbruch erfahren, aber ich glaube, der Herr ist an der Arbeit und dieses Kind ist ein Kraftwerk Gottes. Wir werden sehen, wie es sich von Herrlichkeit zu Herrlichkeit verändert, Schritt für Schritt, Tag für Tag.«

## 5. Dankbarkeit im Denken freisetzen

*»Tretet mit Dank durch seine Tore ein! Kommt mit Lobgesang in die Vorhöfe seines Tempels! Dankt ihm, preist seinen Namen!«*

Psalm 100,4

Ein Mensch, der sich im Denken Christi bewegt, wird entdecken, wie sich seine Gedanken mit Lobpreis und Danksagung erfüllen. Klagen öffnet dem Feind viele Türen. Manchen Leuten geht es wegen dieser Krankheit namens Klagen, welche die Gedanken und Gespräche der Menschen angreift, körperlich schlecht, und sie führen ein schwaches, kraftloses Leben.

Ein kraftvolles Leben kann man nicht ohne Danksagung führen. Immer und immer wieder belehrt uns die Bibel über das Prinzip der Danksagung. In Gedanken oder Worten Klage zu führen ist ein Prinzip des Todes; dankbar zu sein und das auch zu sagen hingegen ein Prinzip des Lebens.

Aus dem Munde eines Menschen, der kein dankbares Herz hat (nicht dankbar denkt), wird keine Danksagung kommen. Wer dankbar ist, der sagt das auch.

## Dankbar sein - immer

*»Durch ihn [Christus] also lasst uns Gott allezeit das Opfer des Lobes darbringen, nämlich die Frucht der Lippen, die seinen Namen preisen.«*

Hebräer 13,15

Wann sagen wir Dank? Jederzeit, in allen Situationen und allen Dingen – und indem wir das tun, gelangen wir in jenes siegreiche Leben, in dem der Teufel keine Macht über uns hat.

Denn wie soll er über uns herrschen, wenn wir ungeachtet aller Umstände freudig und dankbar sind? Zugegebenermaßen fordert diese Art zu leben mitunter ein Opfer des Lobpreises oder der Danksagung, aber lieber opfere ich Gott meinen Dank als Satan meine Freude. Ich habe (auf die harte Tour) gelernt, dass ich am Ende meine Freude einbüße, wenn ich missmutig werde und das Danksagen verweigere. Anders gesagt: ich verliere dann meine Freude an den Geist des Klagens.

In Psalm 34,2 sagt der Psalmist: *»Ich will den Herrn allezeit preisen; immer sei sein Lob in meinem Mund.«* Wie können wir für den Herrn zum Segen werden? Indem wir sein Lob *immer* in unseren Gedanken und unserem Mund sein lassen.

Seien Sie ein dankbarer Mensch, ein Mensch, der nicht bloß Gott, sondern auch anderen Menschen gegenüber voll Dankbarkeit ist. Wenn Ihnen jemand etwas Gutes tut, dann lassen Sie ihn wissen, dass Sie sich darüber gefreut haben. Erweisen Sie allen Mitgliedern Ihrer Familie Wertschätzung. So oft nehmen wir die Dinge, mit denen Gott uns gesegnet hat, als selbstverständlich hin. Etwas nicht zu schätzen wissen, ist ein sicherer Weg dahin es zu verlieren. Ich schätze meinen Mann. Wir sind seit langem verheiratet, aber ich sage ihm immer noch, dass ich ihn schätze. er ist in vielerlei Hinsicht ungemein geduldig und hat noch viele andere ausgeprägte Vorzüge. Ich weiß, dass es gute Beziehungen aufzubauen und zu erhalten hilft, wenn wir Menschen wissen lassen, dass wir sie schätzen. Oft ist es gut, das eine oder andere, wofür wir dankbar sind, auch einmal beim Namen zu nennen.

Ich habe mit vielen Menschen zu tun und staune immer noch darüber, wie dankbar viele Leute für jede Kleinigkeit sind, die man für sie tut, während andere nie zufrieden sind, wie viel Gunst auch immer ihnen erwiesen werden mag. Ich glaube, dieses Problem hängt mit Stolz zusammen. Manche Leute sind so von sich selbst eingenommen, dass sie, egal was andere für sie tun, das nicht bloß zu verdienen meinen, sondern glauben, ihnen stehe noch mehr zu! Solche Leute bringen nur selten Anerkennung zum Ausdruck.

Anerkennung, Wertschätzung auszudrücken tut nicht bloß dem anderen gut, sondern auch uns selbst, weil es in uns Freude freisetzt.

Meditieren Sie täglich über all die Dinge, für die Sie dankbar sein können. Listen Sie sie betend vor dem Herrn auf. Während Sie das tun, werden Sie entdecken, wie Ihr Herz sich mit Leben und Licht füllt.

## Allezeit für alles danksagen

»*Und berauscht euch nicht mit Wein, worin Ausschweifung ist, sondern werdet voll [Heiligem] Geist, indem ihr zueinander*[5] *in Psalmen und Lobliedern und geistlichen Liedern redet und dem Herrn in eurem Herzen singt und spielt. Sagt allezeit für alles dem Gott und Vater Dank im Namen unseres Herrn Jesus Christus!*«

Epheser 5,18-21 (ELB)

Was für eine kraftvolle Versfolge!
Wie können Sie und ich es anstellen, beständig vom Heiligen Geist erfüllt zu bleiben? Indem wir zu uns selbst (in unseren Gedanken) oder zu anderen (in unseren Worten) in Psalmen, Hymnen und geistlichen Liedern reden. Mit anderen Worten: indem wir unsere Gedanken und Worte auf Gottes Wort richten und voll von Gottes Wort sein lassen – *allezeit lobpreisen und für alles danken.*

### 6. Auf das Wort bedacht sein

»*... sein Wort [seine Gedanken] bleibt nicht in euch, weil ihr dem nicht glaubt, den er gesandt hat. [Ihr haltet seine Botschaft nicht in euch lebendig, weil ihr nicht an den Botschafter glaubt, den er gesandt hat.]*«

Johannes 5,38

Gottes Wort, das sind Gottes Gedanken auf Papier niedergeschrieben, damit wir sie studieren und bedenken können. Sein Wort erhellt, wie er über jede Situation und jedes Thema denkt.

In Johannes 5,38 schilt Jesus einige Ungläubige. Die Stelle zeigt uns, dass Gottes Wort niedergeschriebener Ausdruck seiner Gedanken ist und dass Menschen, die glauben und all die guten Resultate des Glaubens erfahren wollen, seinem Wort gestatten müssen, in ihrem Herzen ein lebendiger Botschafter zu sein. Das erreichen wir, indem wir über Gottes Wort meditieren. Auf diese Weise können seine Gedanken zu unseren Gedanken werden. Nur so können wir in uns das Denken Christi entfalten. In Johannes 1,14 sagt die Bibel, dass Jesus das fleischgewordene Wort ist. Das wäre gar nicht möglich gewesen, wenn er seine Gedanken nicht fortwährend mit Gottes Wort angefüllt hätte.

Über Gottes Wort zu meditieren ist eines der wichtigsten Lebensprinzipien, die wir uns überhaupt aneignen können. Vines expositorisches NT-Wörterbuch gibt die beiden griechischen Synonyme, die mit »meditieren« übersetzt werden, wie folgt wieder: »Sich um etwas kümmern, auf etwas achten ..., seine Aufmerksamkeit auf etwas richten, etwas einüben ..., sich hingebungsvoll um etwas bemühen ..., ›einüben‹ ist der vorherrschende Wortsinn ..., etwas bedenken, sich ausmalen ..., etwas zuvor überlegen ...«[6] Eine andere Quelle fügt der Definition noch »murmeln« hinzu.[7]

Ich kann gar nicht genug betonen, wie wichtig dieses Prinzip ist. Ich nenne es ein Lebensprinzip, denn die Meditation über Gottes Wort wird Ihnen und schließlich auch denen, die um Sie herum sind, Leben zufließen lassen.

Viele Christen haben wegen der meditativen Praktiken heidnischer und okkulter Religionen gegenüber dem Wort »meditieren« eine Scheu entwickelt. Aber ich möchte Sie nachdrücklich daran erinnern, dass der Teufel wirklich noch nie eine originelle Idee gehabt hat. Er reißt an sich, was zum Reich des Lichtes gehört, und pervertiert es für das Reich der Finsternis. Wir müssen klug genug sein zu erkennen, dass Meditation, wenn sie denn schon für die Seite des Bösen solche Kraft freisetzt, das auch für die Seite des Guten tun wird. Das Prinzip der Meditation kommt direkt aus Gottes Wort – schauen wir uns an, was die Bibel darüber zu sagen hat.

## Meditation und Wohlergehen

»*Über dieses Gesetzbuch sollst du immer reden und Tag und Nacht darüber nachsinnen, damit du darauf achtest, genau so zu handeln, wie darin geschrieben steht. Dann wirst du auf deinem Weg Glück und Erfolg haben.*«

Josua 1,8

In diesem Vers sagt der Herr uns geradeheraus, dass wir das Wort niemals konkret, physisch, umsetzen werden, wenn wir es nicht zuvor mental umgesetzt haben.

Psalm 1,2-3 spricht vom gottesfürchtigen Menschen und sagt: Er hat Freude »*an der Weisung des Herrn* [seinen Geboten, Anordnungen und Lehren]« und ist einer, der »*über seine Weisung nachsinnt* [meditiert, studiert] *bei Tag und bei Nacht. Er ist wie ein Baum, der an Wasserbächen gepflanzt ist* [und sich aus ihnen nährt], *der zur rechten Zeit seine Frucht bringt und dessen Blätter nicht welken. Alles, was er tut, wird ihm gut gelingen* [und zur Reife gelangen].«

## Meditation und Heilung

»*Mein Sohn, achte auf meine Worte, neige dein Ohr meiner Rede zu! Lass sie nicht aus den Augen, bewahre sie tief im Herzen! Denn Leben bringen sie dem, der sie findet, und Gesundheit seinem ganzen Leib.*«

Sprüche 4,20-22

Sehen Sie sich diese Bibelstelle an, in der es heißt, dass Gottes Wort eine Quelle von Gesundheit und Heilung für den Körper ist; eingedenk der Tatsache, dass eines der Synonyme für »meditieren« »auf etwas achten« lautet.

In unseren Gedanken Gottes Wort zu meditieren bleibt tatsächlich nicht ohne Einfluss auf unseren Körper. Meine äußere Erscheinung hat sich in den vergangenen 18 Jahren gewandelt. Die Leute sagen mir, ich sähe heute mindestens 15 Jahre jünger aus als damals, als ich überhaupt erst anfing, mit Hingabe Gottes Wort zu erforschen und es zum Brennpunkt meines gesamten Lebens zu machen.

## Hören und einheimsen

*»Weiter sagte er [Jesus]: Achtet auf das, was ihr hört! Nach dem Maß [des Nachdenkens und Studierens], mit dem ihr [die Wahrheit, die ihr hört] messt, wird euch [Tugend und Erkenntnis] zugeteilt werden, ja, es wird euch [darüber hinaus] noch mehr gegeben.«*

Markus 4,24

Das ist wie das Gesetz von Saat und Ernte. Je mehr wir aussäen, um so mehr werden wir einfahren, wenn die Ernte kommt. In Markus 4,24 sagt der Herr, je mehr Zeit Sie und ich ins Nachdenken über Gottes Wort und in das Studium des Wortes stecken, um so mehr werden wir daraus ziehen.

## Lesen und ernten

*»[Die Dinge sind nur vorübergehend verborgen, damit sie umso deutlicher offenbar werden.] Es gibt nichts Verborgenes, das nicht offenbar wird, und nichts [zeitweilig] Geheimes, das nicht an den Tag kommt.«*

Markus 4,22

Diese zwei Verse zusammengenommen sagen uns mit Gewissheit, dass sich im Wort Gottes ungeheure Schätze verbergen, kraftvolle, lebensspendende Geheimnisse, die Gott uns offenbaren möchte. Sie werden denen mitgeteilt, die über Gottes Wort meditieren, bedenken, studieren, mental einüben und wiederholend murmeln.

Als Lehrerin des Wortes Gottes kenne ich die Wahrheit dieses Prinzips persönlich. Es scheint kein Ende dessen zu geben, was

Gott mir in einem einzigen Bibelvers zeigen kann. Ich betrachte einen Vers einmal und ziehe eine Erkenntnis daraus, und ein anderes Mal entdecke ich etwas völlig Neues, das mir zuvor ganz und gar entging. Immer wieder offenbart der Herr seine Geheimnisse denen, die sich um sein Wort mühen. Seien Sie nicht jemand, der immer nur von den Offenbarungen anderer zehren will. Erforschen Sie das Wort selbsttätig und gestatten Sie dem Heiligen Geist, Ihr Leben mit der Wahrheit zu segnen.

Über das Thema »Gottes Wort meditieren« könnte ich noch endlos weiterschreiben. Wie gesagt, das ist eines der allerwichtigsten Dinge, die Sie und ich einüben können. Bitten Sie den Heiligen Geist den ganzen Tag lang, in all Ihren Verrichtungen, Sie an bestimmte Bibelstellen zu erinnern, damit sie diese meditieren können. Sie werden staunen, wie viel Kraft diese Übung in Ihrem Leben freisetzt. Je mehr Sie über Gottes Wort meditieren, umso leichter wird es Ihnen fallen, aus seiner Kraft zu schöpfen, wenn harte Zeiten kommen. Vergessen Sie nicht: *Die Kraft, das Wort zu tun, fließt aus der Übung, es zu meditieren.*

## Das Wort aufnehmen und wertschätzen

*»Darum legt alles Schmutzige und Böse ab, seid sanftmütig [demütigen Geistes] und nehmt euch das Wort zu Herzen, das in euch eingepflanzt worden ist und das die Macht hat, euch zu retten.«*
Jakobus. 1,21

Diese Stelle zeigt uns, dass das Wort Kraft hat, uns aus einem Leben in der Sünde zu retten, aber nur insoweit, wie es aufgenommen, geschätzt, in unsere Herzen (unser Denken) eingepflanzt und darin verwurzelt wird. Dieses Einpflanzen und Wurzeln schlagen geschieht dadurch, dass wir auf Gottes Wort achthaben – indem wir es mehr als alles andere im Sinn haben.

Wenn Sie und ich die ganze Zeit über unsere Probleme meditieren, verstricken wir uns immer mehr in ihnen. Meditieren wir über das, was bei uns und anderen Leuten nicht stimmt, so wird das Problem vor unseren Augen immer größer, aber die Lösung bekommen wir nie zu Gesicht. Es ist, als hätten wir einen Ozean voll von Leben, den wir ausschöpfen dürfen, und die Instrumente, die uns dafür zur Verfügung stehen, sind hingebungsvolles Studieren und Meditieren des Wortes Gottes.

Unser Missionswerk heißt *Life In The Word* (»Leben im Wort«), und ich kann aus Erfahrung sagen, dass im Wort Gottes wahrhaftig Leben ist.

## Wählen Sie das Leben!

*»Das Trachten des Fleisches [Sinnlichkeit und logisches Denken ohne den Heiligen Geist] führt zum Tod [einem Tod, der all das Elend in sich trägt, das aus der Sünde erwächst, und zwar für jetzt und das, was nach diesem Leben kommt], das Trachten des Geistes aber zu Leben und Frieden [für die Seele, ebenfalls für jetzt und die Zeit »danach«].«*

Römer 8,6

Ein guter Abschluss für diesen Teil des Buches scheint mir zu sein, Ihre Aufmerksamkeit noch einmal auf Philipper 4,8 zu lenken: »*Was immer wahrhaft, edel, recht, was lauter, liebenswert, ansprechend ist, was Tugend heißt und lobenswert ist, darauf seid bedacht* [darauf richtet euer Denken aus]!«

Diese Bibelstelle beschreibt den Zustand, in dem sich Ihr Denken befinden sollte. Sie haben den Sinn Christi – fangen Sie an, damit umzugehen. Etwas, das er nicht denken würde, sollten auch Sie nicht denken.

Durch dieses andauernde »Wachen« über Ihre Gedanken geschieht es, dass Sie mehr und mehr jeden Gedanken unter den Gehorsam gegen Jesus Christus gefangennehmen (2. Korinther 10,5).

Der Heilige Geist ist rasch damit bei der Hand, Sie zu mahnen, wenn Ihr Denken im Begriff ist, Sie auf Abwege zu führen – aber die Entscheidung, die dann fallen muss, liegt bei Ihnen selbst. Wollen Sie sich im Sinn des Fleisches oder im Sinn des Geistes bewegen? Der eine führt zum Tod, der andere zum Leben. Sie haben die Wahl.

*Wählen Sie das Leben!*

TEIL 3

# WÜSTEN-
# MENTALITÄTEN

# Einführung

»Elf Tage [nur] sind es vom Horeb auf dem Weg zum Gebirge Seïr bis nach Kadesch-Barnea [an der Grenze Kanaans; Israel jedoch brauchte vierzig Jahre, um über diese Grenze zu gelangen].«
5. Mose 1,2

Vierzig Jahre lang wanderte das Volk Israel in der Wüste herum – vierzig Jahre für eine Wegstrecke, die man in elf Tagen hätte bewältigen können. Warum? Lag es an ihren Feinden, an widrigen Umständen, an Herausforderungen und Versuchungen entlang des Weges oder an etwas ganz anderem? Was hinderte sie, ihr Ziel zu erreichen?

Während ich über diese Situation nachdachte, schenkte Gott mir eine wunderbare Offenbarung, die sowohl mir persönlich als auch Tausenden anderer Menschen weitergeholfen hat. Der Herr sagte mir: »Die Kinder Israel brachten vierzig Wüstenjahre mit einer Reise von normalerweise elf Tagen Dauer zu, weil sie eine ›Wüstenmentalität‹ hatten.«

## Ihr habt euch lange genug hier aufgehalten

»Der Herr, unser Gott, hat am Horeb zu uns gesagt: Ihr habt euch lange genug an diesem Berg aufgehalten.«
5. Mose 1,6

Eigentlich steht es uns gar nicht zu, so verblüfft auf die Israeliten zu schauen, machen doch die meisten von uns genau dasselbe wie sie. Auch wir umrunden immer wieder dieselben Berge, statt

dass wir vorwärtskämen. Im Ergebnis brauchen wir Jahre, um den Sieg über etwas zu erfahren, das eigentlich im Handumdrehen hätte erledigt sein sollen.
Ich glaube, der Herr sagt Ihnen und mir heute genau dasselbe, was er seinerzeit zu den Kindern Israel sagte:
»Ihr habt euch lange genug an diesem Berg aufgehalten; jetzt ist es Zeit zum Weitergehen.«

## Macht euren Sinn fest

»Richtet euren Sinn auf das Himmlische und nicht auf das Irdische!«

Kolosser 3,2

Gott zeigte mir zehn »Wüstenmentalitäten« der Israeliten, die sie in der Wüste festhielten. Eine Wüstenmentalität ist eine falsche Denkart.

Wir können richtige oder falsche Denkarten haben. Die richtigen tun uns gut, während die falschen uns verletzen und am Vorankommen hindern. Kolosser 3,2 unterweist uns, in die richtige Richtung zu denken und unseren Sinn darauf gerichtet zu halten. Falsche Denkarten beeinträchtigen nicht nur unsere Lebensumstände, sondern auch unser Innenleben.

Es gibt Menschen, die in der Wüste *leben*, und andere, die eine Wüste *sind*.

Es gab eine Zeit in meinem Leben, in der ich nicht wirklich in schlechten Umständen lebte, mich aber an nichts freuen konnte, weil ich in mir eine »Wüste« hatte. Dave und ich hatten ein schönes Haus, drei liebe Kinder, gute Berufe und genug Geld, um bequem zu leben. Aber ich konnte mich an all diesen Segnungen nicht erfreuen, weil ich diverse Wüstenmentalitäten hatte. Mein Leben kam mir selbst wie eine Wüste vor, weil ich alles aus diesem Blickwinkel sah.

Manche Menschen sehen die Dinge negativ, weil sie ihr ganzes Leben lang unglückliche Umstände zu ertragen hatten und sich überhaupt nicht vorstellen können, dass es irgendwann einmal besser werden könnte. Und dann gibt es Menschen, die alles aus dem einfachen Grund ebenso schwarz und negativ sehen, weil es in ihrem Inneren genauso aussieht. Doch worin auch immer die Ursache liegt – wenn ein Mensch eine negative Weltsicht hat, geht es ihm selbst schlecht, und es ist sehr unwahrscheinlich, dass er in Richtung auf das Verheißene Land überhaupt vorankommt.

Gott hatte das israelitische Volk aus der ägyptischen Gefangenschaft herausgerufen, damit es in das Land zöge, das er ihm als ewiges Erbe zugesprochen hatte – ein Land, das

- von Milch und Honig und allem Guten, das die Israeliten sich nur vorstellen konnten, überfloss;
- keinen Mangel an irgend etwas kannte, was sie brauchten;
- Wohlstand in jedem Bereich ihres Daseins bot.

Die meisten Angehörigen der Generation, die Gott aus Ägypten herausgerufen hatte, betraten das Verheißene Land niemals, sondern starben in der Wüste. Für mich ist das eines der traurigsten Dinge, die einem Kind Gottes passieren können: so viel zur Verfügung zu haben und doch niemals etwas davon genießen zu können.

Viele Jahre meines Lebens als Christin war ich einer dieser Menschen. Ich war unterwegs zum Verheißenen Land (dem Himmel), aber ich konnte meine Reise nicht genießen. Ich kam in der Wüste um. Doch Gott sei Dank für seine Barmherzigkeit: In meiner Dunkelheit strahlte ein Licht auf und er führte mich hinaus.

Ich bete, dass dieser Abschnitt des Buches Ihnen zum Licht wird und Sie darauf einstimmt, aus Ihrer Wüste hinaus in das herrliche Licht des wunderbaren Reiches Gottes zu gehen.

Kapitel 16

## »Meine Zukunft ist durch meine Vergangenheit und meine Gegenwart festgelegt« (Wüstenmentalität Nr. 1)

*»Ohne prophetische Offenbarung [Vision] verwildert das Volk.«*
Sprüche 29,18 a

Die Israeliten sahen für ihre Existenz keine positive Vision. Sie hatten keine Träume. Sie wussten, woher sie kamen, aber nicht, wohin sie gingen. Alles basierte für sie auf dem, was sie bisher gesehen hatten und jetzt sahen. Sie verstanden sich nicht darauf, mit den »Augen des Glaubens« zu sehen.

### Gesalbt, Befreiung zu bringen

*»Der Geist des Herrn ruht auf mir; denn der Herr hat mich gesalbt. Er hat mich gesandt, damit ich den Armen eine gute Nachricht bringe; damit ich den Gefangenen die Entlassung verkünde und den Blinden das Augenlicht; damit ich die Zerschlagenen in Freiheit setze und ein Gnadenjahr des Herrn ausrufe.«*
Lukas 4,18-19

In meiner Kindheit bin ich missbraucht worden; bei mir zu Hause lag vieles im Argen. Ich erlebte eine Kindheit voller Angst und Quälerei. Experten sagen, die Persönlichkeit eines Kindes forme sich in den ersten fünf Lebensjahren. Meine Persönlichkeit war ein einziges Chaos! Ich lebte hinter einer Scheinfassade, die in Wirklichkeit eine Schutzmauer war, von mir selbst hochgezogen, um mich vor Verletzungen durch andere Menschen abzuschirmen. Ich schloss andere aus meinem Leben aus, aber zugleich sperrte ich mich selbst ein. Ich musste alles unter Kontrolle haben. Meine Angst war so groß, dass ich mich dem Leben nur stellen konnte, solange ich das Gefühl hatte, dass ich die Macht besaß. Nur dann konnte mir niemand wehtun.

Als junge erwachsene Christin, die einen christlichen Lebensstil zu praktizieren versuchte, wusste ich zwar, woher ich gekommen war, aber nicht, wohin meine Reise gehen sollte. Ich hatte das Gefühl, meine ganze Zukunft sei durch meine Vergangenheit verdorben. »Wie soll irgend jemand mit meiner Vergangenheit«, so dachte ich, »es jemals schaffen, alles richtig zu machen? Das ist unmöglich!« Aber Jesus sagt, er sei gekommen, um die zu erlösen, die krank, im Herzen zerbrochen, verletzt und verwundet sind – die an Schwierigkeiten Gescheiterten.

Jesus ist gekommen, um Gefängnistore zu öffnen und die Gefangenen freizulassen. Ich kam keinen Schritt voran, solange ich nicht anfing zu glauben, dass es Befreiung für mich gab. Ich brauchte eine positive Vision für mein Leben und musste glauben, dass meine Zukunft nicht von meiner Vergangenheit und noch nicht einmal von meiner Gegenwart abhing.

Vielleicht haben Sie eine elendige Vergangenheit hinter sich; vielleicht leben Sie sogar jetzt in Umständen, die durch und durch negativ und bedrückend sind. Vielleicht stehen Sie vor Situationen, die dermaßen übel sind, dass es den Anschein hat, es gebe für Sie keinerlei Anlass zur Hoffnung. Aber ich sage Ihnen, ohne mit der Wimper zu zucken: *Ihre Zukunft hängt nicht von Ihrer Vergangenheit oder Ihrer Gegenwart ab!*

Lassen Sie sich eine neue Denkart geben. Glauben Sie, dass bei Gott alle Dinge möglich sind (Lukas 18,27). – Für Menschen mag manches unmöglich sein, aber wir dienen einem Gott, der alles, was wir sehen, aus dem Nichts erschaffen hat (Hebräer 11,3). Geben Sie ihm Ihr Nichts und sehen Sie zu, wie er damit an die Arbeit geht. Alles, was er braucht, ist Ihr Glaube an ihn.

Seine Voraussetzung ist, dass Sie glauben. Alles Übrige erledigt er.

## Augen, um zu sehen, Ohren, um zu hören

*»Doch aus dem Baumstumpf Isais wächst ein Reis hervor, ein junger Trieb aus seinem Wurzeln bringt Frucht. Der Geist des Herrn lässt sich nieder auf ihm: der Geist der Weisheit und der Einsicht, der Geist des Rates und der Stärke, der Geist der Erkenntnis und der Gottesfurcht. Er erfüllt ihn mit dem Geist der Gottesfurcht. Er richtet nicht nach dem Augenschein, und nicht nur nach dem Hörensagen entscheidet er.«*

Jesaja 11,1-3

Allein mit unseren natürlichen Augen können wir die Dinge nicht korrekt beurteilen. Wir brauchen geistliche »Augen zum Sehen« und »Ohren zum Hören«. Wir müssen hören, was der Geist sagt, nicht, was die Welt sagt. Lassen Sie Gott über Ihre Zukunft zu sich reden und nicht alle Welt.

Die Israeliten blickten beständig auf die Dinge, wie sie eben waren, und darüber sprachen sie auch. Durch die Hand Moses führte Gott sie aus Ägypten heraus, und durch den Mund Moses sprach er mit ihnen über das Verheißene Land. Er wollte, dass sie die Augen auf das Ziel gerichtet hielten, zu dem sie unterwegs waren, und wegsahen von dem, wo sie hergekommen waren. Schauen wir uns ein paar Bibelstellen an, die sehr deutlich machen, worin ihre verkehrte Haltung bestand.

## Was ist das Problem?

*»Alle Israeliten murrten über Mose und Aaron, und die ganze Gemeinde sagte zu ihnen: Wären wir doch in Ägypten oder wenigstens hier in der Wüste gestorben! Warum nur will uns der Herr in jenes Land bringen? Etwa damit wir durch das Schwert umkommen und*

*unsere Frauen und Kinder eine Beute der Feinde werden? Wäre es für uns nicht besser, nach Ägypten zurückzukehren?«*
4. Mose 14,2-3

Bitte sehen Sie sich diesen Text sorgfältig an. Beachten Sie, wie negativ diese Leute waren: Sie klagten, waren drauf und dran, alles aufzugeben, und wollten lieber in die Gefangenschaft zurückkehren, als in der Wüste durchzuhalten bis zum Verheißenen Land.

*Genau genommen hatten sie kein Problem – sie selbst waren das Problem!*

## Schlechte Gedanken bringen schlechte Haltungen hervor

*»Da die Gemeinde kein Wasser hatte, rotteten sie sich gegen Mose und Aaron zusammen. Das Volk geriet mit Mose in Streit; sie sagten: Wären wir doch umgekommen wie unsere Brüder, die vor den Augen des Herrn gestorben sind. Warum habt ihr das Volk des Herrn in diese Wüste geführt? Nur damit wir hier zusammen mit unserem Vieh sterben?«*
4. Mose 20,2-4

Ihre eigenen Worte verraten ohne weiteres, dass die Israeliten nicht das geringste Gottvertrauen hatten. Ihre Haltung war negativ, sie rechneten mit dem Scheitern. Für sie stand schon fest, dass es schief gehen würde, noch ehe sie überhaupt richtig aufgebrochen waren, ganz einfach deshalb, weil nicht alle Umstände perfekt waren. Die Haltung, die sie zeigten, erwuchs aus ihrer falschen Denkart.

Schlechte Haltungen sind die Frucht schlechter Gedanken.

## Ein Mangel an Dankbarkeit

»Die Israeliten brachen vom Berg Horeb auf und schlugen die Richtung zum Schilfmeer ein, um Edom zu umgehen. Unterwegs aber verlor das Volk den Mut, es lehnte sich gegen Gott und gegen Mose auf und sagte: Warum habt ihr uns aus Ägypten heraufgeführt? Etwa damit wir in der Wüste sterben? Es gibt weder Brot noch Wasser. Dieser elenden [substanzlosen] Nahrung sind wir überdrüssig.«

4. Mose 21,4-5

Neben all den anderen schlechten Haltungen, die wir in den zuvor zitierten Bibelstellen bereits gesehen haben, zeigt dieser Text, dass es den Israeliten eklatant an Dankbarkeit mangelte. Die Kinder Israel schafften es einfach nicht, die Gedanken daran, woher sie gekommen waren und wo sie sich jetzt lange genug aufgehalten hatten, abzuschütteln, um dort hinzukommen, wohin sie unterwegs waren.

Es hätte ihnen geholfen, sich mit ihrem Stammvater Abraham zu beschäftigen. Auch er hatte in seinem Leben allerlei enttäuschende Umstände auszuhalten, aber er ließ nicht zu, dass diese seine Zukunft beeinträchtigten.

## Im Streit kann man nicht leben

»Zwischen den Hirten Abrams und den Hirten Lots kam es zum Streit; auch siedelten damals noch die Kanaaniter und die Perisiter im Land [was die Ernährungssituation für das Vieh noch verschärfte]. Da sagte Abram zu Lot: Zwischen mir und dir, zwischen meinen und deinen Hirten soll es keinen Streit geben; wir sind doch Brüder. Liegt nicht das ganze Land vor dir? Trenn dich also von mir! Wenn du nach links willst, gehe ich nach rechts; wenn du nach rechts willst, gehe ich nach links. Lot blickte auf und sah, dass die ganze Jordangegend bewässert war. Bevor der Herr Sodom und Gomorra vernichtete, war sie bis Zoar hin wie der Garten des

> *Herrn, wie das Land Ägypten. Da wählte Lot die ganze Jordangegend aus. Lot brach nach Osten auf, und sie trennten sich voneinander.«*
>
> 1. Mose 13,7-11

Abraham wusste, wie gefährlich es ist, im Streit zu leben, also sagte er Lot, sie sollten sich trennen. Um in der Liebe zu bleiben und sicherzustellen, dass es in Zukunft keinen Streit mehr zwischen ihnen geben würde, gestattete Abraham seinem Neffen, als erster zu wählen, in welches Tal er ziehen wolle. Lot entschied sich für das beste, das Jordantal, und sie gingen auseinander.

Wir dürfen nicht vergessen, dass Lot nichts besessen hatte, bevor Abraham ihn segnete. Stellen Sie sich vor, welche Haltung Abraham ihm gegenüber hätte einnehmen können! Er wollte so nicht denken. Er wusste, wenn er sich korrekt verhielt, würde Gott sich seiner annehmen.

## Hebe deine Augen empor und sieh

> *»Nachdem sich Lot von Abram getrennt hatte, sprach der Herr zu Abram: Blick auf und schau von der Stelle, an der du stehst, nach Norden und Süden, nach Osten und Westen. Das ganze Land nämlich, das du siehst, will ich dir und deinen Nachkommen für immer geben.«*
>
> 1. Mose 13,14-15

Dieser Text macht deutlich: Obwohl Abrahams Umstände nach der Trennung von seinem Neffen weniger attraktiv waren, wollte Gott, dass er von dem Ort, an dem er sich befand, »aufsah« zu dem Ort, zu dem er ihn führen wollte.

Abraham ging mit seiner Situation in einer positiven Haltung um, und deshalb war es dem Teufel verwehrt, ihm Gottes Segnungen vorzuenthalten. Gott schenkte ihm sogar mehr Besitztümer, als er vor der Trennung sein Eigen hatte nennen können, und segnete ihn in jeder Hinsicht mächtig.

Ich möchte Sie ermuntern, einen positiven Blick auf die Möglichkeiten der Zukunft zu wagen. Fangen Sie damit an, »das, was nicht ist, ins Dasein« zu rufen (Römer 4,17). Denken und reden Sie positiv von Ihrer Zukunft, dem entsprechend, was Gott Ihnen ins Herz gelegt hat, und nicht dem entsprechend, was Sie in der Vergangenheit zu Gesicht bekommen haben oder auch jetzt vor Augen sehen.

Kapitel 17

*»Jemand muss das für mich machen, ich will die Verantwortung nicht übernehmen«*
*(Wüstenmentalität Nr. 2)*

»Terach nahm seinen Sohn Abram, seinen Enkel Lot, den Sohn Harans, und seine Schwiegertochter Sarai, die Frau seines Sohnes Abram, und sie wanderten miteinander aus Ur in Chaldäa aus, um in das Land Kanaan zu ziehen. Als sie aber nach Haran kamen, siedelten sie sich dort an.«

1. Mose 11,31

Verantwortung wird oft als unsere Antwort auf Gottes Zuspruch zu uns definiert.[1] Verantwortlich handeln heißt, auf die Gelegenheiten einzugehen, die Gott uns vor die Füße legt.

Gott machte Abrahams Vater verantwortlich; er gab ihm die Chance, auf sein Vermögen zu reagieren. Er legte ihm die Gelegenheit vor die Füße, nach Kanaan zu ziehen. Aber statt dass er den ganzen Weg mit dem Herrn ging, entschloss sich Terach, in Haran zu bleiben und sich dort niederzulassen.

Es fällt nicht schwer, begeistert zu sein, wenn Gott zum ersten Mal zu uns redet und uns die Gelegenheit gibt, etwas zu tun. Doch genau wie Terach bringen wir oftmals nie zu Ende, was wir begonnen haben, weil wir, sobald wir das Heft erst einmal in die Hand genommen haben, die Entdeckung machen, dass es damit mehr auf sich hat, als nur eine Gänsehaut zu bekommen und begeistert zu sein.

Die meisten Wagnisse, die man angeht, sind aufregend – einfach deshalb, weil sie neu sind. Die Begeisterung hält einen für eine Weile in Schwung, aber bis über die Ziellinie reicht sie nicht.

Viele Gläubige verhalten sich genauso wie Terach in der biblischen Erzählung. Sie machen sich zu einem bestimmten Ziel auf, bleiben aber irgendwo unterwegs hängen. Sie werden müde oder schlapp; sie möchten zwar gern ans Ziel kommen, haben aber keine Lust auf die ganze Verantwortung, die damit einhergeht. Würde ihnen die jemand abnehmen, so wären sie nur allzu bereit, sich auf dem Siegertreppchen feiern zu lassen. Bloß, so funktioniert es nicht.

## Persönliche Verantwortung kann man nicht delegieren

*»Am folgenden Morgen sprach Mose zum Volk: Ihr habt eine große Sünde begangen. Jetzt will ich zum Herrn hinaufsteigen; vielleicht kann ich für eure Sünde Sühne erwirken. Mose kehrte zum Herrn zurück und sagte: Ach, dieses Volk hat eine große Sünde begangen. Götter aus Gold haben sie sich gemacht. Doch jetzt nimm ihre Sünde von ihnen! Wenn nicht, dann streich mich aus dem Buch, das du angelegt hast.«*

2. Mose 32,30-32

In meiner forschenden Lektüre habe ich festgestellt, dass die Israeliten nicht bereit waren, für irgendetwas Verantwortung zu übernehmen. Mose betete an ihrer Stelle, suchte Gott an ihrer Statt und tat sogar Buße für sie, nachdem sie sich in Schwierigkeiten gebracht hatten (2. Mose 32,1-14).

Ein Baby trägt überhaupt keine Verantwortung, aber wenn das Kind größer wird, erwartet man von ihm, dass es mehr und mehr Verantwortung übernimmt. Eine Hauptaufgabe von Eltern liegt darin, ihrem Kind beizubringen, sich verantwortlich zu verhalten. Und genau das möchte auch Gott seine Kinder lehren.

Der Herr hat mir die Gelegenheit geschenkt, im vollzeitlichen geistlichen Dienst zu stehen. Ich kann landesweit sein Wort im Radio und Fernsehen verkündigen. Ich kann überall in den Vereinigten Staaten und in anderen Ländern das Evangelium predigen. Aber ich kann Ihnen versichern, die andere Seite dieser Medaille ist eine Verantwortung, von der die wenigsten wissen. Viele Leute sagen, sie möchten in den geistlichen Dienst, weil sie glauben, das sei ein einziger geistlicher Höhenflug. Oft bewerben sich Leute um eine Stelle in unserer Organisation, weil sie meinen, das Größte, was ihnen überhaupt passieren könne, sei die Mitarbeit in einem christlichen Werk. Erst später geht ihnen auf, dass sie darin genauso arbeiten müssen wie an jeder anderen Stelle auch: Sie müssen morgens aufstehen und pünktlich da sein, sie haben Vorgesetzte, es gibt alltägliche Routinearbeiten usw. Wenn jemand sagt, er möchte mit uns arbeiten, erzähle ich ihm, dass wir keineswegs auf Wolken umherschweben und den ganzen Tag Halleluja singen, sondern dass wir arbeiten, und zwar hart. Wir legen Wert auf Integrität, und das, was wir tun, tun wir in hervorragender Qualität.

Natürlich ist es ein Vorrecht, im geistlichen Dienst zu arbeiten, aber was ich Neubewerbern klarmachen möchte, ist dies: Wenn Gänsehaut und Begeisterung erst einmal abgeklungen sind, werden sie entdecken, dass sie es mit Chefs zu tun haben, die von ihnen ein sehr hohes Maß an Verantwortung erwarten.

## Geh zur Ameise!

*»Geh zur Ameise, du Fauler, betrachte ihr Verhalten, und werde weise! Sie hat keinen Meister, keinen Aufseher und Gebieter, und doch sorgt sie im Sommer für Futter, sammelt sich zur Erntezeit Vorrat. Wie lang, du Fauler, willst du noch daliegen, wann willst du aufstehen von deinem Schlaf? Noch ein wenig schlafen, noch ein wenig schlummern, noch ein wenig die Arme verschränken, um auszuruhen. Da kommt schon die Armut wie ein Strolch über dich [langsam, aber sicher], die Not wie ein zudringlicher Bettler [gegen den du dich nicht wehren kannst].«*

Sprüche 6,6-11

Eine der Denkarten, die die Israeliten für einen Elf-Tage-Trip vierzig Jahre in der Wüste festhielten, war ihre Faulheit.

Ich lese diesen Abschnitt der Sprüche gern, der unsere Aufmerksamkeit auf die Ameise richtet, die ohne jedweden Aufseher oder Vorarbeiter für sich und ihre Familie sorgt.

Leute, die immer jemanden brauchen, der sie anschiebt, werden nie etwas wirklich Großes vollbringen. Die, die nur dann das Richtige tun, wenn jemand hinschaut, werden es auch nicht weit bringen. Unsere Motivation muss von innen kommen und nicht von außen. Wir müssen unser Leben in dem Wissen vor Gott führen, dass er alles sieht und unseren Lohn mit sich bringen wird, wenn wir daran festhalten zu tun, was er uns geheißen hat.

## Viele sind berufen, aber wenige auserwählt

*»... viele sind Berufene, wenige aber Auserwählte.«*
Matthäus 20,16 b (ELB)

Ich hörte einmal einen Bibellehrer sagen, dieser Vers bedeute, dass viele berufen sind: Sie haben die Gelegenheit erhalten, etwas für den Herrn zu tun. Aber nur wenige sind bereit, die Verantwortung zu übernehmen, die damit einhergeht, den Ruf anzunehmen.

Wie ich schon in einem der vorigen Kapitel sagte, stecken viele Leute voller Wunschdenken, aber sie besitzen kein Rückgrat. Menschen mit einer »Wüstenmentalität« wollen alles und tun nichts.

## Steh auf und geh!

*»Nachdem Mose, der Knecht des Herrn, gestorben war, sagte der Herr zu Josua, dem Sohn Nuns, dem Diener des Mose: Mein Knecht Mose ist gestorben. Mach dich also auf den Weg [tritt an seine Stelle], und zieh über den Jordan hier mit diesem ganzen Volk*

*in das Land, das ich ihnen, den Israeliten, geben werde. Jeden Ort, den euer Fuß betreten wird, gebe ich euch, wie ich es Mose versprochen habe.«*

Josua 1,1-3

Als Gott dem Josua sagte, dass Mose tot sei und er an seine Stelle treten und das Volk über den Jordan ins Verheißene Land führen solle, beinhaltete das jede Menge an neuer Verantwortung für Josua.

Genauso ist es mit uns, wenn wir voranschreiten, um unser geistliches Erbe in Besitz zu nehmen. Sie und ich werden niemals das Vorrecht genießen, unter der Salbung Gottes im Dienst zu stehen, wenn wir nicht bereit sind, unsere Verantwortung ernst zu nehmen.

## Siehe, jetzt ist die passende Gelegenheit!

*»Wer ständig nach dem Wind schaut [bis er endlich günstig steht], kommt nicht zum Säen, und wer ständig die Wolken beobachtet, kommt nicht zum Ernten.«*

Prediger 11,4

Als Gott 1993 Dave und mir zeigte, dass er uns im Fernsehen haben wollte, sagte er: »Ich gebe euch die Chance, ins Fernsehen zu kommen; wenn ihr aber diese Chance jetzt nicht ergreift, wird sie nie wiederkommen.« Hätte Gott uns nicht wissen lassen, dass es nur ein einziges Zeitfenster für die Gelegenheit gab, so hätten wir das Projekt vielleicht noch vor uns hergeschoben. Schließlich hatten wir endlich einmal einen Level erreicht, mit dem wir zufrieden sein konnten.

Neun Jahre lang hatten wir uns im »Geburtsprozess« von *Life In The Word Ministries* befunden. Und jetzt räumte Gott uns plötzlich die Gelegenheit ein, mehr Menschen zu erreichen, was wir von ganzem Herzen wollten. Aber um das tun zu können, mussten wir unsere Bequemlichkeit aufgeben und uns neuer Verantwortung stellen.

Wenn der Herr seine Leute beauftragt, etwas zu tun, kommt die Versuchung auf, auf die vermeintlich »passende Gelegenheit« zu warten (vgl. Apostelgeschichte 24,25). Immer haben wir mit der Neigung zu kämpfen, noch abzuwarten, bis es nichts mehr kostet oder nicht mehr so schwierig ist.

Ich möchte Sie ermuntern, jemand zu sein, der Verantwortung nicht scheut. Widerstände, auf die Sie treffen, werden Ihnen helfen, stärker zu werden. Wenn Sie nur das tun, was leicht ist, bleiben Sie immer schwach.

Gott erwartet von Ihnen und von mir, dass wir uns verantwortlich verhalten und auf alles achthaben, was er uns gibt, indem wir damit etwas tun, was gute Frucht hervorbringt. Benutzen wir die Gaben und Talente nicht, die er uns verliehen hat, so gehen wir nicht verantwortlich mit dem Gut um, das uns von ihm anvertraut wurde.

## Vorbereitet sein

»*Seid also wachsam [umsichtig und aktiv]! Denn ihr wisst weder den Tag noch die Stunde [des Kommens des Herrn].*«
Matthäus 25,13

Matthäus 25 ist ein Kapitel der Bibel, das uns sagt, was wir tun sollen, während wir auf die Rückkehr des Meisters warten.

Die ersten zwölf Verse zeigen uns zehn Jungfrauen, fünf törichte und fünf kluge. Die törichten wollten nichts tun, was über das Nötigste hinausging, damit sie ihn auf keinen Fall verpassten, wenn er eintraf. Sie taten das absolut unentbehrliche Minimum, um zurechtzukommen. Sie hatten keine Lust, die zweite Meile zu gehen, also nahmen sie nur die Menge an Öl mit sich, die sie geradeso für ihre Lampen brauchten. Die klugen Jungfrauen dagegen trafen Vorsorge über das Lebensnotwendigste hinaus. Sie versahen sich mit zusätzlichem Öl, um auch eine lange Wartezeit überstehen zu können.

Beim Eintreffen des Bräutigams mussten die törichten Jungfrauen in Kauf nehmen, dass ihnen die Lampen ausgingen; und natürlich versuchten sie nun von den klugen etwas Öl zu schnorren. So läuft das meistens. Faule Leute, deren liebstes Möbelstück die lange Bank ist, erwarten immer von den hart Arbeitenden, dass sie an ihrer Stelle Verantwortung übernehmen und für sie erledigen, was sie selbst hätten tun sollen.

## Mit den Gaben umgehen

»*Du bist ein schlechter und fauler Diener!*«
Matthäus 25,26

Matthäus 25 überliefert im weiteren Textverlauf ein Gleichnis Jesu, das von Sklaven handelt, denen Talente aus dem Besitz ihres Eigentümers anvertraut wurden. Nachdem er die Talente den Sklaven ausgehändigt hatte, verreiste ihr Gebieter in ein fernes Land und erwartete, dass seine Bediensteten sich gut um seinen Besitz kümmerten, solange er fort war.

Der Mann, der fünf Talente erhalten hatte, setzte sie ein. er investierte sie und gewann weitere fünf. Genauso verfuhr der Mann, dem zwei Talente übergeben worden waren. Aber der, der ein Talent bekommen hatte, vergrub es in der Erde, weil er voller Angst war. Er fürchtete sich, vor die Tür zu gehen und irgendetwas in die Hand zu nehmen. Er scheute die Verantwortung.

Bei seiner Rückkehr belobigte der Meister die zwei Sklaven, die das genommen hatten, was er ihnen gegeben hatte, um etwas damit zu tun. Zu dem Mann aber, der sein Talent vergraben und nichts damit unternommen hatte, sagte er: »Du bist ein schlechter und fauler Diener!« Dann befahl er, ihm das eine Talent wegzunehmen und es dem Mann mit den zehn Talenten obendrein zu geben, und ließ den faulen, nichtsnutzigen Sklaven hart bestrafen.

Ich möchte Sie ermutigen, auf die Befähigungen, die Gott in Sie hineingelegt hat, einzugehen. Tun Sie damit, was immer Sie können, damit Sie dem Meister bei seiner Rückkehr nicht nur das wiedergeben können, was er Ihnen anvertraut hat, sondern auch den Zugewinn, den Sie damit erwirtschaftet haben.
*In aller Klarheit sagt uns die Bibel, dass Gott will, dass wir gute Frucht tragen.* (Johannes 15,16).

## Sorgen abwerfen, nicht Verantwortung

*»Beugt euch also in Demut unter die mächtige Hand Gottes, damit er euch erhöht, wenn die Zeit gekommen ist. Werft alle eure Sorge auf ihn, denn er kümmert sich um euch.«*
2. Petrus 5,6-7

Fürchten Sie keine Verantwortung. Lernen Sie es, Ihre Sorgen abzuwerfen, aber nicht Ihre Verantwortung. Manche Leute haben es gut gelernt, sich um nichts einen Kopf zu machen. Sie sind Experten im Sorgenabwerfen und fühlen sich dabei so wohl, dass sie ihre Verantwortung auch gleich mit entsorgen.

Machen Sie Ihre Entschlossenheit fest, das zu tun, was vor Ihren Füßen liegt, und vor nichts wegzulaufen, bloß weil es nach Herausforderung aussieht.

Vergessen Sie nie: Wenn Gott Ihnen alles gibt, worum Sie ihn bitten, dann geht mit diesem Segen immer auch eine Verantwortung einher. Wenn Sie ein Haus oder ein Auto besitzen, erwartet Gott, dass Sie sich darum kümmern. Es mag sein, dass Faulheitsdämonen Ihr Denken und Ihre Gefühle angreifen, aber Sie haben den Sinn Christi. Ohne Frage vermögen Sie Satans Täuschungsmanöver zu durchschauen und ungeachtet Ihrer Lust- oder Unlustgefühle zu tun, was richtig ist. Es ist leicht, um etwas zu bitten, doch verantwortlich damit umzugehen ist das Kapitel, das den Charakter stärkt.

Ich weiß noch, wie ich eine Zeitlang meinen Mann zu überreden versuchte, ein Sommerhaus am Wasser zu bauen, einen

Platz, wo wir uns erholen, beten und studieren konnten. Einen Ort, um »alles hinter uns zu lassen«. Ich schwärmte ihm vor, wie herrlich das sein würde, wie unsere Kinder und Enkel es genießen würden und wie wir uns sogar mit unserem Führungspersonal dorthin zurückziehen könnten, um Sitzungen abzuhalten, aber auch herrliche Gebetszeiten miteinander zu erleben.

Das klang alles super und fühlte sich emotional toll für mich an, aber Dave rechnete mir immer wieder vor, wie viel Verantwortung damit verbunden sein würde. Er erinnerte mich daran, wie beschäftigt wir ohnehin schon waren; wir würden keine Zeit haben, uns noch um ein Haus mehr zu kümmern. Er redete von Gartenpflege, Instandhaltung, Hypotheken usw. Er sagte, wir wären besser dran, wenn wir etwas mieteten, sobald wir eine Auszeit brauchten, anstatt die zusätzliche Verantwortung auf uns zu nehmen, die mit dem Eigentum an einem Sommerhaus verbunden sein würde.

Ich sah die Sache von der emotionalen Seite, er von der praktischen. Bei jeder Entscheidung, die wir treffen müssen, sollten wir diese beiden Seiten ins Auge fassen – nicht nur das Schöne, sondern auch die damit einhergehende Verantwortung. Ein Sommerhaus ist super für Leute, die die Zeit haben, sich darum zu kümmern, aber diese Zeit hatten wir nicht. Tief in mir wusste ich das auch, und dennoch versuchte ich im Laufe eines Jahres mal mehr, mal weniger, Dave zu einem solchen Projekt zu überreden.

Ich bin froh, dass er hart blieb. Hätte er nachgegeben, so wäre es mit Sicherheit so gekommen, dass wir das Haus gekauft, es eine Zeitlang behalten und dann doch wieder veräußert hätten, weil wir die Arbeit, die daran hing, einfach nicht bewältigt hätten. Es kam dann so, dass Freunde von uns sich ein Sommerhaus kauften, das wir mitbenutzen dürfen, soweit unsere und ihre Zeit es zulässt.

Wenn Sie weise vorgehen, werden Sie sehen, wie Gott Ihre Bedürfnisse erfüllt. Und jeder, der sich in Christi Sinn bewegt, wird weise leben und sich nicht von Gefühlsempfindungen steuern lassen.

*Nehmen Sie Ihre Verantwortung wahr!*

Kapitel 18

## »Bitte alles leichtmachen – ich komm' nicht klar, wenn die Dinge zu schwer sind!« (Wüstenmentalität Nr. 3)

> »Dieses Gebot, auf das ich dich heute verpflichte, geht nicht über deine Kraft und ist nicht fern von dir.«
>
> 5. Mose 30,11

Diese falsche Denkart ähnelt der, über die wir gerade gesprochen haben. Aber sie stellt doch so sehr ein Problem unter Gottes Volk dar, dass ich glaube, sie ist ein Kapitel in diesem Buch wert.

Wenn ich mit Menschen bete, ist das eine der am häufigsten zu hörenden Entschuldigungen. Es kommt wirklich oft vor, dass jemand mich aufsucht, damit ich mit ihm bete oder ihm einen Rat gebe, und wenn ich dann sage, was in Gottes Wort steht oder was ich vom Heiligen Geist zu hören meine, erhalte ich zur Antwort: »Ich weiß, dass das stimmt, Gott hat mir genau dasselbe gezeigt. Aber, Joyce, *es ist einfach zu schwer.*«

Gott hat mir gezeigt, dass der Teufel versucht, den Leuten diesen Satz einzuimpfen, damit sie die Flinte ins Korn werfen. Als Gott mir vor ein paar Jahren diese Wahrheit offenbarte, wies er mich an, nicht mehr zu sagen, wie schwer alles sei. Er versicherte mir, wenn ich damit aufhörte, würden die Dinge leichter werden.

==Sogar wenn wir uns entschieden haben, an einer Sache dranzubleiben und sie zu Ende zu führen, denken und reden wir so viel darüber,== »wie schwer es ist«, dass unser Vorhaben am Ende weit schwieriger ausfällt, als es der Fall gewesen wäre, wenn wir eine positive anstatt einer negativen Stellung eingenommen hätten.

Als ich anfangs aus Gottes Wort zu erkennen begann, wie ich leben und mich benehmen sollte, und das mit meinem seinerzeitigen Ist-Zustand verglich, sagte ich ständig: »Herr, ich möchte die Dinge auf deine Art machen, aber es ist so schwer.« Der Herr zeigte mir 5. Mose 30,11, wo er sagt, dass seine Gebote nicht zu schwierig für mich oder zu weit weg von mir sind.

Der Grund dafür, dass Gottes Gebote nicht zu schwierig für uns sind, ist, dass er uns seinen Geist gibt, damit er kraftvoll in uns wirke und uns in all dem zu Hilfe komme, was der Herr von uns fordert.

## Der Helfer

»*Und ich werde den Vater bitten, und er wird euch einen anderen Beistand [Ratgeber, Helfer, Fürbitter, Verteidiger, Kraftgeber] geben, der für immer bei euch bleiben soll.*«

Johannes 14,16

Die Dinge werden dann schwer, wenn wir versuchen, sie unabhängig zu tun, ohne dass wir uns auf Gottes Gnade stützen und verlassen. Wäre alles im Leben leicht, so würden wir ja die Kraft des Heiligen Geistes zu unserer Hilfe überhaupt nicht brauchen. Die Bibel spricht von ihm als »dem Helfer«. Er ist allezeit in uns und bei uns, um uns zu *helfen*, uns zu dem zu befähigen, was wir nicht tun können – und ich möchte hinzufügen: um das mit Leichtigkeit zu tun, was ohne ihn total schwer wäre.

## Der leichte und der schwere Weg

»*Als der Pharao das Volk ziehen ließ, führte Gott sie nicht den Weg ins Philisterland, obwohl er der kürzere war. Denn Gott sagte: Die*

*Teil 3: Wüstenmentalitäten*

Leute könnten es sonst, wenn sie Krieg erleben, bereuen und nach Ägypten zurückkehren wollen.«

2. Mose 13,17

Sie können sicher sein: Überall, wo Gott Sie hinführt, kann er Sie auch bewahren. er lässt niemals zu, dass uns mehr aufgebürdet wird, als wir tragen können (1. Korinther 10,13). Was immer er bestellt, er bezahlt auch dafür. Wir müssen nicht in ständigem Kampf leben, wenn wir es lernen, uns stets auf ihn zu stützen und so die Kraft zu beziehen, die wir brauchen.

Wenn Sie wissen, Gott hat Ihnen aufgetragen, etwas zu tun, dann stecken Sie nicht zurück, nur weil es schwierig wird. Wenn der Weg steinig wird, sollten Sie mehr Zeit mit ihm verbringen, sich mehr auf ihn stützen und mehr Gnade von ihm nehmen (Hebräer 4,16).

Gnade ist Gottes Kraft, die Ihnen kostenlos zufließt, um durch Sie zu bewirken, was Sie aus sich selbst heraus nicht tun können. Hüten Sie sich vor Gedanken, die sagen: »Ich kann das nicht machen, es ist einfach zu schwer.«

Manchmal führt Gott uns den schweren und nicht den leichten Weg, weil er in uns ein Werk tut. Wie sollen wir es jemals lernen, uns auf ihn zu stützen, wenn alles in unserem Leben so leicht und locker ist, dass wir es auch gut aus eigener Kraft bewältigen?

Die Kinder Israel führte Gott den weiteren und schwereren Weg, weil sie immer noch Angsthasen waren. Er musste in ihnen ein Werk tun, um sie auf die Schlachten vorzubereiten, die sie im Verheißenen Land zu bestehen haben würden.

Die meisten Leute glauben, wenn man ins Land der Verheißung kommt, gibt es keine Kämpfe mehr, aber das stimmt nicht. Lesen Sie die Berichte über das, was geschah, nachdem die Israeliten den Jordan durchquert hatten und sich anschickten, das Verheißene Land in Besitz zu nehmen: Sie werden sehen, dass sie eine Schlacht nach der anderen auszufechten hatten. Aber jede Schlacht, die sie in der Kraft Gottes und unter seiner Führung ausfochten, gewannen sie.

Gott führte sie den längeren und schwereren Weg, obwohl es einen leichteren gab, weil er wusste, sie waren nicht bereit für die Kämpfe, die sie als Besitzer des Landes zu bestehen haben würden. Er war besorgt, dass sie beim Anblick des Feindes womöglich zurück nach Ägypten flüchten würden. Also nahm er sie auf den schwereren Weg mit, um Ihnen beizubringen, wer er war und dass sie sich nicht auf sich selbst verlassen konnten.

Geht ein Mensch durch eine harte Zeit, so möchte sein Verstand den Kampf aufgeben. Satan weiß, wenn er uns in unserem Denken schlagen kann, so kann er uns auch in dem besiegen, was wir tatsächlich erleben. Deswegen ist es so wichtig, dass uns nicht das Herz in die Hose sackt. Wir dürfen nicht ermüden und erschlaffen.

## Dranbleiben

»*Lasst uns nicht müde werden, das Gute zu tun; denn wenn wir darin nicht nachlassen, werden wir ernten, sobald die Zeit dafür gekommen ist.*«

Galater 6,9

Ermüdung und Erschlaffung haben mit gedanklichem Aufstecken zu tun. Der Heilige Geist mahnt uns, in unseren Gedanken nicht aufzugeben, denn wenn wir durchhalten, werden wir am Ende die Ernte einfahren.

Denken Sie an Jesus. Unmittelbar nach seiner Taufe und Geisterfüllung wurde er vom Geist in die Wüste geführt, um vom Teufel geprüft und versucht zu werden. Weder beklagte er sich, noch wurde er mutlos oder bedrückt. Weder dachte noch redete er negativ. Er geriet nicht in Verwirrung vor lauter Grübeln darüber, wieso das nun hatte geschehen müssen. Er bestand jede Prüfung siegreich.

Mitten in seinen Prüfungen und Versuchungen wanderte Jesus nicht vierzig Tage und Nächte in der Wüste umher und redete darüber, wie schwer alles doch sei. Er nahm Kraft von seinem himmlischen Vater und ging aus allem siegreich hervor (Lukas 4,1-13).

Können Sie sich Jesus vorstellen, wie er mit seinen Jüngern im Lande umherwandert und darüber spricht, wie schwierig alles sei? Können Sie sich ausmalen, wie er darüber diskutiert, wie schwer es sein werde, ans Kreuz zu gehen? Wie sehr er das verabscheue, was vor ihm liege? Oder wie ernüchternd es sei, unter den Bedingungen ihres Alltags zu existieren: ohne irgendein Zuhause über Land zu ziehen, kein Dach überm Kopf und kein Bett, um nachts darin zu schlafen?

Sie und ich haben Christi Sinn und können mit den Dingen so umgehen, wie er es tat: indem wir durch »sieghaftes Denken« statt »resignierendes Denken« geistig vorbereitet sind.

## Erst das Leiden, dann der Erfolg

*»Da Christus im Fleisch gelitten hat, wappnet auch ihr euch mit diesem Gedanken [geduldig zu leiden, anstatt es zu versäumen, Gott wohlgefällig zu sein]: Wer [mit dem Sinn Christi] im Fleisch gelitten hat, für den hat die [vorsätzliche] Sünde ein Ende [weil er mit Selbst- und Weltgefälligkeit nichts mehr am Hut hat und nur noch Gott gefallen möchte]. Darum richtet euch, solange ihr noch auf Erden lebt, nicht mehr nach den [euren] menschlichen Begierden, sondern [lebt] nach dem Willen Gottes!«*
1. Petrus 4,1-2

Dieser Text zeigt uns ein Geheimnis dahingehend, wie wir Schwierigkeiten und schwere Zeiten überstehen können. Folgendermaßen möchte ich diese zwei Verse paraphrasieren:

»Denkt über alles nach, was Jesus zu überstehen hatte. Seht euch an, wie er das Leiden in seinem Fleisch ertrug. Das wird euch helfen, eure Schwierigkeiten zu bewältigen. Rüstet euch zur Schlacht, bereitet euch auf den Sieg vor, indem ihr denkt, wie Jesus dachte: ›Ich will lieber geduldig leiden, als dass ich es versäume, Gott zu gefallen.‹ Denn wenn ich leide und dabei die

Gesinnung Christi habe, dann werde ich nicht länger nur zu meinem eigenen Wohlgefallen leben, indem ich mir immer den leichtesten Weg suche und vor allem Schweren davonlaufe. Dann werde ich imstande sein, für das zu leben, was Gott will, und meine Gefühle und fleischlichen Gedanken werden nicht mehr den Ton angeben.«

Es gibt ein Leiden »im Fleisch«, das wir auf uns nehmen müssen, um Gottes Willen tun zu können.

Meinem Fleisch gefällt es längst nicht immer, dauernd auf Reisen zu sein, wie mein Dienst es erfordert. Aber ich weiß, es ist Gottes Wille für mich, so zu leben. Deswegen muss ich mich mit den richtigen Gedanken dafür wappnen, sonst liege ich schon am Boden, ehe ich noch den ersten Schritt getan habe.

Vielleicht gibt es in Ihrem Leben einen Zeitgenossen, mit dem wirklich schwer auszukommen ist, aber Sie wissen einfach, Gott möchte, dass Sie an der Beziehung zu diesem Menschen festhalten und nicht daraus fortlaufen. Ihr Fleisch leidet, weil es den Umgang mit dieser schwierigen Person ertragen muss, aber Sie können sich auf die Situation einstellen, indem Sie die richtigen Gedanken pflegen.

## Selbstgenügsam sein, weil Christus genügt

*»Ich weiß Entbehrungen zu ertragen, ich kann im Überfluss leben. In jedes und alles bin ich eingeweiht: in Sattsein und Hungern, Überfluss und Entbehrung. Alles vermag ich durch ihn, der mir Kraft gibt. [Ich bin durch ihn, der mich mit innerer Stärke erfüllt, auf alles, was da kommen mag, vorbereitet und eingestellt, bin selbstgenügsam, weil Christus mir Genüge tut.]«*

Philipper 4,12-13

Richtiges Denken »rüstet« uns für den Kampf. Mit falschem Denken in die Schlacht zu ziehen ist so, als ginge man unbewaffnet in die vorderste Frontlinie eines Krieges. Wer das tut, wird nicht lange überleben.

Die Israeliten waren »Jammerlappen«, und das war einer der Gründe dafür, dass sie für einen Elf-Tage-Trip vierzig Jahre umherwanderten. Sie jammerten über jede Schwierigkeit, beklagten sich über jede neue Herausforderung und redeten ständig davon, wie ungemein schwierig alles doch sei. Ihre Mentalität war: »Bitte alles leichtmachen – wir kommen nicht klar, wenn die Dinge zu schwer sind!«

Vor kurzem ging mir auf, dass viele Gläubige sonntags als Krieger auftreten, aber montags Jammerlappen sind. Am Sonntag, in der Gemeinde unter all ihren christlichen Freunden, schwingen sie große Reden. Aber wenn es dann am Montag darauf ankommt, den Worten Taten folgen zu lassen, und keiner mehr da ist, den man besonders beeindrucken müsste, versagen sie schon bei der kleinsten Prüfung.

Wenn Sie ein Jammerlappen und Beschwerdeführer sind, sollten Sie sich eine Denkart verpassen lassen, in der Sie sagen: »*Alles vermag ich durch ihn, der mir Kraft gibt*« (Philipper 4,13).

# Kapitel 19

## »Ich kann einfach nichts dafür, ich muss ständig nörgeln, meckern und jammern.« (Wüstenmentalität Nr. 4)

> »Denn es ist eine Gnade [die man gerne annimmt und für die man dankbar ist], wenn jemand deswegen Kränkungen erträgt und zu Unrecht leidet, weil er sich in seinem Gewissen nach Gott richtet. Ist es vielleicht etwas Besonderes, wenn ihr wegen einer Verfehlung Schläge erduldet? Wenn ihr aber recht handelt und trotzdem [gerade deswegen] Leiden erduldet, das ist eine Gnade in den Augen Gottes.
>
> 1. Petrus 2,19-20

Wir werden nicht frei werden, solange wir es nicht gelernt haben, durch unsere Haltung in schweren Zeiten Gott Ehre zu erweisen. Nicht Leiden an sich erweist Gott Ehre, aber eine gottgemäße Haltung im Leiden gefällt ihm und ehrt ihn.

Wenn Sie und ich aus diesen Versen das herausziehen wollen, was Gott uns mit ihnen geben möchte, müssen wir sie langsam lesen und jeden Satz und Satzteil sorgfältig betrachten. Ich gebe zu, dass es mich Jahre des Studiums gekostet hat, bis ich endlich begreifen konnte, wieso es Gott so sehr gefällt, mich leiden zu sehen, wo die Bibel doch klipp und klar feststellt, dass Jesus meine Leiden und die Schmerzen zu meiner Strafe getragen hat (Jesaja 53,3-6).

Es hat viele Jahre gedauert, bis mir aufging, dass der Blickpunkt dieser Verse aus dem 1. Petrusbrief nicht auf dem Leiden liegt, sondern auf der Haltung, die man im Leiden haben sollte.

Beachten Sie in diesem Text das Wort »erdulden«: Wenn uns jemand verkehrt behandelt und wir das geduldig auf uns nehmen, dann gefällt das dem Herrn. Was ihm gefällt, ist unsere geduldige Haltung, nicht das Leiden an sich. Um uns in unserem Leiden zu ermutigen, ergeht an uns die Ermahnung zu erkennen, wie Jesus mit den ungerechten Angriffen umging, denen er sich ausgesetzt sah.

## Jesus als unser Vorbild

*»Dazu seid ihr auch berufen worden [es gibt für euch keine Berufung ohne Leiden]; denn auch Christus hat für euch gelitten und euch ein Beispiel gegeben, damit ihr seinen Spuren folgt. Er hat keine Sünde begangen, und in seinem Mund war kein trügerisches Wort. Er wurde geschmäht, schmähte aber nicht; er litt, drohte aber nicht [mit Rache], sondern überließ [sich selbst und] seine Sache dem gerechten Richter.«*

1. Petrus 2,21-23

Jesus litt in Erhabenheit! Schweigend, ohne eine Klage auf den Lippen, voll Vertrauen zu Gott und unabhängig davon, wie die Dinge sich darstellten, blieb er in jeder Lage stets derselbe. Bei ihm war es nicht so, dass er Geduld aufbrachte, wenn alles leicht und locker ging, aber die Geduld verlor, sobald Härten oder Ungerechtigkeiten auftraten.

Aus dem oben zitierten Text sehen wir, dass Jesus unser Vorbild ist und dass er kam, um uns zu zeigen, wie man lebt. Unser Verhalten vor anderen Menschen zeigt diesen, wie sie leben sollten. Unseren Kindern bringen wir durch unser Beispiel weit mehr bei als durch unsere Worte. Wir sollen lebendige Briefe sein, gelesen von allen Menschen (2. Korinther 3,2-3) – Lichter, die in einer dunklen Welt hell strahlen (Philipper 2,15).

# Berufen zu Demut, Friedfertigkeit und Geduld

»*Ich, der ich um des Herrn willen im Gefängnis bin, ermahne euch, ein Leben zu führen, das des [göttlichen] Rufes würdig ist, der an euch erging [indem ihr gemessen an eurer Berufung in den Dienst Gottes glaubwürdig lebt, wie es sich für euch schickt]. Seid demütig, friedfertig [selbstlos, liebenswürdig, sanft] und geduldig, ertragt einander in Liebe*«

Epheser 4,1-2

Worum es mir beim Stichpunkt »demütig, friedfertig und geduldig leiden« zu tun ist, lässt sich hervorragend an einer Situation zeigen, die wir vor einiger Zeit in unserer Familie hatten.

Unser Sohn Daniel war soeben von einer Missionsreise aus der Dominikanischen Republik heimgekehrt. Er brachte einen üblen Ausschlag an den Armen und mehrere offene Ekzeme mit. Man hatte ihm gesagt, das komme von der dominikanischen Version des Giftigen Efeus. Es sah so schlimm aus, dass wir meinten, Gewissheit haben zu müssen, worum es sich handelte. Unser Hausarzt war an jenem Tag nicht erreichbar, und so wandten wir uns an seinen Vertreter.

Unsere Tochter Sandra rief in der Arztpraxis an. Sie teilte Daniels Alter mit und sagte, sie sei seine Schwester und werde ihn vorbeibringen. An jenem Tag hatten wir alle, einschließlich Sandra, sehr viel zu tun. Nach einer dreiviertelstündigen Autofahrt kam sie mit Daniel bei der Arztpraxis an und musste sich anhören: »Oh, es tut uns leid, aber wir behandeln grundsätzlich keine Minderjährigen ohne Begleitung eines Erziehungsberechtigten.«

Sandra erklärte, sie habe doch bei ihrem Anruf ausdrücklich gesagt, sie werde ihren Bruder vorbeibringen. Sie mache das häufig, weil wir als Eltern so viel auf Reisen seien. Aber die Sprechstundenhilfe beharrte darauf, es müsse ein Elternteil dabeisein.

Nun hätte Sandra ja gut aus der Haut fahren können. Sie hatte sich bereits mehr als sonst ranhalten müssen, um diesen zusätzlichen Termin in ihrem Tagesplan unterbringen zu können, der ohnehin schon übervoll war, und nun sollten alle Anstrengungen umsonst gewesen sein. Immerhin brauchte sie ja nochmals eine Dreiviertelstunde, um wieder nach Hause zu kommen. Das Ganze sah nach einer gigantischen Zeitverschwendung aus. Aber Gott half ihr, ruhig und liebevoll zu bleiben. Sie rief ihren Papa an, der gerade zu Besuch bei seiner Mutter war, und er sagte, er werde kommen und sich der Sache annehmen. Am Morgen hatte Dave das Gefühl gehabt, er solle bei unserem Büro vorbeifahren und einige meiner Bücher und Kassetten mitnehmen, ohne dass er so recht gewusst hatte, wozu das gut sein sollte. Ihm war einfach nur so gewesen, dass er sie einstecken sollte.

Als er in der Praxis eintraf, fragte ihn die Sprechstundenhilfe am Empfang, ob er Pastor und mit Joyce Meyer verheiratet sei. Das bejahte er, und daraufhin sagte die Frau, sie habe mich im Fernsehen gesehen und heute so oft den Namen Meyer gehört, dass sie sich gefragt habe, ob das wohl meine Familie sei. Dave unterhielt sich eine Zeitlang mit ihr und schenkte ihr eines meiner Bücher über die Heilung der Gefühle.

Warum erzähle ich Ihnen diese Geschichte? Um deutlich zu machen: was passiert wäre, wenn Sandra die Geduld verloren hätte? Ihr Zeugnis wäre beschädigt, wenn nicht sogar zerstört worden. Ja, es hätte jener Frau sogar geistlich schaden können, wenn meine Kinder sich daneben benommen hätten, nachdem sie mich gerade im Fernsehen gesehen hatte.

In der Welt gibt es viele Menschen, die auf der Suche nach Gott sind, und was wir ihnen vorleben, ist viel wichtiger als das, was wir sagen. Natürlich ist es wichtig, dass wir das Evangelium verbal weitergeben, aber wenn wir das tun und dann mit unserem eigenen Verhalten unsere Worte Lügen strafen, dann ist es schlimmer, als wenn wir gar nichts gesagt hätten.

Sandra nahm in dieser Situation ihr »Leiden« geduldig auf sich, und das Wort Gottes sagt, das ist die Art von Benehmen und Haltung, zu der wir berufen sind.

## Josefs geduldiges Leiden

»*Doch hatte er ihnen einen Mann vorausgesandt: Josef wurde als Sklave verkauft. Man spannte seine Füße in Fesseln und zwängte seinen Hals in Eisen bis zu der Zeit, als sein Wort [das er zu Josefs grausamen Brüdern gesprochen hatte] sich erfüllte und der Spruch des Herrn ihm recht gab.*«

Psalm 105,17-19

Josef ist ein Beispiel aus dem Alten Testament. Er wurde von seinen Brüdern ungerechterweise misshandelt. Sie verkauften ihn in die Sklaverei; seinem Vater erzählten sie, ein wildes Tier habe ihn gefressen. Inzwischen wurde er von einem wohlhabenden Mann namens Potiphar gekauft, der ihn als Sklaven in sein Haus aufnahm. Gott erwies Josef Gunst, wohin auch immer er kam, und schon bald stand er auch bei seinem neuen Herrn und Meister in hohem Ansehen.

Josef wurde weiterhin gefördert, bis ihm ein weiteres ungerechtes Geschick zustieß. Potiphars Frau versuchte eine Affäre mit ihm zu beginnen; da er aber ein integrer Mann war, wollte er nichts mit ihr zu tun haben. Die Frau belog nun ihren Mann, indem sie Josef beschuldigte, ihr zu nahe getreten zu sein, woraufhin Josef für ein Delikt, das er gar nicht begangen hatte, ins Gefängnis kam.

Während seiner ganzen Haftzeit versuchte Josef anderen zu helfen. Nicht mit einem Wort beklagte er sich, und weil er im Leiden eine korrekte Haltung an den Tag legte, schenkte Gott ihm schließlich die Freiheit und brachte ihn weiter voran. Am Ende genoss er in Ägypten so große Autorität, dass er außer dem Pharao höchstpersönlich niemanden mehr über sich hatte.

Auch seinen Brüdern gegenüber rehabilitierte Gott Josef insofern, dass die Brüder Josef um Nahrung bitten mussten, als das ganze Land Hunger litt. Und wieder legte Josef eine gottgemäße Haltung an den Tag, indem er den Brüdern nichts Böses antat, auch wenn sie es verdient gehabt hätten. Er sagte ihnen, was sie ihm Böses gewollt hätten, habe Gott zum Guten gewendet. Sie lägen in der Hand Gottes, nicht in der seinigen, und er habe nicht das Recht, irgendetwas anderes zu tun, als sie zu segnen (s. 1. Mose 39-50).

## Die Gefahren des Klagens

»*Wir wollen auch nicht den Herrn auf die Probe stellen [die Grenzen seiner Geduld ausloten, zur Prüfung für ihn werden, ihn kritisch taxieren und seine Güte ausnutzen], wie es einige von ihnen [den Israeliten in der Wüste] taten, die dann von Schlangen getötet wurden. Murrt auch nicht, wie einige von ihnen murrten; sie wurden vom Verderber umgebracht. Das aber geschah an ihnen, damit es uns alsBeispiel dient; uns zur Warnung wurde es aufgeschrieben, uns, die das Ende der Zeiten erreicht hat.*«

1. Korinther 10,9-11

Dieser Text verdeutlicht uns ohne Mühe den Unterschied zwischen Josef und dem Volk Israel. Während er sich nicht im Geringsten beklagte, jammerte das Volk über jede Kleinigkeit, die nicht nach seinem Geschmack war. Die Bibel zeigt sehr deutlich, welche Gefahren im Nörgeln, Meckern und Jammern liegen.

Die Sache ist ziemlich einfach. Das Klagen der Israeliten öffnete dem Feind eine Tür, und er ließ sich nicht zweimal bitten, diesen Zugang zu nutzen und sie zu vernichten. Sie hätten Gottes Güte wertschätzen sollen. Sie taten es aber nicht, und dafür zahlten sie den Preis.

Es wird uns gesagt, dass die ganze Geschichte ihres Leidens und Sterbens aufgeschrieben wurde, um uns zu zeigen, was geschieht, wenn wir uns so verhalten wie sie.

Sie und ich klagen nicht mit dem Mund, wenn wir uns nicht vorher in Gedanken beklagt haben. Klagen ist definitiv eine Wüstenmentalität, die uns daran hindert, ins Verheißene Land hinüberzuziehen.

Jesus ist unser Vorbild – wir sollten tun, was er tat.

Jesus lobte den Herrn und wurde von den Toten auferweckt.[1]

In Licht dieses Gegensatzes sehen wir sowohl die Kraft des Lobens und Dankens als auch die des Klagens. Jawohl, auch Klagen, Nörgeln, Grummeln und Meckern haben Kraft – aber negative Kraft. Jedes Mal, wenn wir unser Denken und unserem Mund irgendeiner dieser Verhaltensweisen ausliefern, räumen wir Satan eine Vollmacht über uns ein, die Gott ihm nicht zugestanden hat.

## Nicht nörgeln, meckern oder klagen

»*Tut alles ohne Murren und Bedenken, damit ihr rein und ohne Tadel seid, Kinder Gottes ohne Makel mitten in einer verdorbenen und verwirrten [geistlich pervertierten und darum perversen] Generation, unter der ihr als Lichter in der [dunklen] Welt leuchtet.*«
Philipper 2,14-15

Manchmal hat man den Eindruck, die ganze Welt sei am Klagen. Es gibt so viel Nörgeln und Grummeln und so wenig Dankbarkeit und Anerkennung. Die Leute schimpfen über ihren Job und ihren Chef, wo sie doch dankbar sein sollten, eine feste Arbeitsstelle zu haben und nicht in einem Obdachlosenheim vegetieren und sich vor der Suppenküche der Armenspeisung anstellen zu müssen.

Viele der Armen, die dort Schlange stehen, würden sich nach dem Job, über den ein anderer sich ständig beklagt, ungeachtet seiner Schattenseiten alle zehn Finger lecken. Sie wären mehr als bereitwillig, sich mit einem Chef zu arrangieren, der alles andere als perfekt ist, um in ihrer eigenen Wohnung leben und sich ihr eigenes Essen kochen zu können.

Mag sein, dass Sie einen besser bezahlten Job brauchen oder einen Chef haben, der Sie unfair behandelt. Das ist misslich, aber Klagen ist der falsche Weg, es zu ändern.

## Nicht Angst und Sorgen haben, sondern beten und danksagen

*»Sorgt euch um nichts, sondern bringt in jeder Lage betend und flehend [mit Bestimmtheit] eure Bitten mit Dank vor Gott!«*

Philipper 4,6

In diesem Vers lehrt uns der Apostel Paulus, wie wir unsere Probleme lösen können, indem er uns anweist, unter *allen* Umständen *mit Danksagung* zu beten.

Mir hat der Herr dasselbe Prinzip so beigebracht: »Joyce, wieso sollte ich dir noch irgendwas geben, solange du nicht dankbar für das bist, was du schon hast? Warum sollte ich dir noch was geben, worüber du dich dann beklagen kannst?«

Wenn wir nicht in der Lage sind, unsere derzeitigen Gebetsbitten aus einem Leben heraus vorzutragen, in dem es jetzt und hier Grund zum Danken gibt, werden wir keine Erhörung finden. Das Wort sagt nicht: Betet mit Klagen, sondern: Betet mit Danksagung.

Grummeln, nörgeln, meckern und klagen tun wir für gewöhnlich dann, wenn etwas anders gelaufen ist oder jemand sich anders verhalten hat, als wir es wollten, oder wenn wir auf etwas länger warten müssen, als es uns lieb ist. Gottes Wort lehrt uns, dass wir in solchen Zeiten Geduld walten lassen sollen.

Ich habe herausgefunden, dass Geduld nicht nur die Fähigkeit zum Warten ist, sondern auch die Fähigkeit, eine gute Haltung zu wahren, während man wartet.

Es ist überaus wichtig, das Thema des Klagens und all der damit verwandten Arten negativen Denkens und Redens sehr ernst zu nehmen. Ich glaube fest, dass Gott mir geoffenbart hat, wie gefährlich es ist, unser Denken und unseren Mund diesen Dingen auszuliefern.

In 5. Mose 1,6 sagte Gott den Israeliten: *»Ihr habt euch lange genug an diesem Berg aufgehalten.«* Vielleicht sind auch Sie schon viele Male um immer denselben Berg herumgelaufen, aber jetzt sind Sie bereit, weiter vorwärtszugehen. Trifft das zu, so rate ich

Ihnen zu bedenken, dass Sie in keiner Weise positiv vorankommen werden, solange Ihre Gedanken und Worte von Klagen strotzen.

Ich habe nicht gesagt, dass es leicht sein würde, nicht zu klagen, – aber Sie haben Christi Sinn. Warum machen Sie nicht das Beste daraus?

Kapitel 20

# »Lass mich nicht auf irgendetwas warten, mir steht sofort alles zu!« (Wüstenmentalität Nr. 5)

»Darum, Brüder, haltet geduldig aus bis zur Ankunft des Herrn! Auch der Bauer wartet auf die kostbare Frucht der Erde, er wartet geduldig [und wachsam], bis im Herbst und im Frühjahr der Regen fällt.«

Jakobus 5,7

Ungeduld ist die Frucht des Stolzes. Jemand, der stolz ist, scheint auf gar nichts in der richtigen Haltung warten zu können. Wie wir im vorigen Kapitel sahen, ist Geduld nicht die Fähigkeit zu warten, sondern die Fähigkeit, beim Warten eine gute Haltung zu bewahren.

Diese Bibelstelle hier sagt nicht: »Seid geduldig, falls ihr warten müsst«, sondern: »Seid geduldig *beim* Warten.« Warten gehört zum Leben. Vielen Leuten fällt das Warten schwer, und doch bringen wir in unserem Leben mehr Zeit mit Warten zu als mit Empfangen.

Ich meine folgendes: Glaubend erbitten wir von Gott etwas im Gebet, und dann warten und warten wir darauf, dass es in Erfüllung geht. Wenn die Erhörung kommt, freuen wir uns, weil wir endlich erhalten haben, worauf wir warteten.

Da wir aber zielorientierte Leute sind, die immer irgendetwas brauchen, worauf sie zumarschieren können – etwas, worauf wir uns freuen –, starten wir gleich wieder von vorne und beginnen, um etwas Neues zu bitten und Gott dafür zu glauben. Dann ist wieder Warten angesagt, bis der nächste Durchbruch geschieht.

Im Nachdenken über diesen typischen Verlauf der Dinge ging mir auf, dass ich weit mehr Zeit mit Warten verbringe als mit Empfangen. Also traf ich den Entschluss, dass ich lernen wollte, die Wartezeit und nicht bloß die Zeit des Empfangens zu genießen.

*Wir müssen lernen, das Jetzt und Hier zu genießen, während wir zum Ziel hin unterwegs sind.*

## Stolz verhindert geduldiges Warten

> »Denn ich sage durch die Gnade [Gottes unverdiente Gunst], die mir gegeben wurde, jedem, der unter euch ist, nicht höher von sich zu denken, als zu denken sich gebührt [keine übertriebene Meinung von seiner eigenen Wichtigkeit zu haben], sondern darauf bedacht zu sein, dass er besonnen sei, wie Gott einem jeden das Maß des Glaubens zugeteilt hat.«
>
> Römer 12,3 (ELB)

Es ist unmöglich, das Warten zu genießen, wenn man nicht weiß, wie man geduldig wartet. Stolz verhindert geduldiges Warten, weil der Stolze von sich selbst so hoch denkt, dass er jedwede Unannehmlichkeit seiner Person unangemessen findet.

Obwohl wir nicht schlecht von uns denken sollen, ist es andererseits auch nicht gut, eine zu hohe Meinung von sich zu haben. Es ist gefährlich, uns selbst so emporzuheben, dass wir auf andere Menschen herunterblicken. Wenn dann die anderen sich nicht so verhalten, wie wir es wollen, oder etwas nicht so schnell tun, wie wir es für angebracht hielten, lassen wir unsere Ungeduld ins Kraut schießen.

Wer demütig ist, zeigt sich nicht ungeduldig.

## Realistisch sein

»*In der Welt seid ihr in Bedrängnis, aber habt Mut [Zutrauen, Gewissheit, feste Erwartung]: Ich habe die Welt besiegt [habe ihr die Macht genommen, euch Schaden zuzufügen, und habe sie für euch erobert].*«

Johannes 16,33

Eine andere Art Satans, unser Denken zu benutzen, um uns zur Ungeduld zu verleiten, ist eine idealistische anstelle einer realistischen Denkart.

Wenn sich in unserem Kopf die Idee festsetzt, alles, was uns, unsere Lebensumstände und unsere Beziehungen angeht, müsse zu jeder Zeit perfekt sein – keine Unannehmlichkeiten, keine Hindernisse, keine nicht ganz so liebenswürdigen Leute, mit denen man sich abgeben muss –, dann legen wir uns selbst einen Fallstrick. Oder ich sollte besser sagen, es ist Satan, der uns mittels falschen Denkens eine Falle stellt.

Damit will ich nicht nahe legen, wir sollten negativ sein; ich glaube fest an positive Haltungen und Gedanken. Aber ich möchte nahe legen, realistisch genug zu sein, dass wir rechtzeitig erkennen: nur sehr wenige Dinge im Leben laufen immer perfekt ab.

Mein Mann und ich reisen fast jedes Wochenende irgendwohin, um Seminare abzuhalten. Oft mieten wir Hotel-Ballsäle oder öffentliche Versammlungsräume an. Anfangs wurde ich ungeduldig oder frustriert, sobald mit einem dieser Räume irgendetwas nicht in Ordnung war. Es kam z. B. vor, dass die Klimaanlage nicht richtig oder gar nicht lief, der Konferenzraum nicht ausreichend beleuchtet war, die Stühle fleckig waren oder zerrissene Polster hatten oder auf dem Fußboden noch die Kuchenkrümel von der Hochzeitsparty lagen, die am Tag zuvor stattgefunden hatte.

Ich war der Meinung, wir hatten für die Miete dieser Räume gutes Geld bezahlt und unsere Verträge im guten Glauben abgeschlossen, das Mietobjekt in ordnungsgemäßem Zustand vorzufinden, und um so mehr irritierte es mich, wenn das nicht der Fall war. Wir taten, was wir konnten, um sicherzugehen, dass die Räume, die wir anmieteten, sauber und bequem waren, und doch gab es in ungefähr 75 Prozent der Fälle irgendetwas, das nicht unseren Erwartungen entsprach.

Mal war es so, dass wir die Zusage erhalten hatten, unser Mitarbeiterteam könne zeitig in die angemieteten Räume hinein, und dann kamen wir an und mussten uns sagen lassen, die Räume seien erst Stunden später verfügbar. Ein andermal gaben Hotelmitarbeiter falsche Informationen über unsere Versammlungszeiten heraus, obwohl wir ihnen diese mehrfach mitgeteilt und sogar unsere Drucksachen mit den genauen Daten und Anfangszeiten hingeschickt hatten. Oft kam es vor, dass Hotel- und Restaurantmitarbeiter unfreundlich und faul waren. Vielfach entsprach das Essen, das wir für unsere Seminarbüfetts bestellt hatten, nicht unseren Erwartungen.

An einen Zwischenfall erinnere ich mich ganz besonders: Ich hielt eine Veranstaltung mit etwa 800 christlichen Frauen ab, und das Dessert, das zum Essen angeliefert worden war, war mit einem Schuss Rum zubereitet. Die Küche hatte die Gedecke mit denen verwechselt, die für eine gleichzeitig in einem Nebenraum stattfindende Hochzeitsfeier gedacht waren. Unnötig zu sagen, dass es uns ziemlich peinlich war, als wir von den Frauen hörten, der Nachtisch schmecke so, als enthalte er Likör.[1]

Von solchen Erlebnissen könnte ich endlos weitererzählen, aber es geht schlicht und einfach darum, dass es uns nur gelegentlich, eher äußerst selten, gelang, in perfekten Räumlichkeiten mit perfekten Menschen ein perfektes Seminar abzuhalten.

Irgendwann ging mir auf, dass einer der Gründe für die Ungeduld und das schlechte Benehmen, das solche Umstände bei mir auszulösen pflegten, darin lag, dass ich idealistisch und nicht realistisch dachte.

Nicht dass ich Fehlschläge einplanen würde, aber ich weiß sehr wohl, dass Jesus gesagt hat, in dieser Welt müssten wir uns mit Drangsal, Versuchungen, Ärger und Frustration herumschlagen. Diese Dinge gehören zum Leben auf dieser Erde – für den

Gläubigen ebenso wie für den Ungläubigen. Doch sämtliche Misshelligkeiten in der Welt können uns nicht schaden, wenn wir in Gottes Liebe bleiben und die Frucht des Geistes in unserem Leben hervorbringen.

## Geduld ist Kraft zum Ertragen

»*Ihr seid von Gott geliebt, seid seine auserwählten Heiligen. Darum bekleidet euch mit aufrichtigem Erbarmen, mit Güte, Demut, Milde, Geduld [die unermüdlich und in der Lage ist, heiteren Sinnes alles zu erdulden, was da kommen mag]!*«

Kolosser 3,12

Diese Bibelstelle schlage ich oft auf, um mich daran zu erinnern, welche Art von Benehmen ich in jeder Situation an den Tag legen sollte. Ich erinnere mich daran, dass Geduld nicht meine Fähigkeit zu warten ist, sondern meine Fähigkeit, beim Warten eine gute Haltung zu bewahren.

## Geduld wächst durch Prüfungen

»*Seid voll Freude, meine Brüder, wenn ihr in mancherlei Versuchungen geratet. Ihr wisst, dass die Prüfung eures Glaubens Ausdauer bewirkt. Die Ausdauer aber soll zu einem vollendeten Werk führen; denn so werdet ihr vollendet und untadelig sein, es wird euch nichts mehr fehlen.*«

Jakobus 1,2-4

Geduld ist eine Frucht des Geistes (Galater 5,22) und als solche im Geist jedes wiedergeborenen Menschen angelegt. Für den Herrn ist es sehr wichtig, dass seine Leute sich als geduldig erweisen; denn er möchte, dass andere Menschen in seinen Kindern sein Wesen erkennen.

Jakobus 1 lehrt uns, dass uns nichts mehr fehlen wird, wenn

wir vollendet sind. Einen geduldigen Menschen kann der Teufel nicht unter seine Kontrolle bringen.

Jakobus 1 lehrt uns auch, dass wir uns freuen sollen, wenn wir uns in schwierige Situationen verwickelt finden, wissen wir doch, dass Gottes Methode, die Geduld in uns zum Erblühen zu bringen, in »mancherlei Anfechtungen« (Luther) besteht.

In meinem eigenen Leben habe ich gesehen, dass »mancherlei Anfechtungen« irgendwann wohl Geduld in mir hervorzubringen vermochten. Zuerst aber ließen sie allerlei anderes aufkeimen, das nicht gerade gottgefällig war: Dinge wie Stolz, Zorn, Auflehnung, Selbstmitleid, Klagen und vieles andere mehr. Mir scheint, diese anderen Dinge müssen zunächst ins Auge gefasst und abgetan werden, ehe die Geduld sich Bahn brechen kann.

## Versuchung oder Unannehmlichkeit?

*»Die Israeliten brachen vom Berg Horeb auf und schlugen die Richtung zum Schilfmeer ein, um Edom zu umgehen. Unterwegs aber verlor das Volk den Mut [wegen der Prüfungen, die die Wanderschaft mit sich brachte].«*
4. Mose 21,4

Wissen Sie noch? Eine Haltung der Ungeduld war eine der Wüstenmentalitäten, welche die Israeliten vierzig Jahre lang in der Wüste herumirren ließen.

Wie sollte es jemals angehen, dass diese Menschen das Verheißene Land betreten und dessen gegenwärtige Besetzer vertreiben würden, um sich das Land anzueignen, wenn sie noch nicht einmal bei ein paar kleinen Unannehmlichkeiten in der Lage waren, geduldig und standhaft zu bleiben?

Lassen Sie sich dazu ermutigen, mit dem Heiligen Geist zusammenzuarbeiten, wenn er in Ihnen die Frucht der Geduld entfaltet. Je mehr Widerstand Sie ihm leisten, umso länger wird es dauern. Lernen Sie es, auf Versuchungen jedweder Art geduldig zu reagieren, dann werden Sie für sich eine Lebensqualität entdecken, die sich nicht mit dem Erdulden irgendwelcher Umstände zufrieden geben muss, sondern alle Tage unbeeinträchtigt zu genießen weiß.

## Die Wichtigkeit von Geduld und Ausdauer

*»Was ihr braucht, ist Ausdauer, damit ihr den Willen Gottes erfüllen könnt und so das verheißene Gut erlangt.«*

Hebräer 10,36

Dieser Vers sagt uns, ohne Geduld und Ausdauer werden wir Gottes Verheißungen nicht erlangen. Ebenso sagt uns Hebräer 6,12, dass wir die Verheißungen nur durch Glauben und Geduld ererben.

Der Stolze stürmt in der Kraft seines eigenen Fleisches vorwärts und versucht die Dinge nach seinem eigenen Zeitplan umzusetzen. Der Stolz sagt: »Ich wäre' dann soweit!«

Die Demut sagt: »Gott weiß es am besten, und er wird sich nicht verspäten!«

Ein demütiger Mensch wartet geduldig ab, ja, er hat eine »heilige Scheu« davor, in der Kraft seines eigenen Fleisches voranzugehen. Wer aber stolz ist, probiert eins nach dem anderen aus, und alles vergeblich.

## Der gerade Weg ist nicht immer der kürzeste, der zum Ziel führt

*»Manch einem scheint sein Weg der rechte, aber am Ende sind es Wege des Todes.«*

Sprüche 16,25

Wir müssen lernen, dass im geistlichen Bereich nicht immer die gerade Linie auch die kürzeste Distanz zwischen uns und dem

Ziel ist, an das wir gelangen wollen. Manchmal kann sie auch der schnellste Weg ins Verderben sein!

Wir müssen es lernen, geduldig zu sein und auf den Herrn zu warten, selbst wenn wir manchmal den Eindruck haben mögen, er lenke uns im Kreis herum und wir kämen unserem ersehnten Ziel kein bisschen näher.

Die Welt ist voller unglücklicher, unerfüllter Christen, die deshalb unglücklich und unerfüllt sind, weil sie ständig versuchen, irgend etwas zuwege zu bringen, statt dass sie geduldig abwarteten, bis Gott die Dinge zu seiner Zeit und auf seine Weise geschehen lässt.

Wenn Sie versuchen, auf Gott zu warten, wird der Teufel pausenlos auf Ihren Verstand eintrommeln und Ihnen einzureden versuchen, Sie müssten »jetzt irgendwas tun«. er will sie dazu bringen, in fleischlichem Eifer vorwärtszustürmen, weiß er doch, dass das Fleisch zu nichts nütze ist (Johannes 6,63; Römer 13,14).

Wie wir sahen, ist Ungeduld ein Zeichen von Stolz, und die einzige Antwort auf Stolz ist Demut.

## Demütigt euch und wartet auf den Herrn

*»Beugt euch also in Demut [erniedrigt euch in eurer Selbsteinschätzung] unter die mächtige Hand Gottes, damit er euch erhöht, wenn die Zeit gekommen ist.«*

Jakobus 5,6

»Sich in seiner Selbsteinschätzung erniedrigen« ist nicht mit negativem Denken über sich selbst gleichzusetzen. Es heißt schlicht und einfach: »Denkt nicht, ihr könntet alle eure Probleme mit eigenen Mitteln lösen.«

Statt dass wir die Dinge stolz in die eigenen Hände nehmen, müssen wir lernen, uns unter Gottes mächtige Hand zu demütigen. Wenn er weiß, dass die Zeit gekommen ist, wird er uns ehren und erhöhen.

Wer auf Gott wartet und sich fleischlichem Eifer verweigert, erlebt ein Stück »Ich-Sterben«. Wir fangen dann an, unseren eigenen Wegen und Zeitvorstellungen abzusterben, und werden lebendig für Gottes Willen und seine Wegführung.

In allem, was Gott uns zu tun heißt, sollten wir stets unverzüglichen Gehorsam leisten. Aber zugleich sollten wir eine heilige Furcht vor fleischlichem Stolz haben. Vergessen Sie nicht: Die Wurzel der Ungeduld ist Stolz. Der Stolze sagt: »Bitte, lass mich nicht auf etwas warten, mir steht alles sofort zu.«

Wenn Sie die Versuchung zur Frustration und Ungeduld verspüren, rate ich Ihnen zu sagen: »Herr, ich möchte, dass dein Wille zu deiner Zeit geschieht. Ich möchte dir nicht voraus, aber auch nicht hinterher sein. Vater, hilf mir, geduldig auf dich zu warten!«

Kapitel

## *»Mein Verhalten mag ja falsch sein, aber es ist nicht meine Schuld!« (Wüstenmentalität Nr. 6)*

*»Adam antwortete: Die Frau, die du mir beigesellt hast, sie hat mir [die Frucht] von dem Baum gegeben, und so habe ich gegessen ... Die Frau antwortete: Die Schlange hat mich verführt [betrogen, hinters Licht geführt, getäuscht], und so habe ich gegessen.«*

1. Mose 3,12-13

Ein Hauptgrund für das Vegetieren in der Wüste ist der Unwille, die Verantwortung für sein eigenes Tun zu übernehmen, während man zugleich mit dem Finger auf andere zeigt und ihnen die Schuld für alles zuschiebt, was verkehrt läuft.

Dieses Problem zeigte sich bereits am Anfang aller Zeit. Mit ihrer Sünde im Garten Eden konfrontiert, klagten Adam und Eva sich gegenseitig, aber auch Gott und den Teufel an – alles, um ja nicht persönlich für ihr Tun geradestehen zu müssen.

### Es ist alles dein Fehler!

*»Sarai, Abrams Frau, hatte ihm keine Kinder geboren. Sie hatte aber eine ägyptische Magd namens Hagar. Sarai sagte zu Abram: Der Herr hat mir Kinder versagt. Geh zu meiner Magd! Vielleicht komme ich durch sie zu einem Sohn. Abram hörte auf sie. Sarai, Abrams Frau, nahm also die Ägypterin Hagar, ihre Magd – zehn Jahre, nachdem sich Abram in Kanaan niedergelassen hatte –, und*

*gab sie ihrem Mann Abram zur Frau. Er ging zu Hagar, und sie wurde schwanger. Als sie merkte, dass sie schwanger war, verlor die Herrin bei ihr an Achtung. Da sagte Sarai zu Abram: Das Unrecht, das ich erfahre, komme auf dich. Ich habe dir meine Magd überlassen. Kaum merkt sie, dass sie schwanger ist, so verliere ich schon an Achtung bei ihr. Der Herr entscheide zwischen mir und dir. Abram entgegnete Sarai: Hier ist deine Magd; sie ist in deiner Hand. Tu mit ihr, was du willst. Da behandelte Sarai sie so hart, dass ihr Hagar davonlief.«*

1. Mose 16,1-6

In diesem Disput zwischen Abram und Sarai erkennen wir dasselbe Szenario wieder, das sich auch zwischen Adam und Eva abgespielt hatte. Sie waren es müde geworden, darauf zu warten, dass Gott seine Verheißung erfüllte, ihnen werde ein eigenes Kind geboren werden, also griffen sie zu fleischlichen Mitteln und »machten ihr eigenes Ding«. Als das schief ging und sie in Schwierigkeiten brachte, zeigte jeder von ihnen mit dem Finger auf den anderen.

Genau dieselbe Szene gab es früher unzählige Male zwischen Dave und mir. Es war, als würden wir fortwährend den wirklichen Dingen des Lebens aus dem Weg gehen und uns weigern, die Realität zur Kenntnis zu nehmen.

Ich erinnere mich noch lebhaft, wie ich darum betete, Dave möge sich ändern. Beim Bibellesen waren mir immer mehr seiner Webfehler bewusst geworden. er hatte es ja so nötig, sich zu verändern! Während ich betete, sprach der Herr zu mir und sagte: »Joyce, nicht Dave ist das Problem – du bist es.«

Ich war am Boden zerstört. Ich weinte und weinte. Drei Tage lang kam ich aus dem Heulen nicht mehr heraus, denn Gott zeigte mir, was es hieß, mit mir unter einem Dach zu leben. Er zeigte mir, wie ich versuchte, alles unter Kontrolle zu behalten, was geschah, wie ich nörgelte und jammerte, wie schwer es war, mir etwas recht zu machen, wie negativ ich eingestellt war usw. Es war ein schockierender Schlag für meinen Stolz – aber zugleich der Anfang meiner Wiederherstellung im Herrn.

Wie die meisten Leute schob ich alles irgendjemand anders oder irgendwelchen Umständen zu, die außerhalb meiner Reichweite lagen. Ich dachte, ich benähme mich daneben, weil ich missbraucht worden war, aber Gott sagte zu mir: »Es mag sein, dass deine Missbrauchserfahrung der Grund dafür ist, dass du dich so benimmst. Aber mach sie nicht zur Ausrede dafür, dass du so bleibst!«

Satan gibt sich alle Mühe mit unserem Denken; er baut darin Festungen auf, die uns hindern, der Wahrheit ins Gesicht zu sehen. Die Wahrheit wird uns frei machen, und das weiß er sehr genau!

Ich glaube, es gibt nichts emotional Schmerzhafteres, als der Wahrheit über uns selbst und unser Betragen ins Gesicht zu sehen. Weil das wehtut, laufen die meisten Leute davor weg. Es fällt uns nicht schwer, die Wahrheit über jemand anders ins Auge zu fassen. – Geht es aber darum, uns selbst im Spiegel anzuschauen, dann entdecken wir jede Menge Schwierigkeiten und Hindernisse.

## Wenn ...

*»Das Volk lehnte sich gegen Gott und gegen Mose auf und sagte: Warum habt ihr uns aus Ägypten heraufgeführt? Etwa damit wir in der Wüste sterben? Es gibt weder Brot noch Wasser. Dieser elenden [substanzlosen] Nahrung sind wir überdrüssig.«*
4. Mose 21,5

Wissen Sie noch? Die Israeliten jammerten, all ihre Probleme seien Gottes und Moses Schuld. Erfolgreich gingen sie jeder persönlichen Verantwortung dafür aus dem Weg, wieso sie so lange in der Wüste herumhingen. Gott zeigte mir, dass dies eine der hauptsächlichen Wüstenmentalitäten war, die sie vierzig Jahre lang dort festhielten.

Es war auch einer der Hauptgründe, dass ich so viele Jahre meines Lebens damit vertat, immer wieder um dieselben Berge

herumzutigern. Ich hatte eine endlose Liste von Rechtfertigungen für mein schlechtes Benehmen:
»Wäre ich nicht als Kind missbraucht worden, so hätte ich auch keine schlechte Laune.«
»Wenn meine Kinder mir mehr unter die Arme greifen würden, käme ich auch besser zurecht.«
»Wenn Dave nicht immer samstags Golf spielen würde, bräuchte ich mich auch nicht so über ihn zu ärgern.«
»Wenn Dave mehr mit mir reden würde, wäre ich nicht so einsam.«
»Wenn Dave mir öfter mal was mitbrächte, wäre ich nicht so negativ.«
»Wenn ich nicht arbeiten müsste, wäre ich auch nicht so erschöpft und reizbar.« Also kündigte ich meinen Job, und bald hieß es:
»Wenn ich bloß mehr aus dem Haus käme, dann würde ich mich nicht so langweilen!«
»Hätten wir nur mehr Geld, dann ...«
»Hätten wir ein eigenes Haus, dann ...« Also kauften wir ein Haus, und es kam, was kommen musste:
»Hätten wir bloß nicht so hohe Kosten für das Haus ...«
»Wenn wir bessere Nachbarn oder andere Freunde hätten, dann ...«
*Wenn – wenn – wenn – wenn ...*

## Aber ...

*»Der Herr sprach zu Mose: Schick einige Männer aus, die das Land Kanaan erkunden, das ich den Israeliten geben will. Aus jedem Väterstamm sollt ihr einen Mann aussenden, und zwar jeweils einen der führenden Männer. Da schickte Mose von der Wüste Paran die Männer aus, wie es der Herr befohlen hatte. Sie alle waren führende Männer unter den Israeliten ... Vierzig Tage, nachdem man sie zur Erkundung des Landes ausgeschickt hatte, machten sie sich auf den Rückweg. Sie kamen zu Mose und Aaron und zu*

*der ganzen Gemeinde der Israeliten in die Wüste Paran nach Kadesch. Sie berichteten ihnen und der ganzen Gemeinde und zeigten ihnen die Früchte des Landes. Sie erzählten Mose: Wir kamen in das Land, in das du uns geschickt hast: Es ist wirklich ein Land, in dem Milch und Honig fließen; das hier sind seine Früchte. Aber das Volk, das im Land wohnt, ist stark, und die Städte sind befestigt und sehr groß. Auch haben wir die Söhne des Anak [großgewachsene, tapfere Krieger] dort gesehen.«*

4. Mose 13,1-3.25-28

»Wenn« und »aber« sind zwei der irreführendsten Wörter, die Satan unserem Denken überhaupt einimpfen kann. Die zwölf Kundschafter, die zu Aufklärungszwecken ins Verheißene Land ausgesandt worden waren, kamen mit einer Weinranke zurück, die so groß und schwer war, dass zwei Männer sie an einer Stange tragen mussten, und dennoch war der Bericht, den sie Mose und dem Volk erstatteten, negativ.

Das »Aber« machte ihnen den Garaus! Sie hätten ihre Blicke auf Gott gerichtet halten sollen und nicht auf das potentielle Problem.

Einer der Gründe, warum unsere Probleme uns überwältigen können, besteht darin, dass wir denken, sie seien größer als Gott. Vielleicht ist das auch der Grund dafür, dass es uns so schwer fällt, der Wahrheit ins Gesicht zu schauen. Wir sind uns nicht sicher, dass Gott uns verändern kann, also verstecken wir uns lieber vor uns selbst, als dass wir uns so betrachten, wie wir wirklich sind.

Heute fällt es mir nicht mehr so schwer, einer Wahrheit über mich selbst standzuhalten, wenn Gott an mir arbeitet, weil ich weiß, dass er mich verändern kann. Ich habe bereits gesehen, was er tun kann, und ich vertraue ihm. Am Anfang meines Weges jedoch war es nicht so einfach. Die meiste Zeit meines Lebens bis dahin hatte ich damit zugebracht, vor der einen oder anderen Sache davonzulaufen. Ich hatte so lange im Dunkeln gelebt, dass es nicht leicht war, ins Licht hinauszutreten.

## Wahrheit im inneren Menschen

*»Gott, sei mir gnädig nach deiner Huld, tilge meine Frevel nach deinem reichen Erbarmen! Wasch meine Schuld [immer wieder] von mir ab, und mach mich rein von meiner Sünde! Denn ich erkenne meine bösen Taten, meine Sünde steht mir immer vor Augen. Gegen dich allein habe ich gesündigt, ich habe getan, was dir missfällt. So behältst du recht mit deinem Urteil, rein stehst du da als Richter. Denn ich bin in Schuld geboren, in Sünde hat mich meine Mutter empfangen [und ich bin auch sündhaft]. Lauterer Sinn im Verborgenen gefällt dir, im Geheimen lehrst du mich Weisheit.«*

Psalm 51, 3-8

Im 51. Psalm schreit David, der König, um Gnade und Vergebung zu Gott, weil der Herr ihn mit der Sünde konfrontiert hatte, die in seinem Ehebruch mit Bathseba und der Ermordung ihres Mannes bestand.

Ob Sie es glauben oder nicht: diese Sünde hatte David ein volles Jahr vor der Niederschrift dieses Psalms begangen. Die ganze Zeit über hatte er ihr nicht ins Gesicht gesehen, sie nicht an sich herangelassen. Er erkannte die Wahrheit nicht an, und solange er das nicht tat, konnte er auch nicht wirklich bereuen. Und solange er nicht wirklich bereuen konnte, konnte Gott ihm nicht vergeben.

Vers 8 ist ein besonders kraftvoller Satz, in dem es heißt, dass Gott »im Verborgenen«, also im inneren Menschen, einen »lauteren Sinn« oder Wahrhaftigkeit bei uns sehen möchte. Das bedeutet: wollen wir die Segnungen Gottes empfangen, so müssen wir vor ihm ehrlich sein, was uns selbst und unsere Sünden angeht.

## Ohne Bekenntnis keine Vergebung

*»Wenn wir sagen, dass wir keine Sünde haben [uns der Anerkenntnis verweigern, dass wir Sünder sind], führen wir uns selbst in die*

*Irre, und die Wahrheit [des Evangeliums] ist nicht in uns [wohnt nicht in unseren Herzen]. Wenn wir [offenherzig] unsere Sünden bekennen, ist er treu und gerecht [gemäß seinem eigenen Wesen und seinen Verheißungen]; er vergibt uns die Sünden [sühnt unsere Gesetzlosigkeit] und reinigt uns [immer wieder] von allem Unrecht [allem, was im Wollen, Denken und Handeln nicht seinem Willen entspricht]. Wenn wir sagen [behaupten], dass wir nicht gesündigt haben, machen wir ihn zum Lügner, und sein Wort ist nicht in uns [haben wir die göttliche Botschaft des Evangeliums nicht in unseren Herzen].«*

1. Johannes 1,8-10

Gott lässt sich nicht lange bitten, uns zu vergeben, wo wir ehrlich Buße tun. Aber ehrlich Buße tun können wir nicht, solange wir uns nicht der Wahrheit darüber stellen, was wir getan haben.

Zuzugeben, dass man etwas verkehrt gemacht hat, nur um dann gleich mit einer Entschuldigung dafür aufzuwarten, entspricht noch nicht der Art Gottes, sich der Wahrheit zu stellen. Von Natur aus wollen wir uns selbst und unsere Taten rechtfertigen, aber die Bibel sagt, dass allein Jesus Christus unsere Rechtfertigung ist (Römer 3,20-24). Nachdem wir gesündigt haben, werden Sie und ich ausschließlich durch das Blut Jesu vor Gott gerecht gemacht, nicht durch unsere eigenen Entschuldigungen.

Ich weiß noch, wie mich eines Tages eine Nachbarin anrief, die mich bat, sofort und auf der Stelle mit ihr zur Bank zu fahren, da ihr Auto nicht anspringe und die Bank bald zumache. Ich war damit beschäftigt, mein eigenes Ding zu machen, und hatte keine Lust, mich dabei unterbrechen zu lassen, also begegnete ich der Frau unhöflich und ungeduldig. Kaum hatte ich den Hörer aufgelegt, da wusste ich auch schon, wie widerwärtig ich mich aufgeführt hatte und dass ich zurückrufen, mich entschuldigen und die Frau zur Bank fahren sollte. Mir schwirrte der Kopf vor lauter Entschuldigungen für mein schlechtes Benehmen, die ich ihr sagen wollte: »Mir war grad nicht so gut, ich war so beschäftigt, ich hatte selber 'nen harten Tag ...«

Tief in meinem Geist aber spürte ich, wie der Heilige Geist mich mahnte, gar nicht erst mit Ausreden anzufangen.
»Ruf sie einfach an und sag ihr, dein Verhalten war falsch – Punkt. Sage nicht mehr als: ›Mein Benehmen war daneben, und es gibt keine Entschuldigung dafür. Bitte vergeben Sie mir und gestatten Sie, dass ich Sie zur Bank fahre.‹«
Ich kann Ihnen sagen, das war ein hartes Stück Arbeit. Mein Fleisch bekam Zustände! Ich spürte regelrecht, wie diese Angelegenheit mir in der Seele herumflitzte, um sich irgendwo zu verkriechen. Aber vor der Wahrheit gibt es kein Verstecken, denn die Wahrheit ist Licht.

## Die Wahrheit ist Licht

*»Im Anfang [vor aller Zeit] war das Wort [Christus], und das Wort war bei Gott, und das Wort war Gott. Im Anfang war es bei Gott. Alles ist durch das Wort geworden, und ohne das Wort wurde nichts, was geworden ist. In ihm war das Leben, und das Leben war das Licht der Menschen. Und das Licht leuchtet in der Finsternis, und die Finsternis hat es nicht erfasst [sie konnte es nie überwinden, auslöschen oder an sich anpassen, sie kann es auch nicht aufnehmen].«*

Johannes 1,1-5

Die Wahrheit ist eine der mächtigsten Waffen gegen das Reich der Finsternis. Die Wahrheit ist Licht und die Bibel sagt, dass die Finsternis das Licht nie überwinden konnte und niemals überwinden kann.

Satan möchte die Dinge im Dunkeln verborgen lassen. Der Heilige Geist aber will sie ans Licht bringen und an ihnen arbeiten, damit wir wirklich und wahrhaftig frei sein können.

Jesus sagte, es ist die Wahrheit, die uns befreit (Johannes 8,32). Diese Wahrheit wird durch den Geist der Wahrheit geoffenbart.

## Der Geist der Wahrheit

*»Noch vieles habe ich euch zu sagen, aber ihr könnt es jetzt nicht tragen. Wenn aber jener kommt, der Geist der Wahrheit [der Geist, der Wahrheit gibt], wird er euch in die ganze Wahrheit führen.«*
Johannes 16,12-13

Jesus hätte seinen Jüngern die ganze Wahrheit zeigen können, wusste aber, dass sie dazu noch nicht bereit waren. er sagte ihnen, sie würden warten müssen, bis der Heilige Geist vom Himmel herabkommen werde, um bei ihnen zu bleiben und in ihnen zu wohnen.

Nachdem Jesus in den Himmel aufgestiegen war, sandte er den Heiligen Geist, damit er an uns ständig arbeitet und uns dafür zurüstet, dass Gottes Gnade durch uns in vielfältiger Weise sichtbar wird.

Wie kann es geschehen, dass der Heilige Geist in unserem Leben wirkt, wenn wir uns nicht der Wahrheit stellen? Schließlich heißt er »der Geist der Wahrheit«. Uns zu helfen, der Wahrheit ins Gesicht zu sehen, ist ein Hauptaspekt seines Dienstes, den er an Ihnen und an mir tut. Er möchte uns zum Ort der Wahrheit führen, denn nur die Wahrheit wird uns befreien.

Es mag sein, dass es in Ihrer Vergangenheit etwas gibt – einen Menschen, ein Ereignis oder irgendwelche Umstände, durch die Sie verletzt worden sind –, die Ursache für Ihre falsche Einstellung und Ihr Verhalten sind. Aber bitte lassen Sie das nicht zu Entschuldigung dafür werden, so zu bleiben, wie Sie sind.

Ohne jede Frage resultierten viele meiner Verhaltensprobleme daraus, dass ich über viele Jahre sexuell, verbal und emotional missbraucht worden war. Und doch steckte ich in der Falle falscher Verhaltensmuster fest, solange ich meine Missbrauchserfahrung als Rechtfertigung für sie benutzte. Das ist, als würden Sie Ihren Feind in Schutz nehmen, indem Sie sagten: »Ich hasse diese Sache und deshalb halte ich daran fest!«

Es steht fest, dass Sie herrliche Befreiung von jeder Gebundenheit erfahren können. Es ist nicht nötig, dass sie vierzig Jahre in der Wüste umherwandern. Falls Sie aber schon vierzig Jahre oder mehr da draußen zugebracht haben, weil Sie bisher nicht wussten, dass es »Wüstenmentalitäten« waren, die Sie dort festhielten, dann machen Sie den heutigen Tag zum Tag Ihrer Entscheidung!

Bitten Sie Gott darum, dass er beginnt, Ihnen die Wahrheit über Sie selbst zu zeigen. Und wenn er das tut, laufen Sie nicht weg! Leicht wird es nicht sein, aber denken Sie daran, dass er versprochen hat: »Ich lasse dich nicht fallen und verlasse dich nicht« (Hebräer 13,5).

*Sie sind auf dem Weg aus der Wüste hinaus – genießen Sie das Verheißene Land!*

Kapitel 22

# »Mein Leben ist so mies. – Ich tue mir selbst leid, weil mein Leben so kaputt ist« (Wüstenmentalität Nr. 7)

*»Da erhob die ganze Gemeinde ein lautes Geschrei, und das Volk weinte die ganze Nacht. Alle Israeliten murrten über Mose und Aaron, und die ganze Gemeinde sagte zu ihnen: Wären wir doch in Ägypten oder wenigstens hier in der Wüste gestorben!«*

4. Mose 14,1-2

Die Israeliten taten sich selbst ungemein leid. Jede Unannehmlichkeit wurde zu einer weiteren Entschuldigung dafür, sich in Selbstmitleid zu suhlen.

Ich weiß noch, wie der Herr einmal zu mir sprach, als ich gerade eine meiner »Wie-geht's-mir-doch-so-schlecht«-Parties feierte. »Joyce«, sagte er, »du kannst voll Selbstmitleid oder voll Kraft sein – beides auf einmal geht nicht.«

Wir haben in diesem Kapitel ein Thema vor uns, über das ich nicht zu rasch hinweggehen möchte. Es ist *ungeheuer* wichtig zu begreifen, dass *wir nicht Dämonen des Selbstmitleids am Leben erhalten und uns gleichzeitig in der Kraft Gottes bewegen können!*

## Ermutigt einander und baut euch gegenseitig auf

*»Darum tröstet [ermutigt] und ermahnt einander, und einer richte den andern auf, wie ihr es schon tut.«*

1. Thessalonicher 5,11

Mein Selbstmitleid aufzugeben fiel mir sehr schwer; schließlich hatte ich mich über Jahre seiner bedient, um mir Trost zu verschaffen, wenn es mir schlecht ging.

Im selben Augenblick, in dem uns jemand verletzt oder wir eine Enttäuschung einstecken müssen, schickt der Teufel einen Dämon los, damit er uns ins Ohr lüge, wie schrecklich und ungerecht wir doch behandelt worden seien.

Sie müssen nur den Gedanken Raum geben, die in solchen Zeiten in uns einzuströmen versuchen, dann werden Sie sehr schnell wahrnehmen, wie der Feind Selbstbemitleidung benutzt, um uns in Fesseln zu halten.

Die Bibel dagegen gibt uns nicht die Freiheit, uns selbst Leid zu tun. Vielmehr sollen wir uns gegenseitig ermutigen und im Herrn aufbauen.

Es gibt eine echte Gabe des Mitleids, das sich auf andere richtet, denen es schlecht geht. Wer diese Gabe hat, setzt sein Leben dafür ein, anderen Menschen Erleichterung zu verschaffen. Selbstmitleid jedoch ist eine Perversion, weil es etwas für sich selbst nimmt, was Gott zum Weiterreichen an andere gedacht hat.

Genauso ist es mit der Liebe. Römer 5,5 sagt, die Liebe Gottes ist durch den Heiligen Geist in unsere Herzen ausgegossen. Das hat Gott getan, damit wir wissen können, wie er uns liebt, und imstande sind, anderen Liebe zu erweisen.

Nehmen wir nun die Liebe, die Gott uns zum Weggeben zugedacht hat, und richten sie auf uns selbst, so degeneriert sie zur Selbstsucht, einer Haltung, die uns letzten Endes zerstört. Selbstmitleid ist Götzendienst: Wir stellen uns selber in den Mittelpunkt, drehen uns um uns und unsere Gefühle. In unserem Bewusstsein geht es dann nur noch um das eigene Ich mit seinen Bedürfnissen und Sorgen – wahrhaftig eine engstirnige Lebensweise!

## An die anderen denken

*»Jeder achte nicht nur auf das eigene Wohl, sondern auch auf das der anderen.«*

Philipper 2,4

Vor kurzem wurde einer unserer Vortragstermine überraschend abgesagt. Ausgerechnet auf diesen Termin hatte ich mich gefreut, und anfangs enttäuschte mich die Stornierung ein bisschen. Früher einmal hätte ein solcher Zwischenfall mich in eine tiefe Grube des Selbstmitleids, der Kritik, des Verurteilens der »anderen Seite« (des Vertragspartners) und negativer Gedanken und Handlungen aller Art gestürzt. Doch inzwischen habe ich es gelernt, in einer solchen Situation einfach still zu sein. Es ist besser, nichts zu sagen, als dass man das Falsche sagt.

Wie ich still für mich dasaß, fing Gott an, mich die Situation mit den Augen der anderen beteiligten Menschen sehen zu lassen. Sie hatten keinen geeigneten Raum finden können, um die Veranstaltung abzuhalten, und Gott zeigte mir, wie enttäuschend das für sie war. Sie hatten auf diese Veranstaltung gesetzt und sich mit großen Erwartungen darauf gefreut – und jetzt konnten sie sie nicht abhalten.

Es ist erstaunlich, wie leicht es fällt, Selbstmitleid zu umgehen, wenn wir die Dinge mit den Augen der anderen statt nur mit unseren eigenen sehen. Selbstmitleid funktioniert ja so, dass man ausschließlich an sich selbst und an niemand sonst denkt.

Manchmal verausgaben wir uns damit buchstäblich selbst, um Sympathie zu wecken. Jawohl, Selbstmitleid ist eine der gefährlichsten Fallen und eines der Hauptwerkzeuge Satans, um uns in der Wüste festzuhalten. Wer nicht aufpasst, kann sogar daran gebunden werden.

Eine Gebundenheit ist etwas, das als automatische Reaktion auf einen bestimmten Reiz funktioniert – ein angelerntes Verhaltensmuster, das zur Gewohnheit geworden ist.

Wie viel Zeit verbringen Sie in Selbstmitleid? Und wie reagieren Sie auf Enttäuschungen?

Ein Christ genießt ein seltenes Privileg, wenn er eine Enttäuschung erfährt: Er kann buchstäblich ent-täuscht, von einer irreführenden Täuschung befreit werden. Bei Gott ist immer ein neuer Anfang möglich. Doch Selbstmitleid hält uns in der Vergangenheit gefangen.

## Abgeben und Gott zum Zug kommen lassen

*»Denkt nicht mehr an das, was früher war [verliert euch nicht in den Erinnerungen]; auf das, was vergangen ist, sollt ihr nicht achten. Sehr her, nun mache ich etwas Neues. Schon kommt es zum Vorschein, merkt ihr es nicht? Ja, ich lege einen Weg an durch die Steppe und Straßen durch die Wüste.«*

Jesaja 43,18-19

So viele Jahre meines Lebens habe ich mit Selbstmitleid vertan. Ich gehörte zu den Menschen, die daran schier gebunden sind. Selbstmitleid war meine automatische Reaktion auf jedwede Art von Enttäuschung. Auf der Stelle füllte Satan mein Denken mit verkehrten Inhalten an, und da ich nicht wusste, wie man »über seine Gedanken nachdenkt«, gab ich mich jedem Gedanken, der mir ins Hirn drang, einfach so hin. Und je mehr ich nachdachte, umso bedauernswerter kam ich mir vor.

Ich erzähle oft Geschichten aus den ersten Jahren unserer Ehe. In der Fußballsaison wollte Dave jeden Sonntagnachmittag die Spiele im Fernsehen anschauen. Und wenn gerade keine Fußballsaison war, war irgendeine andere »Ballsaison«. Dave stand auf jede Ballsportart, ich auf keine einzige. Alles, wobei Leute mit Bällen warfen oder schossen, konnte ihn dermaßen in den Bann schlagen, dass er meine Existenz bei manchen Sportsendungen schier vergaß.

Eines Tages stellte ich mich direkt vor seine Nase und sagte laut und deutlich: »Dave, ich fühle mich überhaupt nicht gut; mir ist, als müsste ich sterben.«

Ohne die Augen vom Fernsehschirm abzuwenden, sagte er: »Hm, ja, das ist ja schön, Liebling.«

Viele Sonntagnachmittage verbrachte ich wütend und voller Selbstmitleid. Wenn ich mich über Dave aufregte, kriegte ich immer einen Putzfimmel. Heute weiß ich, dass ich versuchte, ihm Schuldgefühle einzuflößen, weil er sich vor dem Fernseher vergnügte, während es mir so schlecht ging. Stundenlang wütete ich im Haus herum, schlug Türen zu, rammte Schubladen in Kommoden, marschierte mit dem Staubsauger in der Hand ständig quer durch das Zimmer, in dem er saß, und machte ein lautstarkes Getue darum, wie viel ich doch zu tun hatte.

Selbstverständlich versuchte ich seine Aufmerksamkeit zu gewinnen, aber er bemerkte mich kaum. Irgendwann gab ich's auf, verzog mich in den hinteren Teil des Hauses, ließ mich auf den Badezimmerboden fallen und heulte. Je mehr ich heulte, umso bemitleidenswerter fühlte ich mich. Jahre später offenbarte Gott mir, wieso Frauen ins Badezimmer gehen, um sich auszuheulen. Er sagte, dieser Ort sei bevorzugt, weil es in ihm so einen großen Spiegel gebe: Nachdem Madame gebührend lange geheult hat, kann sie sich ausgiebig betrachten und feststellen, wie überaus beklagenswert sie aussieht.

Ich sah manchmal so übel aus, dass ich gleich wieder in Tränen ausbrach, wenn ich nur mein Ebenbild im Spiegel erblickte. Schließlich trat ich gebeugten Hauptes einen letzten Gang durch das Wohnzimmer an, in dem Dave saß. Ich ging extra langsam und so, dass man mir schon von weitem die Last ansah, die ich zu schleppen hatte. Gelegentlich blickte er gerade so lange auf, wie es nötig war, um mich zu fragen, ob ich ihm ein Glas Eistee mitbringen könne, wo ich doch gerade in die Küche unterwegs sei.

Unterm Strich steht: Es funktionierte nicht! Ich machte mich emotional völlig fertig, oftmals so sehr, dass ich mich am Ende wegen all der falschen Gefühle, mit denen ich mich den ganzen Tag über abgegeben hatte, regelrecht körperlich krank fühlte.

Gott lässt es nicht geschehen, dass Sie durch Ihre eigene Hand frei werden. Das wird er nur durch seine Hand tun. Nur Gott kann Menschen verändern! Niemand außer dem Allmächtigen hätte Dave die Lust daran nehmen können, so viel Sport zu gucken, wie er es früher tat. Je mehr ich lernte, dem Herrn zu vertrauen und mich nicht mehr im Selbstmitleid zu aalen, umso ausgewogener wurde Dave hinsichtlich seines Sportkonsums am Fernseher.

Nach wie vor schaut er gerne Sportsendungen an, und heute macht mir das wirklich nichts mehr aus. Ich nehme mir dann einfach die Zeit, um Dinge zu tun, die mir Spaß machen. Und wenn ich wirklich mal was anderes tun möchte oder muss, dann frage ich Dave freundlich - nicht böse wie früher -, und die meiste Zeit geht er bereitwillig darauf ein. Sicher gibt es auch Momente - und die wird es immer geben -, da bekomme ich meinen Willen nicht. Und wenn ich dann spüre, wie mir der Hut hochgehen will, bete ich: »O Gott, bitte lass mich diese Prüfung bestehen. Um diesen Berg möchte ich auch nicht ein einziges weiteres Mal herumgehen!«

Kapitel 23

## »Ich verdiene Gottes Segnungen nicht; ich bin ihrer nicht wert« (Wüstenmentalität Nr. 8)

»Und der Herr sagte zu Josua: Heute habe ich die ägyptische Schande von euch abgewälzt. Darum nennt man diesen Ort bis zum heutigen Tag Gilgal (Wälzplatz).«

Josua 5,9

Nachdem Josua die Israeliten über den Jordan ins Verheißene Land geführt hatte, gab es noch etwas, das Gott erst tun musste, ehe das Volk bereit war, das Land einzunehmen und die erste Stadt, Jericho, zu erobern.

Der Herr ordnete an, dass alle männlichen Israeliten beschnitten werden sollten, was in den ganzen vierzig Jahren, die sie in der Wüste herumgewandert waren, nicht geschehen war. Nachdem das getan war, sagte Gott dem Josua, er habe »die ägyptische Schande« von seinem Volk »abgewälzt«.

Nur wenige Verse weiter, in Kapitel 6, beginnt der Bericht darüber, wie Gott die Kinder Israel führte, Jericho zu besiegen und einzunehmen. Wieso musste zunächst die Schande von ihnen weggenommen werden? Und was ist eine Schande?

### Was ist eine Schande?

Unter einer »Schande« versteht man etwas »Anklagendes« oder »Beschämendes«.[1] Mit der Bekundung, er werde die Schande

Ägyptens von den Israeliten »abwälzen«, traf Gott eine ganz bestimmte Aussage. Ägypten steht für die Welt. Nachdem wir einige Jahre in der Welt gewesen und weltlich geworden sind, haben wir alle es nötig, dass unsere Schande von uns gewälzt wird.

Aufgrund der Dinge, die ich früher getan hatte und die mir widerfahren waren, hatte ich einen wesentlich durch Scham definierten Charakter. Ich machte mir selbst Vorwürfe für das, was mir angetan worden war – obwohl vieles davon in meiner Kindheit geschehen war und ich überhaupt nichts hätte tun können, um es zu beenden.

Wir sagten bereits, dass Gnade Gottes Kraft ist, die uns als freie Gabe von ihm zufließt und uns hilft, mit Leichtigkeit das zu tun, was wir aus eigenem Vermögen nicht tun können. Gott möchte uns Gnade geben, und Satan will uns Schande[2] zufügen.

Die Botschaft der Schande an mich war, dass ich nichts taugte: Weder der Liebe noch der Hilfe Gottes sei ich würdig. Mein inneres Wesen war durch Scham vergiftet. Ich schämte mich nicht nur dessen, was mir angetan worden war, ich schämte mich meiner selbst. Ganz tief drinnen konnte ich mich nicht ausstehen.

Wenn Gott die Schande von uns abwälzt, bedeutet das, jeder von uns muss für sich selbst die Vergebung annehmen, die er uns für alle Sünden unserer Vergangenheit anbietet.

Es muss Ihnen klar sein, dass Sie sich Gottes Segnungen niemals verdienen können. Nie werden Sie ihrer würdig sein. Sie können sie nur demütig annehmen, sich ihrer freuen und ehrfürchtig anerkennen, wie gut er ist und wie sehr er Sie liebt.

Selbsthass, Selbstablehnung, die Weigerung, Gottes Vergebung anzunehmen (indem Sie sich selbst vergeben), das Nichtverstehen der Gerechtigkeit durch das Blut Jesu und sämtliche Probleme, die mit diesen Dingen zusammenhängen, sind definitiv Faktoren, die Sie immer weiter in der Wüste umherwandern lassen. Ihr Denken muss im Hinblick auf die rechte Stellung vor Gott erneuert werden, und zwar durch Jesus, nicht durch Ihre eigenen Werke.

Nach vielen Jahren des geistlichen Dienstes ist es meine Überzeugung, dass etwa 85 Prozent unserer Probleme daraus resultieren, wie wir uns selbst empfinden. Jeder Mensch unter Ihren Bekannten, der im Sieg lebt, lebt auch in Gerechtigkeit.

Ich weiß, ich verdiene Gottes Wohltaten nicht; und doch nehme ich sie entgegen, weil ich eine Miterbin Christi bin (Römer 8,17). Er hat sie verdient, und ich bekomme sie, indem ich meinen Glauben auf ihn richte.

### Erbe oder Knecht?

»*Daher bist du nicht mehr Sklave, sondern Sohn; bist du aber Sohn, dann [folgerichtig] auch Erbe, Erbe durch Gott.*«

Galater 4,7

Sind Sie Sohn oder Sklave, Erbe oder rechtloser Diener? Ein Erbe ist jemand, der etwas ohne eigenen Verdienst erhält, genauso wie das Vermögen eines Menschen durch testamentarische Willensentscheidung von diesem auf einen anderen übergeht. Ein Sklave oder Knecht im biblischen Sinne ist jemand, der sich bis zur Erschöpfung abgemüht hat, dem Gesetz Folge zu leisten. Der Begriff beinhaltet die Vorstellung von elendiger Plackerei und Not.

Ich bin jahrelang als Sklavin in der Wüste herumgeirrt und habe versucht, gut genug zu sein, um mir das zu verdienen, was Gott mir durch seine Gnade als Geschenk geben wollte. Ich hatte eine verkehrte Denkart.

Zuerst dachte ich, man müsse sich alles im Leben verdienen und erwerben: »Niemand tut etwas ohne Gegenleistung für dich.« Dieses Prinzip war mir jahrelang eingebläut worden. Immer und immer wieder hatte ich diesen Satz gehört, als ich groß wurde. Man sagte mir, jeder, der vorgab, mir Gutes tun zu wollen, lüge und wolle mich am Ende nur ausnutzen.

Unser Leben in der Welt hat uns gelehrt, dass wir uns alles verdienen müssen, was wir haben wollen. Möchten wir jemanden zum Freund haben, dann – so hat man uns gesagt – müssen wir denjenigen unentwegt bei Laune halten, sonst wird er sich von uns abwenden. Wenn wir im Beruf vorankommen wollen, dann –

so sagt alle Welt – müssen wir die richtigen Leute kennen und richtig mit diesen Leuten umgehen, und irgendwann bekommen wir vielleicht unsere Chance zum Aufstieg. Wenn wir dann der Welt den Rücken kehren, lastet ihre Schande schwer auf uns und muss auf jeden Fall von uns gewälzt werden.

## Und was sehen Sie?

*»Sogar die Riesen haben wir dort gesehen – die Anakiter gehören nämlich zu den Riesen. Wir kamen uns selbst klein wie Heuschrecken vor, und auch ihnen erschienen wir so.«*
4. Mose 13,33

Auf den Israeliten lag jene Schande. Der zitierte Vers verdeutlicht, dass sie eine negative Sicht von sich selbst hatten. Zehn der zwölf Kundschafter, die ausgesandt worden waren, um das Verheißene Land zu erkunden, ehe die gesamte Nation den Jordan durchquerte, kehrten zurück und sagten, das Land sei von Riesen bewohnt, die sie selbst, die Israeliten, als Grashüpfer sähen – und genau das waren sie auch in ihren eigenen Augen.

Das zeigt uns klipp und klar, wie diese Menschen über sich selbst dachten.

Seien Sie sich bitte der Tatsache bewusst, dass Satan Ihr Denken – soweit ihm die Möglichkeit dazu eingeräumt wird – mit jeder Art negativer Selbstwahrnehmung erfüllen wird. Er hat schon früh damit angefangen, Ihr Denken mit Festungen zu durchziehen, und viele dieser Festungen bestehen aus negativen Annahmen über sich selbst und darüber, was andere Leute von Ihnen halten. Er sorgt immer dafür, dass Sie die eine oder Zurückweisung erfahren, und die Erinnerung an diese Erlebnisse holt er immer dann wieder an die Oberfläche, wenn Sie sich daranmachen, in Ihrem Leben vorwärtskommen zu wollen.

Versagens- und Zurückweisungsängste halten viele Menschen in der Wüste fest. Auf den Israeliten lastete eine Schande, die aus den vielen Jahren des Sklavendaseins in Ägypten unter allerlei schweren Misshandlungen resultierte. Es ist interessant festzustellen, dass fast niemand aus der Generation derer, die mit Mose in Ägypten aufgebrochen waren, das Verheißene Land tatsächlich betrat. Ihre Kinder waren es, die das Land einnahmen. Und doch sagte Gott ihnen, den Nachkommen, er müsse die Schande von ihnen abwälzen.

Die meisten von ihnen waren in der Wüste zur Welt gekommen, nachdem ihre Eltern aus Ägypten ausgezogen waren. Wie konnte es sein, dass auf ihnen die Schande Ägyptens lastete, wenn sie noch nicht einmal dort gelebt hatten?

Dinge, die auf Ihren Eltern gelegen haben, können auf Sie übergehen. Haltungen, Gedanken und Verhaltensmuster sind erblich. Eine falsche Denkart, die Ihre Eltern gepflegt haben, kann zu Ihrer Denkart werden. Ihre Art, über einen bestimmten Gegenstand zu denken, kann Ihnen überkommen sein, und zwar ohne dass Sie überhaupt wissen, wieso Sie so denken.

Ein Vater oder eine Mutter mit einem schwachen Selbstwertgefühl, einer Haltung der Minderwertigkeit und einem »Ich-verdiene-Gottes-Segen-nicht«-Syndrom kann diese Denkart auf jeden Fall an seine oder ihre Kinder weitergeben.

Auch wenn ich es schon weiter vorne in diesem Buch erwähnt habe, möchte ich, weil es ein so wichtiger Bereich ist, nochmals darauf hinweisen, dass es Ihnen bewusst sein muss, was im Blick auf Ihre eigene Person in Ihrem Denken vorgeht. Gott ist bereit, Ihnen in bezug auf Ihr Versagen Barmherzigkeit zu gewähren, wenn Sie sie denn annehmen wollen. Er belohnt nicht die Vollkommenen, die ohne Makel sind und niemals Fehler machen, sondern diejenigen, die ihm glauben und vertrauen.

## Gott gefällt es, wenn Sie an ihn glauben

*»Ohne Glauben aber ist es unmöglich, (Gott) zu gefallen; denn wer zu Gott kommen will, muss [notwendigerweise] glauben, dass er ist*

*und dass er denen, die ihn suchen [sich für ihn entscheiden], ihren Lohn geben wird.«*

Hebräer 11,6

Bitte beachten Sie: Ohne Glauben können Sie Gott nicht gefallen. Daraus folgt: egal, wie viele »gute Werke« Sie ihm zu präsentieren haben, sie werden ihm nicht gefallen, wenn sie nur mit dem Hintergedanken getan worden sind, seine Gunst zu »verdienen«. Was immer wir für Gott tun – es sollte getan werden, weil wir ihn lieb haben, nicht weil wir darauf aus sind, etwas von ihm zu bekommen.

Diese kraftvolle Bibelstelle sagt, Gott wird diejenigen belohnen, die ihn mit ganzem Herzen suchen. Welche Freude war es, als ich das endlich begriff! Ich weiß, dass ich in der Vergangenheit viele Fehler gemacht habe, aber ich weiß auch, ich habe Gott hingebungsvoll, mit meinem ganzen Herzen, gesucht. Also stehen mir seine Belohnungen zu. Schon vor langer Zeit habe ich mich entschieden, jeden Segen anzunehmen, den Gott mir je geben wollte.

Der Herr wollte die Israeliten ins Verheißene Land führen und sie über ihre kühnsten Träume hinaus segnen, aber zuerst musste er ihre Schande von ihnen abwälzen. Solange sie von Scham und Schuldgefühlen niedergedrückt waren, hätten sie niemals wirklich etwas von ihm empfangen können.

## Über die Schande erhaben

*»Denn in ihm [Christus] hat er uns [in seiner Liebe] erwählt [eigentlich für sich selbst als Sein Eigentum ausgesucht] vor der Erschaffung der Welt, damit wir heilig [ausschließlich zu seinem Gebrauch beiseite gestellt] und untadelig [frei von jeder Schande] leben vor Gott.«*

Epheser 1,4

Was für eine herrliche Bibelstelle! Der Herr sagt uns in diesem Vers, dass wir ihm gehören, und unterstreicht, was er für uns möchte – dass wir nämlich wissen sollen, wir sind geliebt, etwas ganz Besonderes, Wertvolles, und dass wir heilig, makellos und über jede Schande erhaben sein sollen.

Natürlich sollten wir tun, was immer in unserer Macht steht, um ein heiliges Leben zu führen. Aber Gott sei Dank können wir Vergebung erlangen und kann unsere Heiligkeit wiederhergestellt werden, falls wir dennoch Fehler machen. Aufs Neue können wir makellos werden, über jede Schande erhaben, und zwar »in ihm«.

## Gott hat keinen erhobenen Zeigefinger

> *»Fehlt es aber einem von euch an Weisheit, dann soll er sie von Gott erbitten; Gott wird sie ihm geben, denn er gibt allen gern und macht niemand einen Vorwurf.«*
> 
> Jakobus 1,5

Hier haben wir eine weitere großartige Bibelstelle, die uns darin unterweist, von Gott zu empfangen, ohne dass er uns etwas vorwirft.

Jakobus hat sich zuvor an Leute gewandt, die mancherlei Prüfungen zu erdulden hatten. Jetzt sagt er ihnen, sollten sie in ihrer Lage Weisheit benötigen, so mögen sie Gott darum bitten. Er versichert ihnen, dass sie weder Zurückweisung erfahren noch Vorwürfe aus seinem Mund hören werden. Er wird ihnen einfach nur helfen.

Ohne ein gerütteltes Maß an Hilfe Gottes schaffen Sie es niemals durch die Wüste. Aber solange Sie eine negative Haltung zu sich selbst haben, kann er Ihnen zu helfen versuchen, soviel er will – die Hilfe wird nicht bei Ihnen ankommen.

Wenn Sie sich ein sieghaftes, kraftvolles, positives Leben wünschen, können Sie sich selbst nicht negativ gegenüberstehen. Blicken Sie nicht nur darauf, wie weit der Weg noch ist, sondern vergessen Sie nicht, wie viel Sie schon zurückgelegt haben. Fassen Sie Ihren Fortschritt ins Auge und denken Sie an Philipper 1,6: »*Ich vertraue darauf, dass er, welcher bei euch das gute Werk begonnen hat, es auch vollenden wird bis zum Tag Jesu Christi* [dem Zeitpunkt, zu dem er wiederkommt].«

*Denken und sprechen Sie gut von sich selbst!*

Kapitel 24

## »Wieso soll ich nicht eifersüchtig und neidisch sein, wenn alle anderen besser dran sind als ich?« (Wüstenmentalität Nr. 9)

> »Als Petrus diesen Jünger [Johannes] sah, fragte er Jesus: Herr, was wird denn mit ihm? Jesus antwortete ihm: Wenn ich will, dass er bis zu meinem Kommen [am Leben] bleibt, was geht das dich an? Du aber folge mir nach!«
>
> Johannes 21,21-22

In Johannes 21 unterhielt sich Jesus mit Petrus über die Härten, die dieser auf sich zu nehmen haben würde, wenn er dem Herrn nachfolgen und ihn verherrlichen wollte. Kaum hatte Jesus mit ihm über diese Dinge gesprochen, als Petrus sich umdrehte, Johannes erblickte und sofort den Herrn fragte, was er denn wohl mit diesem vorhabe. Worum es Petrus ging? Wenn er schon durch raue See würde segeln müssen, dann bitteschön Johannes auch. Das wollte er von Jesus bestätigt haben.

In seiner Antwort wies Jesus Petrus höflich darauf hin, er solle sich gefälligst um seine eigenen Angelegenheiten kümmern.

Uns in die Angelegenheiten anderer Leute einzumischen führt dazu, dass wir in der Wüste bleiben. Eifersüchtig sein, Neid hegen, sich selbst und die eigenen Lebensumstände gedanklich mit anderen und deren Leben vergleichen – das alles sind Bestandteile einer Wüstenmentalität.

## Keine Chance für Eifersucht und Neid

»*Ein gelassenes Herz ist des Leibes Leben; aber Eifersucht ist Eiter in den Gebeinen.*«
Sprüche 14,30 (Luther 84)

Wer neidisch ist, verhält sich gefühllos und roh, manchmal regelrecht animalisch. Neid brachte Josefs Brüder dazu, ihn in die Sklaverei zu verkaufen. Sie hassten ihn, weil ihr Vater ihn so sehr liebte.

Wenn es in Ihrer Familie jemanden gibt, der sich größerer Gunst zu erfreuen scheint als Sie selbst, dann hassen Sie diesen Menschen nicht. Vertrauen Sie auf Gott! Tun Sie, was er von Ihnen verlangt: Glauben Sie, dass er Ihnen Gunst zukommen lassen wird. Dann wird es Ihnen genauso ergehen wie Josef: Sie werden extrem gesegnet sein.

In Vines expositorischem NT-Wörterbuch wird die Bedeutung des griechischen Wortes für »Neid« so wiedergegeben: »das Gefühl des Missfallens, das durch die Wahrnehmung oder das Hörensagen von Bevorzugung oder [größerem] Wohlergehen anderer ausgelöst wird«.[1] »Eifersucht« definiert Webster als »Neid-, [negative] Vorahnungs- oder Bitterkeitsgefühle«.[2] Diese Definition verstehe ich im Sinne einer Angst, das, was Sie haben, an jemand anderen zu verlieren, oder als Abneigung gegenüber dem Erfolg eines anderen Menschen, die aus Neidgefühlen erwächst.

## Vergleichen und Konkurrieren bringt nichts

»*Es entstand unter ihnen ein Streit darüber, wer von ihnen wohl der Größte sei. Da sagte Jesus: Die Könige herrschen über ihre Völker, und die Mächtigen lassen sich Wohltäter nennen. Bei euch aber soll es nicht so sein, sondern der Größte unter euch soll werden wie der Kleinste, und der Führende soll werden wie der Dienende.*«
Lukas 22,24-26

In meinen frühen Jahren litt ich unendlich unter Eifersucht, Neid und verglich mich ständig mit anderen. So geht es jedem, der innerlich unsicher ist. Wenn wir uns hinsichtlich unseres Selbstwertes als einer einzigartigen Persönlichkeit nicht sicher sind, so ist es ganz natürlich, dass wir uns im Wettstreit mit all jenen befinden, die erfolgreich und gut drauf zu sein scheinen.

Dass ich lernen durfte, als Individuum zu leben, für das Gott einen einzigartigen, persönlichen Plan hat, war in der Tat eine der kostbarsten und herrlichsten Befreiungen, die der Herr mir geschenkt hat. Heute weiß ich, dass ich mich (und meinen Dienst) mit niemandem vergleichen muss.

Es macht mir immer wieder Mut und gibt mir Hoffnung, wenn ich mir Jesu Jünger ansehe und erkenne, dass sie mit vielen der Dinge zu kämpfen hatten, die auch mir zu schaffen machen. In Lukas 22 sehen wir, wie die die Jünger darüber stritten, wer von ihnen wohl der Größte sei. Jesus antwortete ihnen mit dem Hinweis, der tatsächlich Größte sei derjenige, der bereit sei, sich als der Geringste ansehen zu lassen oder ein Diener zu sein. Unser Herr widmete einen Großteil seiner Zeit dafür, seinen Jüngern beizubringen, dass das Leben im Reich Gottes für gewöhnlich das direkte Gegenteil der weltlichen oder fleischlichen Lebensweise ist.

Jesus lehrte sie Dinge wie: »Viele aber, die jetzt die Ersten sind, werden dann [im ewigen Leben] die Letzten sein; und die Letzten werden die Ersten sein« (Markus 10,31). Sie sollten sich mit den Gesegneten freuen (vgl. Lukas 15,6.9) und für ihre Feinde – diejenigen, die sie verfolgten und misshandelten – beten (Matthäus 5,44). Die Welt würde sagen, dies alles sei verrückt. Jesus aber sagt, darin liege die wahre Kraft.

## Weltlicher Wettbewerb taugt nichts

*»Wir wollen nicht prahlen, nicht miteinander streiten und einander nichts nachtragen.«*

Galater 5,26

Im System der Welt ist der beste Platz immer der, auf dem man vor allen anderen steht. Landläufigem Denken zufolge muss man sich bemühen, nach oben zu kommen, egal, wen man bei seinem Aufstieg alles verletzen muss. Die Bibel jedoch lehrt uns, dass es so etwas wie wahren Frieden niemals geben kann, solange wir nicht von dem Drang befreit sind, uns mit anderen zu messen.

Selbst bei »Sport und Spiel« sehen wir den Wettbewerb häufig dermaßen aus dem Gleichgewicht geraten, dass die Beteiligten schließlich miteinander streiten und sich gegenseitig hassen, anstatt sich einfach nur zu entspannen und eine gute gemeinsame Zeit zu verbringen. Natürlich spielt kein Mensch ein Spiel, um zu verlieren; jeder will sein Bestes tun. Aber jemand, der ein Spiel nicht genießen kann, es sei denn, er gewinnt, hat definitiv ein Problem, und zwar möglicherweise ein sehr tief wurzelndes, das in vielen Bereichen seines Lebens weitere Probleme hervorruft.

Gewiss sollten wir im Beruf unser Bestes geben; es ist nichts Falsches daran, wenn jemand seine Sache gut machen und in seinem erwählten Beruf vorankommen möchte. Ich möchte Sie aber ermutigen, nicht zu vergessen, dass ein gläubiger Mensch von Gott und nicht von seinen Mitmenschen vorangebracht wird. Sie und ich haben es nicht nötig, weltliche Spielchen zu spielen, um voranzukommen. Wer die Dinge so macht, wie es Gott gefällt, dem wird Gunst bei Gott und bei Menschen zuteil (Sprüche 3,3-4).

Eifersucht und Neid sind Folterinstrumente aus der Hölle. Ich habe Jahre damit zugebracht, auf jede eifersüchtig und neidisch zu sein, die besser aussah als ich oder über Talente verfügte, die ich nicht besaß. Insgeheim konkurrierte ich mit anderen Leuten im geistlichen Dienst. Es war ungemein wichtig für mich, dass mein »eigenes« Missionswerk größer war, besseren Zulauf hatte und über mehr Geldmittel verfügte als jedes andere. Zog jemand anders mit seinem Dienst in irgendeinem Bereich an mir vorbei, so wollte ich mich zwar für diesen Kollegen freuen, weil ich wusste, dass es Gott so gefiel, aber in meiner Seele gab es irgend etwas, das diese Freude zuverlässig verhinderte.

Als ich mehr und mehr erkannte, wer ich in Christus – nicht

in meinen Werken – war, merkte ich, dass es mich freisetzte, mich oder irgendetwas, das ich tat, nicht mit anderen vergleichen zu müssen. Je mehr ich es lernte, Gott zu vertrauen, umso mehr Freiheit erlangte ich in diesen Bereichen. Ich begriff, dass mein himmlischer Vater mich liebt und immer für mich tut, was am besten ist – für *mich*.

Was Gott für Sie oder mich tut, ist vielleicht etwas anderes als das, was er für einen Dritten tut – aber vergessen wir nicht, was Jesus zu Petrus sagte: »Zerbrich dir nicht den Kopf über das, was ich mit jemand anderem tun möchte; folge du mir nach!«

Einmal erhielt eine Bekannte von mir eine Gabe vom Herrn, für die ich meinerseits glaubte und nach der ich mich lange gesehnt hatte. Nun betrachtete ich diese Freundin als längst nicht so »geistlich« wie mich selbst, und so wurde ich sehr eifersüchtig und neidisch, als sie ganz aufgeregt bei mir klingelte und mir erzählte, was der Herr in ihrem Leben getan hatte. Klar, solange sie da war, gab ich vor, mich mit ihr zu freuen – aber in meinem Herzen sah es ganz anders aus.

Als sie gegangen war, kamen bei mir Wesenszüge zum Vorschein, von denen ich niemals gedacht hätte, dass sie in mir schlummerten! Ja, ich nahm es Gott übel, dass er sie so gesegnet hatte, weil ich glaubte, sie verdiene es nicht. Schließlich hockte ich fastend und betend daheim, während sie mit ihren Freundinnen in der Gegend herumzog und sich vergnügte! Sie sehen also, ich war eine »Pharisäerin«, ein religiöser Snob, und wusste es noch nicht einmal.

Gott lässt ziemlich häufig Ereignisse anders geschehen, als wir es für richtig halten würden, weil er weiß, was wir wirklich brauchen. Ich hatte es weit mehr nötig, von meinen negativen Haltungen freizuwerden, als dass ich das brauchte, worum ich seinerzeit gerade betete. Wohl uns, wenn Gott unsere Umstände so einrichtet, dass wir irgendwann nicht mehr umhin können, uns im Spiegel anzuschauen. Kommt es dazu nicht, so werden wir niemals befreit.

Solange der Feind sich in unserer Seele verbergen kann, wird er immer einen bestimmten Grad von Kontrolle über uns ausüben. Stellt Gott ihn aber bloß, dann sind wir schon auf dem Weg in die Freiheit, *wenn* wir uns denn in Gottes Hände legen und ihm gestatten, rasch das zu tun, was er tun möchte.

Tatsächlich hatte Gott es für mein Leben längst vorgesehen, dass der Dienst, zu dessen Treuhänderin er mich einsetzen wollte, sich sehr ausdehnen und über Rundfunk und Fernsehen, Seminare, Bücher und Kassetten Millionen Menschen erreichen sollte. Aber in die Fülle dieses Dienstes konnte ich nur in dem Maß hineinwachsen, in dem ich in ihm »erwachsen« wurde.

## Eine neue Denkart erlangen

*»Lieber Bruder, ich wünsche dir in jeder Hinsicht Wohlergehen und Gesundheit, so wie es deiner Seele wohl ergeht.«*
3. Johannes 2

Betrachten Sie diese Schriftstelle sorgfältig. Es ist Gottes Wunsch, *uns sogar mehr zu segnen, als wir gesegnet werden wollen.* Aber er hat uns auch genug lieb, als dass er uns nicht über unser Vermögen hinaus segnet, mit den Segnungen angemessen umzugehen und weiterhin zu seiner Ehre zu leben.

Es ist kindisch, eifersüchtig und neidisch zu sein oder sich mit anderen zu vergleichen. Das sind ganz und gar fleischliche Verhaltensweisen, die nichts und wieder nichts mit geistlichen Dingen zu tun haben. Aber sie sind einer der Hauptgründe für ein Leben in der Wüste.

Machen Sie sich einmal klar, wie Sie in diesem Bereich denken. Und wenn Sie merken, wie sich in Ihrem Denken verkehrte Muster breitmachen wollen, dann sprechen Sie ein wenig mit sich selbst. Sagen Sie sich: »Was nützt es mir, auf andere eifersüchtig zu sein? Das bringt mir keinen Segen. Gott hat einen individuellen Plan für jeden und jede von uns, und ich will ihm vertrauen, dass er das Allerbeste für mich tut. Was er mit anderen Leuten vorhat, geht mich überhaupt nichts an.« Und dann sollten

Sie entschieden und zielgerichtet darum beten, dass die anderen umso mehr gesegnet werden. Haben Sie keine Angst, ehrlich mit Gott über Ihre Gefühle zu sprechen. er weiß sowieso, was Sie fühlen, also können Sie genauso gut mit ihm darüber sprechen.

Ich habe dem Herrn z. B. folgendes gesagt: »Herr, ich möchte für NN beten, dass sie um so mehr gesegnet sein möge. Lass es ihr wohl ergehen und segne sie auf jede nur erdenkliche Weise. Herr, so bete ich im Glauben. In meinem Geist bin ich eifersüchtig auf sie und fühle mich ihr unterlegen, aber ich *will* so beten, wie es dir gefällt, ob ich mich nun danach fühle oder nicht.«

Neulich hörte ich jemanden sagen, dass es ganz egal sei, wie gut wir irgendetwas tun können – es wird immer jemanden geben, der es noch besser kann. Dieser Satz verfehlte seine Wirkung auf mich nicht, weil ich weiß, dass er stimmt. Und wenn es sich so verhält, welchen Sinn soll es dann haben, sich sein Leben lang abzumühen, um nur ja besser zu sein als alle anderen? Kaum sind wir Nummer 1 geworden, so wird uns irgendjemand diesen Platz streitig machen; und früher oder später wird derjenige auftauchen, der das, was wir tun – was immer es auch sei – tatsächlich noch einen Tick besser kann als wir.

Denken Sie nur an die Welt des Sports: Egal, welche Rekordmarke irgendein Sportler auch setzt, irgendwann tritt ein anderer auf und überbietet sie. Und wie ist es im Bereich der Unterhaltung? Der jeweilige Superstar steht immer nur eine Zeitlang ganz oben – nur allzu bald kommt jemand anders groß raus und nimmt seinen Platz ein. Was für eine fürchterliche Selbsttäuschung ist es doch zu denken, wir müssten immer darum kämpfen, besser zu sein als alle anderen – und uns mit Zähnen und Klauen verteidigen, sobald wir es denn geschafft haben.

Schon vor langer Zeit sagte Gott zu mir, *Shooting Stars* stiegen zwar sehr schnell auf und zögen jede Menge Aufmerksamkeit auf sich, aber für gewöhnlich seien sie nur eine sehr kurze Zeit zu sehen und verglühten genauso schnell wieder, wie sie aufgeleuchtet seien. Er sagte, es sei sehr viel besser, den langen Atem zu haben – an den Dingen dranzubleiben – und das zu tun, was er mir zu tun aufgetragen habe, und zwar so gut ich irgend könne. Er hat mir versichert, sich um meinen Ruf zu kümmern. Ich für meinen Teil habe den Entschluss gefällt, mit allem einverstanden zu sein, was ich nach seinem Willen tun und sein soll. Warum? Weil er besser als ich selbst weiß, womit ich umgehen kann.

Vielleicht tragen Sie in diesem Bereich schon seit langem ein mentales Bollwerk mit sich herum. Jedes Mal, wenn Sie jemandem begegnen, der Ihnen ein kleines Stück voraus zu sein scheint, empfinden Sie Eifersucht und Neid und möchten sich am liebsten mit dem Betreffenden messen. Wenn es so ist, ermahne ich Sie, sich eine neue Denkart zuzulegen.

Richten Sie Ihr Denken darauf aus, sich mit anderen zu freuen und für sich selbst Gott zu vertrauen. Das wird eine gewisse Zeit und Ausdauer benötigen, aber sobald jene alte mentale Festung erst einmal geschleift und durch Gottes Wort ersetzt worden ist, werden Sie auch schon auf dem Weg aus der Wüste hinaus und hinein ins Verheißene Land sein.

Kapitel 25

# »Ich mach's auf meine Art, oder ich mach's gar nicht« (Wüstenmentalität Nr. 10)

»... damit sie ihr Vertrauen auf Gott setzen, die Taten Gottes nicht vergessen und seine Gebote bewahren und nicht werden wie ihre Väter, jenes Geschlecht voll Trotz und Empörung, das wankelmütige Geschlecht, dessen Geist nicht treu zu Gott hielt.«

Psalm 78,7-8

Während ihrer Wüstenjahre legten die Israeliten jede Menge Sturköpfigkeit und Aufmüpfigkeit an den Tag. Und genau wegen dieser Haltungen mussten sie dort draußen sterben. Sie wollten beileibe nicht tun, was Gott ihnen gesagt hatte. Wenn sie in Schwierigkeiten steckten, schrien sie zu Gott, er möge ihnen da raushelfen. Sie waren sogar bereit, gehorsam auf seine Anweisungen einzugehen – so lange, bis es ihnen besser ging. Danach kehrten sie immer wieder zu ihrer aufrührerischen Haltung zurück.

Man mag es kaum glauben, wie oft dieser immer gleiche Kreislauf im Alten Testament berichtet wird. Und doch wird es bei uns genauso sein, wenn wir unser Leben nicht weise führen.

Ich nehme an, dass einige von uns einfach von Natur aus ein bisschen sturköpfiger und aufmüpfiger sind als andere. Darüber hinaus müssen wir uns natürlich unsere eigenen Wurzeln und unseren Start ins Leben anschauen, denn auch davon werden wir beeinflusst.

Ich kam mit einer starken Persönlichkeit zur Welt und hätte

wahrscheinlich alles darangesetzt, die Dinge auf meine eigene Art anzugehen, koste es, was es wolle. Aber all die Jahre, in denen ich missbraucht und unterdrückt wurde, taten zu meiner ohnehin schon starken Persönlichkeit das ihre hinzu, und so ergab sich meine Einstellung, dass mir niemand irgendwas zu sagen hätte.

Es liegt auf der Hand, dass Gott an dieser schlechten Haltung, die ich hatte, etwas ändern musste, ehe er mich gebrauchen konnte.

Der Herr fordert von uns, unsere Autonomie aufzugeben und geschmeidig, formbar in seinen Händen zu sein. Solange wir stur und aufmüpfig sind, kann er uns nicht gebrauchen.

Sturheit heißt für mich Widersetzlichkeit: Mit einem sturen Menschen ist schwer auszukommen, er will sich nicht lenken lassen. Aufmüpfigkeit, innere Rebellion, verstehe ich als eine Haltung, die sich nicht unterordnen, zurechtweisen oder beherrschen lassen will. Wer aufmüpfig ist, widerstrebt festgelegten Ordnungen. All das traf auf mich zu, genauso war ich!

Dass ich mit Autorität nicht umgehen konnte, ging zum großen Teil auf die Missbrauchserlebnisse meiner frühen Jahre zurück. Doch wie ich schon weiter vorne in diesem Buch ausgeführt habe, konnte ich es nicht zulassen, dass meine Vergangenheit zur Ausrede dafür wurde, in Rebellion oder was auch immer stecken zu bleiben. Wer im Sieg leben will, muss dem Herrn auf der Stelle und präzise gehorchen. Wir wachsen in unserer Fähigkeit und Bereitschaft, unseren eigenen Willen beiseite zu stellen und seinen Willen zu tun. Alles kommt darauf an, dass wir in diesem Bereich immer weiter vorankommen.

Es genügt nicht, eine bestimmte Ebene zu erreichen und sich dann zu denken: »Jetzt bin ich so weit gekommen, wie ich irgend kommen konnte.« Wir müssen in allem gehorchen, ohne auch nur eine Sache zurückzuhalten oder irgendwelche Türen in unserem Leben vor dem Herrn geschlossen zu lassen. Jeder von uns hat seine ganz bestimmten Dinge, an die er sich so lange wie nur möglich klammert, aber ich ermahne Sie, nicht zu vergessen, dass ein wenig Sauerteig den ganzen Teig durchsäuert (1. Korinther 5,6).

## Gott will Gehorsam, keine Opfer

*»Samuel aber sagte [König Saul]: Hat der Herr an Brandopfern und Schlachtopfern das gleiche Gefallen wie am Gehorsam gegenüber der Stimme des Herrn? Wahrhaftig, Gehorsam ist besser als Opfer, Hinhören besser als das Fett von Widdern. Denn Trotz ist ebenso eine Sünde wie die Zauberei, Widerspenstigkeit ist ebenso (schlimm) wie Frevel und Götzendienst. Weil du das Wort des Herrn verworfen hast, verwirft er dich als König.«*
1. Samuel 15,22-23

Wenn wir uns Sauls Leben ansehen, erkennen wir deutlich, dass er die Chance bekam, König zu sein. Sturköpfigkeit und Aufmüpfigkeit führten dazu, dass er es nicht lange blieb. Er wollte seinen eigenen Kopf durchsetzen.

Einmal wies der Prophet Samuel Saul zurecht, weil er nicht getan hatte, was ihm gesagt worden war, und Saul erwiderte: »Ich dachte aber.« Dann legte er dar, wie er sich die Sache gedacht hatte, von der die Rede war (1. Samuel 10,6-8; 13,8-14). Darauf antwortete ihm Samuel, dass es Gott um Gehorsam gehe und nicht um Opfer.

Oftmals wollen wir nicht tun, was Gott verlangt, und dann machen wir irgendetwas, womit wir unseren Ungehorsam meinen ausgleichen zu können.

Wie viele Kinder Gottes verpassen es dank ihrer Sturheit und Aufmüpfigkeit, als Könige auf der Erde zu herrschen (s. Römer 5,17; Offenbarung. 1,6)?

In der englischen *Amplified Bible* heißt es in der Einleitung zum Predigerbuch: »Diesem Buch geht es darum, das Leben als ganzes ins Auge zu fassen und deutlich zu machen, dass es alles in allem sinnlos ist, wenn es nicht in der angemessenen Achtung und Ehrerbietung vor Gott gelebt wird.«

Wir müssen begreifen, dass es ohne Gehorsam keine »angemessene Achtung und Ehrerbietung« gibt. Die Rebellion, die heutzutage viele Kinder an den Tag legen, entsteht aus mangelndem Respekt und fehlender Ehrerbietung vor ihren Eltern. Gewöhnlich ist das die Schuld der Eltern, die es vor ihren Kindern an einem Lebenswandel, der Respekt und Ehrerbietung hervorruft, haben fehlen lassen.

Die meisten Forscher stimmen darin überein, dass das Predigerbuch von König Salomo geschrieben wurde, dem von Gott mehr Weisheit verliehen worden war als irgendeinem Menschen sonst. Aber wie kann es angehen, dass Salomo in seinem Leben so viele schlimme Fehler beging, wenn er doch dermaßen weise war? Darauf gibt es eine einfache Antwort: Man kann etwas besitzen, ohne es zu gebrauchen. Wir haben Christi Sinn, aber benutzen wir ihn auch immer? Jesus ist uns von Gott zur Weisheit gemacht, aber setzen wir die Weisheit stets ein?

Salomo wollte seinen eigenen Weg gehen und sein eigenes Ding machen. Er brachte sein Leben damit zu, mal dies und mal jenes auszuprobieren. Er besaß alles und jedes, das mit Geld zu kaufen war, konnte sich von jedem weltlichen Vergnügen das Allerbeste leisten – und doch schrieb er am Schluss seines Buches diese Worte:

*»Lasst uns die Summe aller Lehre hören: Fürchte Gott [ehre und anbete ihn, wissend, wer er ist] und halte seine Gebote; denn das macht den ganzen Menschen aus. [Das ist der volle, ursprüngliche Sinn seiner Schöpfung, der Gegenstand der Vorhersehung Gottes, die Wurzel menschlichen Charakters, das Fundament jedweden Glücks, die Zurechtbringung aller disharmonischen Umstände und Lebensbedingungen unter der Sonne.]«*

Prediger 12,13 (Schlachter 2000)

Lassen Sie mich in eigenen Worten sagen, was ich aus dieser Bibelstelle ziehe: *Der ganze Sinn der Schöpfung des Menschen besteht darin, dass er Gott ehre und anbete, indem er ihm gehorcht. Jedwedes gottgefällige Wesen muss im Gehorsam wurzeln; Gehorsam ist die Grundlage allen Glücks. Niemand kann jemals wirklich glücklich sein, wenn er Gott nicht gehorcht. Gehorsam rückt alles in unserem Leben zurecht, was aus der Ordnung geraten ist. Gehorsam ist alles, worauf es im Leben eines Menschen ankommt.*

Was mich angeht, ist dies eine Bibelstelle, die mir wie kaum eine andere Ehrfurcht einflößt. Umso mehr möchte ich Sie ermutigen, sich selbst mit diesem Text auseinanderzusetzen.

## Gehorsam und Ungehorsam: beide haben Folgen

»*Wie durch den Ungehorsam des einen Menschen die vielen zu Sündern wurden, so werden auch durch den Gehorsam des einen die vielen zu Gerechten gemacht werden.*«

Römer 5,19

Unsere Entscheidung zu gehorchen oder nicht zu gehorchen beeinflusst nicht bloß uns selbst, sondern auch jede Menge andere Menschen. Machen Sie sich nur einmal klar: Hätten die Israeliten Gott prompt gehorcht, so wäre ihr Leben unendlich viel besser verlaufen. Viele von ihnen und ihren Kindern kamen in der Wüste um, weil sie sich den Anweisungen Gottes nicht fügen wollten. Ihre Kinder wurden von ihren Entscheidungen in Mitleidenschaft gezogen. Ebenso ist es auch mit unseren eigenen Kindern.

Vor kurzem sagte mein ältester Sohn: »Mama, ich hab' dir was zu sagen. Es kann sein, dass ich anfange zu heulen, aber lass mich bitte ausreden.« Dann fuhr er fort: »Ich hab' über dich und Papa und all die Jahre nachgedacht, die ihr in diesen Dienst gesteckt habt, und darüber, dass es nicht immer leicht für euch war. Mama, mir ist klar, dass du und Papa durch Dinge gegangen seid, von denen niemand weiß, und ich möchte dir sagen, dass Gott mir heute morgen ein Bewusstsein dafür geschenkt hat, wie viel Segen ich aus eurem Gehorsam ziehe. Dafür bin ich total dankbar.«

Diese seine Worte bedeuteten mir viel und erinnerten mich an Römer 5,19.

Ihr Entschluss, Gott zu gehorchen, hat Folgen für andere Menschen; und wenn Sie sich entscheiden, Gott nicht zu gehorchen, beeinträchtigt das andere. Es steht Ihnen ja frei, Gott ungehorsam zu sein und in der Wüste zu bleiben, aber bedenken Sie bitte: Falls Sie Kinder haben oder jemals welche haben werden, wird ihre Entscheidung auch Ihre Kinder mit in der Wüste festhalten. Die nächste Generation kann es schaffen, die Wüste hinter sich zu lassen, wenn sie erwachsen ist, aber eines steht fest: Der Ungehorsam, den Sie als Eltern an den Tag legen, wird Ihre Kinder einen hohen Preis kosten.

Vielleicht würde Ihr Leben heute besser aussehen, wenn in Ihrer Vergangenheit jemand Gott gehorcht hätte.

Gehorsam reicht sehr weit. Er verschließt die Tore der Hölle und öffnet die Fenster des Himmels.

Über Gehorsam könnte ich ein ganzes Buch schreiben, aber jetzt und hier begnüge ich mich damit herauszustreichen, dass ein Leben in Ungehorsam die Frucht falschen Denkens ist.

## Jeden Gedanken unter den Gehorsam gegen Christus gefangen nehmen

*»Die Waffen, die wir bei unserem Feldzug einsetzen, sind nicht irdisch [haben nichts mit Fleisch und Blut zu tun], aber sie haben durch Gott die Macht, Festungen zu schleifen; mit ihnen reißen wir alle hohen Gedankengebäude nieder, die sich gegen die [wahre] Erkenntnis Gottes auftürmen. Wir nehmen alles Denken gefangen, so dass es Christus [dem Messias, dem Gesalbten] gehorcht.«*
2. Korinther 10,4-5

Sehr häufig sind es unsere Gedanken, die uns in Schwierigkeiten bringen.

In Jesaja 55,8 sagt der Herr: *»Meine Gedanken sind nicht eure Gedanken, und eure Wege sind nicht meine Wege ...«* Was auch immer Sie oder ich denken mögen – Gott hat seine Gedanken über uns in sein Buch, das wir die Bibel nennen, hineingeschrieben. Wir müssen uns entscheiden, unsere Gedanken im Licht des Wortes Gottes zu untersuchen, und dabei stets willens sein, unsere Gedanken den seinen zu unterwerfen, wissen wir doch, dass seine Gedanken die besten sind.

Genau darum geht es in 2. Korinther 10,4-5. Achten Sie darauf, wie es in Ihrem Denken aussieht. Stimmt das, was Sie da sehen, nicht mit Gottes Gedanken (der Bibel) überein, so legen Sie Ihre eigenen Gedanken ab und denken Sie seine.

Menschen, die sich in der eitlen Nichtigkeit ihres eigenen Denkens bewegen, zerstören nicht nur sich selbst, sondern fügen auch den Menschen um sie herum allzu oft verheerenden Schaden zu.

*Die Gedanken sind das Schlachtfeld!*

Auf diesem Boden, dem Boden des Denkens, werden Sie den Krieg, den Satan gegen Sie entfesselt hat, entweder gewinnen oder verlieren. Aus meinem tiefsten Herzen bete ich darum, dass dieses Buch Ihnen hilft, alle hohen Gedankengebäude niederzureißen, die sich gegen die wahre Gotteserkenntnis auftürmen, und jeden Gedanken gefangen zu nehmen, so dass er Christus gehorcht.

# Anmerkungen

## Kapitel 7
[1] »Virtue« hat die Grundbedeutung »Tugend« bzw. »Tugendhaftigkeit« (lat. »virtus«), kann aber auch mit »Wirkung, Wirksamkeit, Erfolg« übersetzt werden (vgl. H. Willmann/H. Messinger, Langenscheidts Großwörterbuch der englischen und deutschen Sprache. »Der Kleine Muret-Sanders«. Englisch-Deutsch, Berlin etc. 6. Aufl. 1993, S. 1076, s. v. virtue). – Anm. d. Übersetzers

[2] W. E. Vine, An Expository Dictionary of New Testament Words, Old Tappan, NJ 1940, Bd. IV, S. 190.

[3] J. Strong, The New Strong's Exhaustive Concordance of the Bible, Nashville, TN 1984, S. 24.

[4] Vine 1940, Bd. III, S. 55.

## Kapitel 9
[1] Vgl. Webster's II: New Riverside University Dictionary, Boston, MA 1984; s. v. wander.

[2] Vgl. deutsch »sich wundern« – am nächsten an das englische »wonder« in seinem sprachgeschichtlichen Gehalt kommt das deutsche »herumwundern« heran. – Anm. d. Übersetzers

## Kapitel 10
[1] Vgl. Webster 1984, Bd. II; s. v. reason.

## Kapitel 11
[1] Vine 1940, Bd. I, S. 335.

[2] Ebd. Bd. IV, S. 165.

[3] Ein Stadion beträgt knapp 200 m.

[4] Zwischen drei und sechs Uhr morgens.

[5] Ein Feigenbaum trägt normalerweise Blattwerk und Früchte zur gleichen Zeit.

## Kapitel 12

[1] Dies ist der transitive Gebrauch des engl. »worry«, im Deutschen etwa wiederzugeben mit »jemandem Sorgen machen, Sorge bereiten«. – *Anm. d. Übersetzers*

[2] Webster 1984, Bd. II; s. v. *worry*.

[3] The Random House Unabridged Dictionary, New York 1993*; s. v. *worry*.

## Kapitel 13

[1] Vine 1940, Bd. II, S. 281.

[2] Ebd. S. 280.

## Kapitel 15

[1] Die Verfasserin bedient sich an dieser Stelle eines englischen Wortspiels, das sich ins Deutsche nicht übertragen lässt, wenn sie Gott als unseren »*lifter*« bezeichnet. Das englische »*lift*« meint sowohl »hoch-« oder »emporheben« (vgl. dt. »Lift« als Synonym für »Aufzug«) als auch »erneuern/verschönern«, bezogen auf die äußere Erscheinung einer Person (vgl. dt. »liften«, »geliftet«). – *Anm. d. Übersetzers*

[2] Webster 1984, Bd. II; s. v. *depress*.

[3] Ebd.; s. v. *depressed*.

[4] Vine 1940, Bd. II, S. 60.

[5] Die englische King-James-Bibel sagt an dieser Stelle: »zu euch selbst«.

[6] Vine 1940, Bd. IV, S. 55.

[7] Strong 1984, S. 32.

## Kapitel 17

[1] Die Verfasserin benutzt hier ein englisches Wortspiel, in dem Verantwortung als menschliche Antwort auf das Können oder die Fähigkeit Gottes verstanden wird: *responsibility = response to ability*. – *Anm. d. Übersetzers*

## Kapitel 19
[1] Im Englischen ein Merkvers: »He praised and was raised.« - Anm. d. Übersetzers

## Kapitel 20
[1] Zum Hintergrund dieser Episode muss man wissen, dass in christlichen Kreisen Amerikas jedweder Alkoholgenuss streng verpönt ist. - Anm. d. Übersetzers

## Kapitel 23
[1] Vgl. Webster 1984, Bd. II; s. v. reproach.
[2] »Schande« (disgrace) ist im Englischen das sprachliche Gegenteil von »Gnade« (grace). - Anm. d. Übersetzers

## Kapitel 24
[1] Vine 1940, Bd. II, S. 37.
[2] Webster 1984, Bd. II; s. v. jealousy.

# Joyce Meyer

### Über die Autorin

Seit 1972 ist Joyce Meyer als Bibellehrerin tätig, seit 1980 sogar vollzeitlich. Sie ist Bestseller-Autorin von mehr als siebzig Büchern wie zum Beispiel „Das Schlachtfeld der Gedanken" und „Süchtig nach Anerkennung". Mit ihrer humorvollen und direkten Art bringt sie die Dinge des Alltags anhand der Bibel auf den Punkt - lebensnah, überzeugend und echt. Joyce' Radio- und Fernsehprogramme *Enjoying Everyday Life* oder *Den Alltag genießen* werden weltweit ausgestrahlt. Häufig werden die Sendungen auf den vielen Konferenzen aufgezeichnet, die Joyce jährlich abhält. Ihre Vorträge werden außerdem auch als DVDs und Audio-CDs verbreitet. Joyce und ihr Mann Dave haben vier erwachsene Kinder und leben in St. Louis, Missouri, USA.

# Über Joyce Meyer Ministries (JMM)

### Hilfe für Arme und Leidende

Joyce und Dave Meyers zentrales Anliegen ist es, armen und verletzen Menschen in der ganzen Welt zu helfen. Es geht darum, nicht nur zu reden, sondern auch konkret zu handeln. Darum bringt Joyce Meyer Ministries (JMM) humanitäre Hilfe in verschiedene Krisenregionen der Welt. Dies geschieht mit über 13 internationalen Büros und in Zusammenarbeit mit über 50 weltweit tätigen Missionsgesellschaften.
Auf diese Weise werden über fünf Millionen Mahlzeiten in den Hungerregionen der Welt ausgegeben, über 40 Waisenheime in armen Ländern unterhalten, Dörfer mit sauberem Trinkwasser versorgt und Tausende von Gefängnisinsassen unterstützt. Außerdem gründet und fördert JMM Gemeinden in Ländern, wo Christen unter Verfolgung leiden, bietet medizinische Hilfe und hilft alten wie jungen Menschen in den „Ghettos" von Großstädten, wie mit dem Dream Center in St. Louis.

## TV und Radio

Die *Enjoying Everyday Life* (*Den Alltag genießen*) Sendungen in Radio und Fernsehen erreichen täglich Hunderttausende weltweit. Im September 1993 wurde das Programm wöchentlich auf zwei Kanälen ausgestrahlt. Heute kann *Enjoying Everyday Life* täglich und wöchentlich auf über 507 Kanälen, darunter mehrere große Kabel- und Satelliten-Stationen, weltweit empfangen werden und außerdem auf www.joyce-meyer.de rund um die Uhr. Das Programm wird mittlerweile auch in weitere Sprachen, unter anderem Deutsch, übersetzt und kann sogar in der arabischen Welt empfangen werden. So wird das Evangelium täglich weltweit verbreitet.

## Konferenzen

Konferenzen quer durch die USA (bis zu 14 im Jahr) und auch im Ausland sind nach wie vor Joyce' Leidenschaft. Die Menschen kommen in Scharen, und Joyce predigt das Wort Gottes und gibt praktische Lebenshilfe in der ihr eigenen direkten und humorvollen Art. Gleichzeitig werden diese Konferenzen für Fernsehsendungen aufgezeichnet.

**www.joyce-meyer.de**

Treffen Sie JMM im Internet. Infos, Videos, Kontaktmöglichkeit, weitere Bücher, DVDs und CDs bestellen und vieles mehr.

---

**Joyce Meyers persönliches Geschenk an Sie**

Als Leser dieses Buches können Sie jetzt eine kostenlose Vortrags-CD von Joyce Meyer erhalten. Einfach diesen Gutschein-Code [BK0006] mit Ihrer Anschrift versehen und an

**Joyce Meyer Ministries**
**Postfach 76 10 01**
**D-22060 Hamburg**

schicken, oder ins Internet gehen unter
*www.joyce-meyer.de/geschenk* .

Dort Adresse und Gutschein-Code eingeben, abschicken.

# Weitere Bücher von Joyce Meyer

**Süchtig nach Anerkennung**
Hör auf, allen gefallen zu wollen
304 Seiten, Pb, Euro 16,- [D], 16,50 [A], sFr 28,-,
ISBN 3-939627-01-1 / 978-3-939627-01-2
Ist es Ihnen wichtiger was andere über Sie denken, als was Gott über Sie denkt?
Fühlen Sie sich unsicher in Ihren Entscheidungen? Brauchen Sie ständig Bestätigung von anderen für das, was Sie tun? Dann sind Sie höchstwahrscheinlich süchtig nach Anerkennung. Joyce Meyer zeigt einen Weg auf, sich selbst zu finden, zu akzeptieren, wer man ist und sich auf Gott zu verlassen. Die Botschaft ist, dass Gott uns alle Anerkennung gibt, die wir brauchen.

**Der richtige Start in den Tag**
Andachten für jeden Morgen
390 Seiten, Hardcover, Euro 15,- [D], 15,50 [A], sFr 26,50,
ISBN 3-939627-02-X / 978-3-939627-02-9
Ein neuer Tag – Was gibt's Neues? – Gottes Gnade ist jeden Morgen neu. Finden Sie es heraus. In kurzen, knackigen Andachten gibt Joyce Meyer einen Gedankenanstoß pro Tag mit einem passenden Bibelvers und seiner praktischen Umsetzung im Alltag. Herausfordernd, humorvoll, anregend.

**Die geheime Kraft von Gottes Wort in deinem Mund**
200 Seiten, Hardcover, Euro 13,50 [D], 13,90 [A], sFr 24,-,
ISBN 3-939627-03-8 / 978-3-939627-03-6
Während ihres Lebens und Dienstes hat Joyce Meyer wiederholt die schöpferische Kraft erfahren, die im Aussprechen des Wortes Gottes liegt. In diesem Buch trägt sie die wichtigsten Verheißungen und Bekenntnisse aus der Bibel für verschiedenste Lebensumstände zusammen: Bekenntnisse für Eltern, Singles und Familien, und was die Bibel über Ärger, Sorge und gesellschaftliche Verantwortung sagt. Gottes Wort in deinem Mund im Alltag angewandt wird dein Leben verändern.

**Traum statt Trauma**
Tipps für lebenslanges Eheglück
368 Seiten, Pb, Euro 17,- [D], 17,50 [A], sFr 29,90,
ISBN 3-939627-04-6 / 978-3-939627-04-3
„Unsere Ehen sollen ein Triumph und keine Tragödie sein," sagt Joyce Meyer, die selber mehr als 30 Jahre verheiratet ist. Gott bietet uns praktische Hilfe durch sein Wort, damit Ehen zu dem werden können, wozu er sie erdacht hat. Egal ob 30 Tage oder 30 Jahre verheiratet, ob noch Single, ob in einer Ehekrise oder einfach nur bemüht, die Ehe zu verbessern. In diesem Buch findet der Leser biblische Prinzipien und viele praktische Tipps zur „Traum-Ehe".

**Heilung für zerbrochene Herzen**
Erlebe Wiederherstellung durch die Kraft des Wortes Gottes
96 Seiten, Pb, Euro 9,80 [D], 10,- [A], sFr 17,90,
ISBN 3-939627-05-4 / 978-3-939627-05-0
Gott hat einen wunderbaren Plan für unser Leben, aber oft fällt es uns schwer dies zu glauben und zu erleben, weil uns Verletzungen aus der Vergangenheit plagen und uns gefangen halten. Dieses Buch gibt Antwort. Lernen Sie, wie Gott Sie sieht. Sie werden erleben, wie Seine Liebe Sie zur Ruhe bringt, Hoffnung für die Zukunft gibt und Ihr verwundetes Herz heilt.

**Freu dich des Lebens auf dem Weg zum Ziel**
224 Seiten, Pb, Euro 13,80 [D], 14,20 [A], sFr 24,60
ISBN 3-939627-06-2 / 978-3-939627-06-7
Kennen Sie das? - „Wenn dieses und jenes endlich in meinem Leben eintritt, dann werde ich mich freuen." So hat wohl jeder schon mal gedacht. Joyce Meyer zeigt den biblischen Weg, wie man zu einer beständigen Freude findet, die einen unabhängig von Umständen und (un)erfüllten Wünschen das Leben genießen lässt.

**Gottes Plan für dich**
Entdecke die Möglichkeiten
132 Seiten, Hardcover, Euro 18,- [D], 18,50 [A], sFr 31,60
ISBN 3-939627-07-0 / 978-3-939627-07-4
Viele Menschen erleben kein erfülltes Leben, weil sie sich ständig vergleichen und versuchen, jemand anderes zu sein. Ihnen ruft Joyce Meyer zu: Sei du selbst! Entwickle dein Potenzial! Mit einem Schlüssel-Gedanken pro Seite untermauert mit Wort Gottes führt dieses Buch den Leser durch Schritte wie Selbstannahme, Heilung und Vertrauen. Kurz wie ein Andachtsbuch mit tiefen Einsichten und erfrischend einfach für jeden Tag.

**Schlüssel zum außergewöhnlichen Leben -**
Verwandle dein Leben mit der Frucht des Geistes
256 Seiten, Pb, Euro 13,50 [D], 13,90 [A], sFr 24,-
ISBN 3-939627-08-9 / 978-3-939627-08-1
Gott möchte, dass Liebe, Freude und Frieden in unserem Leben wachsen, ebenso Geduld, Sanftmut und Güte, Treue, Demut und Selbstbeherrschung. Lernen Sie das Geheimnis von geistlichem Wachstum kennen. Und Sie werden sehen, wie Ihr Leben die Welt um Sie herum positiv beeinflussen wird.

**Gut aussehen. Gut fühlen**
12 Schlüssel für ein gesundes, erfülltes Leben
256 Seiten, Pb, Euro 14,50 [D], 14,90 [A], sFr 25,70
ISBN 3-939627-09-7 / 978-3-939627-09-8
New York Times Bestseller
Sie sind unendlich wertvoll für Gott! Dennoch haben viele Menschen ein niedriges Selbstwertgefühl und gehen auch entsprechend nachlässig mit ihrem Körper um. Joyce Meyers 12-Punkte-Plan führt Sie durch überraschende biblische Erkenntnisse sowie praktische Tipps für einen gesunden, entspannten Lebensstil, damit Sie sich gut fühlen und obendrein noch gut aussehen.

**Jetzt mal Klartext**
Gefühlskämpfe überwinden durch die Kraft des Wortes Gottes
424 Seiten, Hardcover, Euro 19,- [D], 19,60 [A], sFr 33,20
ISBN 3-939627-10-0 / 978-3-939627-10-4
Joyce Meyer sagt Angst, Einsamkeit und Sorgen den Kampf an. Niemand muss sich durch negative Gefühle klein kriegen lassen. In *Jetzt mal Klartext* liefert Joyce erfrischende, lebensverändernde Einsichten, mit Geschichten aus ihrem persönlichen Leben, praktischen Ratschlägen, alles untermauert mit Bibelstellen.

# Schreiben Sie uns!

Was hat Ihnen dieses Buch konkret gebracht? Haben Sie Anregungen? Möchten Sie Joyce Meyer Ministries etwas mitteilen? Dann schreiben Sie uns.

**Joyce Meyer Ministries**
**Postfach 76 10 01**
**D-22060 Hamburg**